십자가의 완전한 복음

당신이 하나님을 더 깊이 알아가고 더 널리 알리는 사람이 되는 것, 이 책에 담겨진 예수전도단의 마음입니다. 말씀을 통해 저자가 깨닫고, 원고를 통해 저희가 누릴 수 있었던 그 감동이 책을 통해 당신에게도 전해지기 원합니다. 그리고 당신을 통해 그 기쁨과 은혜가 더 많은 이들에게 계속해서 흘러가기를 기도하겠습니다. 이 책을 통해 당신이 받은 은혜를 다른 분들에게도 나눠 주십시오. 사랑하고 축복합니다.

ⓒ 김용의, 2010

본 저작물의 한국어판 저작권은 도서출판 예수전도단에 있습니다.
저작권법에 의해 보호받는 저작물이므로 무단 전재와 복제를 금합니다.
KOMCA 승인필

십자가의 안전한 복음

복음을 영화롭게 하라 01

김용의

예수전도단

| 머리말 |

밭에 감추인 보화를 발견한 농부

　십자가 복음 안에는 우리가 꿈도 못 꾼 엄청난 진리가 가득합니다. 천지를 창조하신 하나님의 사랑, 십자가의 대속, 하나님이 주시는 평화, 예수 그리스도의 보혈, 죄사함, 자유, 심판과 구속, 지옥과 천국, 주의 재림, 사탄 마귀, 보혜사 성령…. 이 중에서 단 한 가지의 주제만이라도 실제로 믿는 것은 우리의 존재를 뒤흔들기에 충분합니다.

　저는 이런 복음과는 전혀 무관한 배경에서 성장했습니다. 그런 저에게 있어서 이러한 개념의 주제는 상상할 수조차 없는 것이었습니다. 청년 시절 삶의 벼랑 끝에서, 복음 되신 예수 그리스도를 하나님의 특별한 은혜로 만나게 된 저는 이전의 삶을 다 잊을 만큼 복음을 제 전부로 받아들이게 되었습니다.

　주변 사람들이나 환경은 물론이고 하늘과 땅도 모두 그대로인데, 모두 이전과 다르게 보였습니다. 저는 복음 안에서 여러 주제를 하나씩 새롭게 알아 갔고, 이는 저를 흥분시켰습니다. 하나님 없이 길들여졌던 실존 의식이 허망하기 이를 데 없는 거짓임도 깨달았습니다. 그

후 제 안에서 깨달아지고 실재(實在)가 된 그 진리들이, 더디게나마 저를 움직이는 것을 보게 되었습니다.

그러나 머리로는 동의해도 마음으로는 순종하기 두려워서 일어나는 갈등은 여전했습니다. 시간이 흘러 하나님을 경험하면 할수록, 진리 안에서 깊은 은혜를 맛보면 맛볼수록, 복음을 향한 저의 눈물겨운 노력은 결국 탄식으로 끝이 났습니다. 이는 제 수준의 그릇을 채우는 복음이 잘못되었음을 깨닫게 했습니다.

하나님은 제 수준이 아닌 영광의 수준으로 저를 이끄셨습니다. 그 은혜는 결국 저를 십자가 안으로 더욱 이끌었습니다. 존재의 절망("오호라 나는 곤고한 사람이로다 이 사망의 몸에서 누가 나를 건져 내랴"[롬 7:24])을 통해 십자가의 비밀을 깨닫게 하시고, 내가 죽고 예수 그리스도가 내 안에 사시는 갈라디아서 2장 20절의 고백이 진정한 저의 고백이 되게 하셨습니다. 그리하여 십자가 너머 무한한 복음의 영광, 그리고 능력과 축복의 바다로 담대히 나아가게 하셨습니다.

하나님은 지극히 작은 자 중에 더 작은 자인 제게 큰 은혜를 부어 주셨고, 그 덕에 주의 몸 된 교회와 세상을 섬길 수 있었습니다. 그러다 만나게 된 현실은 제 마음을 참으로 안타깝게 했습니다. 그것은 바로, 저처럼 불신 가정에서 자라 복음에 대해 전혀 들어 보지 못한 영혼은 물론이고, 이 엄청난 복음을 믿는다고 고백하며 자라 온 성도(모태신앙인)에게도 복음이 전혀 실재가 되지 못한다는 사실이었습니다.

이 세대의 모습을 보면 정말 안타깝습니다. 오랜 문화와 관습으로 굳어진 교회 생활이 믿음 생활의 전부인 것처럼 행동하는 그리스도인이 많습니다. 천박한 세속적 가치의 성공과 번영을 축복인 양 받아들입니다. 자기 계발에만 집중하는 인기 영성 프로그램, 십자가 없는 신학, 죄가 편하게 느껴지는 설교, 목적 없는 공허한 예언이 우리의 현실입니다. 예수 그리스도가 아닌 인간의 영광을 더 크게 조명하고, 경건의 능력보다는 모양에 관심을 두며, 성경보다는 인간의 지성을 중시하고, 하나님을 경외하는 것보다 교권이 판을 치는 현시대입니다. 하나님 나라의 부흥과 선교 완성의 역사적 소명이나 재림의 소망보다는 이생의 안일, 쾌락, 만족을 중시하는 세대란 말입니다.

복음에 무지하고 복음을 무시하고 복음에 무관심한 이들에게서 보게 되는 복음이란 고작 나 하나도 변화시킬 수 없는 별 볼일 없는 복음, 마음속의 실재가 될 수 없는 종교 이론만 가득한 서류 보관용 복음, 화려한 세상의 경영 이론이나 심리학, 또는 오락 앞에 퇴색한 신학 교리가 되어 버린 낡아 빠진 복음, 우리가 추구하는 세속적 가치의 필요에 따라 급조하는 조각난 복음, 죄책감을 떨어내기에 급급한 죄책감 쓰레기 하치장용 복음일 뿐입니다.

하나님이 세상을 이처럼 사랑하사 독생자 예수 그리스도를 십자가에 전부 내어 주신 복음을 마음속의 실재로 받아들였다면, 대강 거짓으로 믿는 척하는 게 아닌 전심으로 믿고 받아들였다면, 결코 그런 일은 있을 수 없으며 있어서도 안 되는 것 아닙니까?

성경도 "들은바 그 말씀(복음)이 그들에게 유익(실재)하지 못한 것은 듣는 자가 믿음과 결부시키지 아니함이라"(히 4:2)고 간파합니다. 주님은 마태복음 13장에서 천국은 밭에 감추인 보화를 발견하여 모든 소유를 팔아 그 밭을 산 농부와 같다고 말씀하셨습니다. 복음이 실재이고 복음을 믿는 믿음이 실재이면, 반드시 그에 걸맞는 변화와 반응이 있게 마련이라는 말입니다. 이 놀라운 복음이 삶을 변화시키지 못한다면, 그것은 결국 실재가 아니라는 것입니다.

그러므로 나를 움직일 수 없는 믿음은 결코 믿음이 아닙니다. 나를 변화시킬 수 없는 복음은 복음이 아닙니다. 하나님의 지혜와 능력으로 가득 찬 완전한 복음, 영원히 변치 않는 십자가의 복음을 우리의 전 존재를 걸고 온전히 받아들여야 합니다. 그래야만 생명의 믿음으로, 우리 안에 실재가 될 수 있습니다.

나무는 그 열매를 보면 알 수 있고, 생명은 그 삶의 행위를 통해 존재를 드러냅니다(마 7:15-23). 주님은 "내 양은 내 음성을 들으며 나는 그들을 알며 그들은 나를 따르느니라"(요 10:27), "그러므로 사나 죽으나 우리가 주의 것이로라"(롬 14:7-9), "예수를 너희가 보지 못하였으나 사랑하는도다"(벧전 1:8)라고 선포하십니다.

우리는 허물과 죄로 죽었던 죄인입니다. 하나님을 마음에 두기 싫어 하고 오직 내가 주인 되어 나의 만족과 유익을 추구하는 본질상 진노의 자녀였습니다. 오만한 죄인의 어두운 지성으로는 하나님에 관한 지혜를 알 수 없습니다. 그래서 하나님은 십자가 도의 복음으로 그분을 드러내셨습니다.

유대인은 거리끼고 이방인은 미련하게 보지만(고전 1:22-24), 십자가에 못 박힌 그리스도만을 전하는 것이야말로 하나님의 지혜와 능력이 온전한 실재가 되는, 참된 복음입니다.

다른 복음은 없습니다. 세월이 흐르고 사람은 변해도 하나님 능력의 복음은 변함이 없습니다.

내가 복음을 부끄러워하지 아니하노니 이 복음은 모든 믿는 자에게 구원을 주시는 하나님의 능력이 됨이라 먼저는 유대인에게요 그리고 헬라인에게로다 롬 1:16

저도 바울의 이 고백에 덩달아 외칠 수 있습니다. 비록 깨진 질그릇처럼 보잘것없어 보이는 저이지만, 제 안에 담긴 예수 그리스도의 십자가 복음은 가장 귀한 보배이기에! 이토록 귀한 복음을 어찌 부끄러워할 수 있겠습니까? 죽어 마땅한 죄인인 저를 이처럼 사랑하사 생명을 주신 하나님의 독생자 예수 그리스도의 복음을 그 어디에서나 누구에게든 자랑하고 영원히 높여야 하지 않겠습니까?

그러나 내게는 우리 주 예수 그리스도의 십자가 외에 결코 자랑할 것이 없으니 갈 6:14

아멘입니다! 복음을 증거할 수만 있다면 무엇이든 할 수 있습니다. 다윗처럼 옷이 흘러내리도록 춤출 수 있습니다. 온 힘을 다해 외칠 수 있습니다. 사랑하는 주님의 이 어마어마한 복음에 비해 제 목소리가 지극히 작고 미약하다 할지라도 말입니다.

이 책은 제가 믿음의 공동체에서 전한 강연의 내용을 정리한 것입니다. 그래서 다소 거칠고 다듬어지지 않은 느낌을 받을 수도 있겠습니다만, 이를 통해 이 책의 독자가 십자가 복음의 은혜를 생생하게 경험하게 되길 바랍니다. 여러 강연에 임재하셔서 십자가 그 사랑을 알려 주신 하나님이 이 책의 독자에게도 똑같이 역사하시길 기도합니다.

이렇게 책으로 내기에는 부족하다 생각하며 몇 번이고 주저했던 저를 격려해 주신 분들이 있습니다. 질그릇인 제가 아닌 질그릇 안에 담긴 보배 되신 그리스도를 높이도록 끝까지 격려해 주신 GN 미디어의 김강호 선교사님과 그곳의 모든 지체들, 사랑과 인내로 믿음의 길을 함께 걸어 주는 가족(아내 이경애, 충성과 은영, 인애, 찬송, 응답, 선교), 십자가 복음의 영광과 능력과 축복을 깨닫고 누리며 한 소망, 한 믿음으로 살 수 있도록 도와준 순회선교단 공동체 지체들, 내 삶의 여정 가운데 믿음의 안내자가 되어 준 수많은 분들, 조국의 교회들, 거친 들소리 같은 메시지를 잘 다듬어 준 예수전도단 출판사 이창기 형제와 지체들, 그리고 열방 곳곳에서 주의 신부이자 군사로 서 있는 복음기도 동지들께 사랑과 감사를 드립니다.

인천 신도에서
복음에 빚진 질그릇 같은 자
김용의

| 목차 |

머리말 *4*

1장 ❖ 하나님은 우리와 마음이 통하는 관계를 맺기 원하신다 *13*

2장 ❖ 우리는 주님을 떠나서는 살아갈 수 없는 존재다 *37*

3장 ❖ 오직 한 분 하나님만이 당신의 주인 되신다 *57*

4장 ❖ 마음 깊은 곳의 갈망을 아시는 주님을 만나다 *87*

5장 ❖ 복음은 우리를 향한 주님의 놀라운 꿈과 계획이다 *111*

6장 ❖ 십자가 앞에 서 본 사람만이 복음을 안다 *139*

7장 ❖ 나는 죽고 그리스도가 사는 것이 복음이다 *177*

8장 ❖ 십자가의 완전한 복음 앞에 서다 *209*

오직 예수 그리스도를 믿음으로 말미암는 줄 알므로 우리도 그리스도 예수를 믿나니 사람이 의롭게 되는 것은 율법의 행위로 말미암음이 아니요 이는 우리가 율법의 행위로써가 아니고 그리스도를 믿음으로써 의롭다 함을 얻으려 함이라 율법의 행위로써는 의롭다 함을 얻을 육체가 없느니라 만일 우리가 그리스도 안에서 의롭게 되려 하다가 죄인으로 드러나면 그리스도께서 죄를 짓게 하는 자냐 결코 그럴 수 없느니라 만일 내가 헐었던 것을 다시 세우면 내가 나를 범법한 자로 만드는 것이라 내가 율법으로 말미암아 율법에 대하여 죽었나니 이는 하나님에 대하여 살려 함이라 내가 그리스도와 함께 십자가에 못 박혔나니 그런즉 이제는 내가 사는 것이 아니요 오직 내 안에 그리스도께서 사시는 것이라 이제 내가 육체 가운데 사는 것은 나를 사랑하사 나를 위하여 자기 자신을 버리신 하나님의 아들을 믿는 믿음 안에서 사는 것이라 내가 하나님의 은혜를 폐하지 아니하노니 만일 의롭게 되는 것이 율법으로 말미암으면 그리스도께서 헛되이 죽으셨느니라 갈라디아 사람들아 누가 너희를 꾀더냐 예수 그리스도께서 십자가에 못 박히신 것이 너희 눈 앞에 밝히 보이거늘 누가 너희를 꾀더냐 내가 너희에게서 다만 이것을 알려 하노니 너희가 성령을 받은 것이 율법의 행위로냐 혹은 듣고 믿음으로냐 너희가 이같이 어리석으냐 성령으로 시작하였다가 이제는 육체로 마치겠느냐 너희가 이같이 많은 괴로움을 헛되이 받았느냐 과연 헛되냐 너희에게 성령을 주시고 너희 가운데서 능력을 행하시는 이의 일이 율법의 행위에서냐 혹은 듣고 믿음에서냐 아브라함이 하나님을 믿으매 그것을 그에게 의로 정하셨다 함과 같으니라 그런즉 믿음으로 말미암은 자들은 아브라함의 자손인 줄 알지어다 또 하나님이 이방을 믿음으로 말미암아 의로 정하실 것을 성경이 미리 알고 먼저 아브라함에게 복음을 전하되 모든 이방인이 너로 말미암아 복을 받으리라 하였느니라 그러므로 믿음으로 말미암은 자는 믿음이 있는 아브라함과 함께 복을 받느니라 무릇 율법 행위에 속한 자들은 저주 아래에 있는 자라 기록된 바 누구든지 율법 책에 기록된 대로 모든 일을 항상 행하지 아니하는 자는 저주 아래에 있는 자라 하였음이라 또한 하나님 앞에서 아무도 율법으로 말미암아 의롭게 되지 못할 것이 분명하니 이는 의인은 믿음으로 살리라 하였음이라 율법은 믿음에서 난 것이 아니니 율법을 행하는 자는 그 가운데서 살리라 하였느니라 그리스도께서 우리를 위하여 저주를 받은 바 되사 율법의 저주에서 우리를 속량하셨으니 기록된 바 나무에 달린 자마다 저주 아래에 있는 자라 하였음이라 이는 그리스도 예수 안에서 아브라함의 복이 이방인에게 미치게 하고 또 우리로 하여금 믿음으로 말미암아 성령의 약속을 받게 하려 함이라 형제들아 내가 사람의 예대로 말하노니 사람의 언약이라도 정한 후에는 아무도 폐하거나 더하거나 하지 못하느니라 이 약속들은 아브라함과 그 자손에게 말씀하신 것인데 여럿을 가리켜 그 자손들이라 하지 아니하시고 오직 한 사람을 가리켜 네 자손이라 하셨으니 곧 그리스도라

1장
하나님은 우리와 마음이 통하는 관계를 맺기 원하신다

크게 성공한 기업가가 있었습니다. 사업이 워낙 잘되는 바람에 알 만한 사람은 다 알 정도로 유명해졌습니다. 하지만 사업에서 성공했다고 가정에서도 성공하는 건 아닌지, 아내와의 관계가 매우 나빴습니다. 두 사람은 별거를 시작했고, 결국 이혼이 초읽기에 들어갔습니다.

그러던 어느 날, 곰곰이 머리를 굴리던 기업가는 아차 싶은 생각이 들었습니다. 그동안 쌓아 온 명성이 이혼 때문에 타격을 입을까 걱정된 것입니다. 그는 즉시 아내를 찾아갔습니다. 어떻게든 아내의 마음을 달래서 관계를 회복하려는 속셈이었습니다.

그러나 두 사람 사이에 흐르는 분위기는 이루 말할 수 없을 정도로 어색하고 냉랭했습니다. 참다못한 남편이 너스레를 떨며 속에도 없는 말을 늘어놓기 시작했습니다. 사실, 여자들은 마음이 약합니다. 얼굴을 확 뜯어 버리고 싶을 정도로 밉고 진심이 아니라는 게 뻔히 보이는데도 남편이 다가와 "당신 손이 많이 거칠어졌네"라고 말하며 손을 어루만지면, 독하게 마음먹은 것이 눈 녹듯 사라지면서 눈물이 핑 돌고 그렇습니다.

그런데 이 기업가의 아내는 아무런 반응이 없었습니다. 평소 무뚝뚝하기로 둘째가라면 서러울 정도인 남편이 살갑게 구는데도, 징그럽게 은혜 안 받기로 소문난 어떤 집사님의 얼굴처럼 완벽하게 무표정을 지었던 겁니다. 입에 거품까지 물면서 떠드는 남편의 눈을 아무런 표정 없이 뚫어지게 바라볼 뿐이었습니다. 누구든 자신을 빤히 쳐다보는 시선을 느끼면, 잘못한 것 없이도 무서운 법입니다. 그런데 지은 죄까지 있으니 남편이 얼마나 섬뜩했겠습니까?

생각보다 분위기가 심각하다고 판단한 남편이 슬그머니 눈치를 보기 시작하자, 아내가 입을 열었습니다.

"부탁이 있어요, 여보. 들어줄 수 있어요?"

이에 남편이 기다렸다는 듯 얼른 대답했습니다.

"그래, 그래. 들어줄 테니 말해 봐."

"다른 건 필요 없으니까 나 좀 행복하게 해주세요."

뜻밖의 말에 깜짝 놀란 남편은, 공격이 최선의 방어라는 생각에 태도를 바꿔 따져 묻기 시작했습니다.

"아니, 이 여자 말하는 것 좀 보게. 정말 해도 해도 너무하네. 당신 지금 뭐라고 말한 거야? 행복하게 해 달라고? 대체 당신이 행복하지 못할 이유가 뭐야? 나 같은 부자에게 시집와 놓고 뭐가 부족해서 불행해? 솔직히 말해서 우리나라에 나 정도 되는 부자가 몇 명이나 돼? 별장이 몇 채고, 하인처럼 부릴 사람은 또 얼마나 많은데! 그동안 당신에게 사준 명품 옷이며 신발은 또 대체 몇 개고. 그런데 도대체 뭐가 더 필요해? 뭘 더 어떻게 행복하게 해줄 수 있겠어? 살다보니 별 이상한 소리를 다 듣네."

남편은 입에 거품까지 물면서 난리를 쳤습니다. 그러나 아내는 굳게 입을 다물고 있었습니다. 사실, 따지고 보면 그만한 남편도 없습니다. 쥐뿔도 없는 백수로 지내면서 아내 속이나 썩히고 고생시키는 남편들이 얼마나 많습니까? 그나마 이 남편은 유명한 데다 재산까지 많으니 꽤 괜찮은 편이었죠. 현실적으로 생각하면 감사할 게 많을 법한데, 그래도 여전히 아내의 표정은 특별 부흥회 내내 아무런 은혜도 못 받고 앉아 있는 장로님 표정과 같았습니다.

"당신이 그렇게 자랑스러워하는 돈이랑 집, 별장, 명예 같은 거… 저는 필요 없어요. 그런 건 당신이나 가져요. 저는 다른 걸 원해요. 그것 하나면 정말 행복할 것 같아요."

"대체 그게 뭔데?"

날카로운 눈초리로 바라보는 남편에게 아내는 "당신 마음을 주세요"라고 말했습니다.

이에 남편의 얼굴은 흙빛이 되었습니다. 놀랍게도, 그는 정색하며 이렇게 말했습니다.

"안 돼! 다른 건 다 줘도 그건 못 줘. 내 마음을 줄 여자는 따로 있어."

누구에게나 인생에서 가장 중요한 것, 핵심이 되는 것이 따로 있습니다. 그것은 사랑일 수도 있고, 사람이나 일, 성공일 수도 있습니다. 그것이 무엇이든 가장 소중한 그 하나는 결코 다른 것과 바꿀 수 없고, 그래서 아무에게나 줄 수도 없습니다. 그런데 앞에서 소개한 남편의 경우처럼 모든 것을 내줄 만큼 사랑하는 사람이 여러분에게 이렇게 말한다면 어떻겠습니까? "다른 건 다 줘도 그건 못 줘. 안 돼!"

그래도 괜찮으시겠습니까? "그러면 그것 말고 다른 것이나 가져야겠다"라고 말하면서 행복해하실 수 있겠습니까?

관계의 큰 적, 동상이몽

인간을 창조하신 우리 하나님도 이런 경우에 대해 말씀하셨습니다.

> 두 사람이 뜻이 같지 않은데 어찌 동행하겠으며 암 3:3

여러분은 '함께 산다'는 의미를 어떻게 이해하십니까?

결혼을 예로 들어 봅시다. 부부가 되어 함께 가정을 꾸리려면, 여러 가지 해야 할 일들이 있습니다. 나라에 부부가 되었다는 신고도 해야 하고, 같이 살 집도 마련해야 하며, 그 외에도 많은 것이 필요합니다. 하지만 모든 것을 다 가졌다 해도 '그것' 없이는 결코 '진짜 부부'가 될 수 없는 핵심이 있습니다. 달리 말해, 다른 것이 전혀 없어도 그것 하나만 있으면 괜찮은 핵심이자 본질 말입니다.

동상이몽(同床異夢)이라는 고사성어가 있는데, 이 말에는 아모스서 3장 말씀처럼 '두 사람이 마음으로 하나 되지 않고서는 동행이라고 할 수 없다'는 뜻이 담겨 있습니다. 부부 관계로 말하자면, 둘이 같은 침대에 누워 있지만 서로 다른 꿈을 꾸는 것과 같습니다. 같이 살기는 하는데 속으로는 전혀 다른 생각을 하는 겁니다. 이는 비극입니다.

같은 배를 탔다고 해서, 한 장소에 같이 있다고 해서 '함께 간다'고 말할 수는 없습니다. 물리적으로나 지리적으로 함께 있는 것보다 마음으로 하나 되는 것이 더 중요하기 때문입니다.

왜 그럴까요? 사람이란 본래 내면적인 존재이기 때문입니다. 원래 생겨 먹은 게 그렇습니다. 제아무리 난리를 치며 함께 묶어 놓고 눕혀 놓아도 그 마음이 합해지지 않으면 결코 사랑으로 하나 될 수 없습니다. 세상의 모든 피조물 중에 오직 사람만이 관계를 통해 행불행을 느끼는데, 그 관계가 나빠진다면 얼마나 비참하겠습니까?

흔히들 촌수가 없는 남인데도 가장 가까운 것이 부부 관계라고 말합니다. 그래서 가장 큰 행복을 주는 것도 부부 관계이고, 가장 큰 상처와 아픔을 주는 것도 부부 관계입니다. 원래 대부분의 상처와 아픔은 가까운 사람에게서 받은 겁니다. 모르는 사람이 나를 욕하며 지나갔다고 해서 상처받거나 우는 사람은 없습니다. 나와 아무런 관계가 없으니 그 사람 말에 상처받고 말고 할 것도 없기 때문입니다. 하지만 친하고 가까운 사람의 말일수록 더 크게 받아들이게 되고 더 심하게 상처받습니다. 이렇듯, 관계는 중요합니다. 마음으로 서로 사랑하고 하나 되는 것만큼 중요한 것이 없습니다. 이게 모든 인생의 핵심입니다. 한마음으로 사랑하고 사랑받는 것 말입니다. 그래서 주님도 "뜻이 같아야 함께 갈 수 있다"라고 말씀하신 겁니다.

'관계'는 우리 인생에 많은 영향을 끼칩니다. 관계의 좋고 나쁨에 따라 감정이 달라집니다. 부부나 연인과의 사이가 틀어졌다고 자살까지 하는 사람이 있을 정도입니다. 사람이 죽음만큼 두려워하는 게 없는데 말입니다. 또 어떤 이들은 배우자와 이혼하고 나서 심각한 우울증에 걸리고, 심지어 정신병을 앓기도 합니다. 우리는 결코 '관계'에서 벗어날 수 없습니다. 사실 '영적 존재'라는 표현도 하나님과의 관계성 안에서 정의되는 겁니다. 이렇게 철저히 관계의존적인 존재인 우리는 홀로 되는 것을 가장 두려워합니다.

그래서 많은 그리스도인이 사회에서 왕따 당할 것을 두려워하며 신앙생활을 제대로 하지 못하고 있습니다. 왕따, 이지메 같은 것이 다 무엇입니까? 사람들에게서 한 사람을 고립시키는, 정말 잔인한 폭력입니다. 소외되는 것, 무리에 끼지 못하는 것만큼 두려운 건 없습니다.

하지만 더 큰 문제는 그토록 상호의존적 존재이면서도 정작 관계를 잘 맺지 못한다는 사실입니다. 솔직히 관계를 맺기란 매우 어렵습니다. 마음속 가장 깊은 곳의 진짜 속내, 즉 마음의 중심이 이어지지 않으면, 꽁꽁 묶여 강제로 한 장소에 같이 있게 되더라도 생명의 교제를 맺을 수는 없습니다.

식어 버린 마음은
깨어지게 마련

사랑에 빠진 청춘 남녀를 보면, 백이면 백 상대와 결혼하려고 애를 씁니다. 그 사람과 결혼하면 행복해질 것 같으니까 아주 생난리를 떱니다. 이처럼 사람들은 자기 짝을 찾으려고 부단히 노력합니다. 그러다 누군가와 눈이 맞아 서로 불이 붙으면, 엄청난 에너지를 뿜어냅니다. 그전에는 어땠는지 몰라도, 일단 사랑에 빠지면 백 퍼센트 자발적인 사람이 됩니다.

요즘은 많은 그리스도인이, 심지어 오랫동안 교회 다닌 사람들도 철야기도를 별로 안 좋아합니다. "예? 철야기도요? 기도하면서 밤까지 새야 해요?"

특히 모태신앙인들은 '철야'의 '철'만 들어도 놀라서 경기를 일으킵니다. "예배드립시다. 기도합시다." 이런 권유를 받으면 아주 부담스러워 합니다. 모태신앙이 무엇인지 다들 잘 알 텐데, 엄마 배 속에 있을 때부터 교회에 다니기로 도장 받은 사람들을 일컫는 말입니다. 극성맞은 부모 때문에 단 한 번의 상의도 없이, 태어나기도 전부터 교회에 끌려 다닌 사람들입니다. 교회를 떠나고 싶어도 교회를 떠날 수 없는 슬픈 운명을 안고 이 땅에 태어난 분들이죠. 늘 교회 다녀 주느라 고생하는 이분들에게 가장 힘든 일은 예수님을 '믿어 드리는' 건지도 모릅니다. 사실 교회에서 가장 고생하는 분들이 바로 이 모태신앙인들이라는 말입니다.

교회 다녀 주고 예수 믿어 주는 게 오죽 힘들었으면, 집회나 철야기도 얘기만 꺼내도 심기 불편해하면서 짜증을 내겠습니까?

그런데 이런 모태신앙인도 일단 연애를 시작하면, 이전에는 눈을 씻고 봐도 찾아볼 수 없던 자발적인 태도와 자세로 충만해지는데, 그 열정과 능력이 정말 놀랍습니다. 피곤치도 아니하고 곤비치도 아니하며, 독수리가 날개 치며 올라가는 것 같은 능력이 나오는 것입니다.

연애를 시작하면, 눈에 무언가가 덮여 있는 것 같고 희한하게도 그 사람이 자꾸만 생각납니다. 동그라미 그리려다 무심코 그린 얼굴이 언제나 그 사람 얼굴인 겁니다. 증세가 심해지면, 열병에 걸려 정신 나간 사람 같아집니다. 남들 보기엔 진짜 부담스럽게 생긴 얼굴이라고 해도 온종일 서로 쳐다보며 그 얼굴을 묵상하고 있습니다. 언제나 능력충만입니다. 결혼한 지 오래된 분들은 다 지나간 일이라 공감이 되지 않을지도 모르지만, 옛날 일을 떠올리면 공감하실 겁니다. 약효가 짧다는 게 아쉽기는 하지만, 어쨌든 연애할 때 자기도 모르게 뿜어내는 그 능력은 정말 대단합니다. 영하 10도 이하로 떨어진 추운 겨울밤에 찬바람이 쌩쌩 불어 대는 강변이나 바닷가를 밤새 싸돌아다니는 그리스도인이 있다면, 거의 다 모태신앙인일 겁니다. 바다를 지켜 달라고 부탁한 사람도 없는데, 스스로 그렇게 돌아다니는 겁니다.

그렇게까지 열렬히 사랑해서 만났으면, 주변 사람들 모두 아주 부담스러워할 정도로 연애질을 했으면, 죽을 만큼 오래오래 사랑하며 행복해야 정상일 겁니다. 그러나 어떻습니까? 현실은 아주 냉혹하다 이겁니다. 눈에 씌어졌던 게 벗겨지고 제정신이 돌아오면, 보고 싶지 않아도 상대방의 본모습이 보이기 시작합니다. "내가 미쳤지, 미쳤어. 저런 인간한테 미쳐서 그 난리를 쳤단 말이야?"

그나마 연애하다 끝나면 다행일 텐데, 홀라당 속아 결혼까지 해 버렸으면 돌이키기 쉽지 않습니다. 이혼해 버린다고 아무 일도 없던 것처럼 끝날 수 있는 게 아니니까요. 혹시 연애를 너무 화끈하게 하다가 상대를 제대로 살펴볼 겨를도 없이 덜컥 결혼해서 고생하시는 분이 있다면, 삼가 심심한 위로의 말씀을 전합니다. 얼마나 힘드시겠습니까? 그 고생은 말로 다 표현 못합니다.

이렇게 아무리 서로 의지하며 살도록 지음 받은 존재라도 그 마음이 통하지 않으면, 어떤 관계든 비극으로 끝날 수밖에 없습니다. 이처럼 사랑이 식어서든 죽어서든 언젠가는 헤어질 것을 아는 이 짧은 인생에서도, 이 사람 아니면 죽고 못 살 것처럼 뜨겁게 사랑하던 관계에서도 마음이 통할 것을 강조하는데, 하물며 살아 계신 하나님과의 관계야말로 정말로 뜨겁게 마음이 통해야 하지 않겠습니까?

하나님과 서로 통하는 신앙

흔히들 '신앙', '신앙생활'이란 말을 자주 씁니다. 대체 신앙생활이란 무엇일까요?

누구나 처음에는 아무것도 모른 채 교회에 나옵니다. 제 발로 나오든, 질질 끌려서 오든 교회에 나온다는 것 자체만으로도 참 귀한 일입니다.

하지만 시간이 흘러도 그 모습이 늘 똑같다면 어떻겠습니까?

신앙은 종교 의식을 배우거나 교회라는 공동체의 문화에 익숙해지는 것이 아닙니다. 물론 교회에 다니려면 이런 것도 필요합니다만, 신앙의 본질적인 의미는 살아 계신 하나님과 인격적 관계를 맺고 그로부터 생명을 누리는 것입니다. 성경은 이런 것을 '신앙'이라고 말합니다. 그래서 '신앙이 좋다'는 말은 '살아 계신 하나님과 생명의 관계를 누리고 있다'는 뜻입니다.

그렇다면 반대로 하나님과의 관계가 어긋나 있는 사람은 어떻게 되겠습니까? 교회에 정식으로 등록하여 세례도 받고 직분도 받아서 열심히 봉사하지만, 마음속은 의무감으로 꽉 차 있습니다. 하나님을 섬기는 기쁨이나 감격은커녕, 생명의 관계를 맺는다는 말의 의미조차 모릅니다. 겉으로 보기에 그는 완벽한 신앙인 같습니다. 예배와 여러 모임의 순서와 방식을 줄줄 꿰고 있기 때문입니다. 그러나 신앙의 의미를 잘 알지 못하고 관심도 없으며, 오직 지옥에 갈까 두려워서 매주 교회에 '나와 줄' 뿐입니다.

긴 시간 함께 살며 자식까지 낳았으나 마음은 이미 갈라선, 법적으로만 부부일 뿐 마음은 남남인 상태로 살아가는 결혼 생활은 비참합니다. 하물며 살아 계신 하나님과의 관계를 종교적 의무나 두려움 때문에 억지로 유지하고 있다면, 세상에 이런 비극이 또 어디 있겠습니까? 회원 가입하듯 교인 명단에 이름만 올려놓고는 일주일에 한 번 간신히 교회 나와 주는 것으로 하나님과의 관계를 때웁니다. 이런 예배와 신앙생활은 생명이 꺼져 버린, 죽은 종교 행위일 뿐입니다.

종교 생활은 세상의 다른 종교에서도 할 수 있습니다. 하지만 기독교 신앙은 종교 따위가 아닙니다. 정신 통일이나 마음 수련 같은 것이 아니란 말입니다. 하나님은 살아 계신 분입니다. 그렇기 때문에 의식과 행위로는 그분과 온전한 관계를 맺을 수 없습니다. 하나님은 마음과 마음이 통하는 생명의 관계, 인격적 관계를 원하십니다. 바로 이것을 우리 입장에서 '살아 있는' 신앙이라고 부르는 겁니다.

그렇기 때문에 예수님을 믿는다는 것은 억지로 믿으려 하거나 형식과 절차를 달달 외운다고 할 수 있는 게 아닙니다. 누구도 막을 수 없고, 아무리 뜯어 말려도 멈출 수 없는 생명으로만 가능합니다. 살아 계신 주님만 만나면, 애쓰고 용쓰지 않아도 믿을 수밖에 없게 된다는 말입니다. 그것이 바로 복음입니다. 참된 복음을 경험한 사람은 마지못해 억지로가 아니라 자연스레 솟아나는 믿음과 사랑으로 하나님을 섬기게 됩니다. 그런 사람은 "나의 힘이신 여호와여 내가 주를 사랑하나이다"(시 18:1)라는 믿음의 고백을 원동력으로 삼아 살아갑니다. 무엇에든 한 번 빠지기 시작하면, 그 어떤 상황에서도 지치거나 피곤하지 않고 오히려 힘이 더 나게 마련입니다. 주님과의 관계도 그렇습니다. 생명의 신앙은 살아 계신 주님과 인격 대 인격으로 맺는 진정한 관계를 통해서만 주어집니다.

성경말씀이 곧 진리임을 잘 알아서 말씀대로 살고 싶은 마음이 굴뚝같다 해도, 그 말씀에 순종할 수 있는 능력은 나 자신이 아닌 하나님께로부터만 나옵니다. 그렇다면, 심령의 목마름과 갈망이 해결되고 생명의 역사가 삶 속에 저절로 나타나려면 어떻게 해야 할까요? 주님은 이렇게 말씀하십니다.

> 나는 포도나무요 너희는 가지라 그가 내 안에, 내가 그 안에 거하면 사람이 열매를 많이 맺나니 나를 떠나서는 너희가 아무것도 할 수 없음이라
> 요 15:5

사람은 절대 홀로 살아갈 수 없습니다. 샘이 있어야 물이 있고 뿌리가 있어야 나무가 존재하듯, 사람 또한 혼자서는 존재하지 못합니다. 사람은 본래 관계를 맺으며 살도록 지음 받은 존재입니다. 자기 혼자 살아갈 수 있다는 건 완전히 정신 나간 소리이자 지독한 교만입니다. 사람은 창조주이자 생명의 근원이신 하나님을 절대로 떠날 수 없습니다. 그래서 우리의 마음 깊은 곳에는 늘 목마름이 있습니다. 혹자는 이것을 '종교심'이라 부르지만, 성경은 "영원을 사모하는 마음"(전 3:11)이라고 말합니다. 사람은 본래 영적인 존재로 지음 받았기 때문에, 세상의 것들로는 마음이 통하며 생명이 충만한 관계를 경험할 수 없습니다.

불은 바람 앞에서 더욱 맹렬히 타오르고, 명검은 불 속에서 더 단단해지며, 금은 불을 통해 정금으로 거듭납니다. 신앙도 마찬가지입니다. 하나님과 생명의 관계를 맺고 있다면, 정신 통일이나 마음 수련 따위가 아닌 진실로 살아 계신 하나님을 만나 변화된다면, 그 어떤 어려움이든 그것을 겪을수록 더욱 순전하고 더욱 능력 있고 더욱 견고한 성도로 거듭날 것입니다.

하나님을 사랑하고
알아 가는 관계

그렇다면 주님은 우리와 구체적으로 어떤 관계를 맺기 원하실까요? 호세아 선지자는 이렇게 기록합니다.

> 나는 인애를 원하고 제사를 원하지 아니하며 번제보다 하나님을 아는 것을 원하노라 호 6:6

살아 계신 하나님은 바로 그분을 향한 '사랑'을 가장 먼저 요구하십니다. 어떤 형식과 제물로 예배하느냐보다 진실로 하나님을 사랑하느냐에 더 관심이 있으시다는 겁니다. 이는 예배 의식이 중요하지 않다는 말이 아닙니다. 주님을 향한 우리 마음을 표현하는 통로가 되는 의식과 형식도 물론 매우 중요합니다. 그러나 그 속에 하나님을 향한 진실한 사랑이라는 '내용'을 담지 못하면, 겉으로는 세련되고 화려할지라도 아무짝에도 쓸모없는 무의미한 것이 되어 버릴 뿐입니다.

찬양을 예로 들어 봅시다. 누군가 열정적으로 찬양하는 것 같아도, 사실 그냥 '노래'하고 있는 것일 수 있습니다. 요즘은 전통적인 찬송가 외에도 정말 좋은 찬양이 많습니다. 내용뿐 아니라 모든 면에서 찬양의 수준이 매우 높아졌습니다. 하지만 그것이 살아 계신 하나님에 대한 내면의 고백이 아니라면, 주님을 향한 사랑과 감격과 믿음으로 부르는 게 아니라면 어떻게 되겠습니까? 아무리 좋은 목소리와 완벽한 하모니로 노래한다고 해도 찬양으로서의 의미는 전혀 없는 겁니다.

노래로 찬양한다는 것은, 노래라는 도구를 사용하여 살아 계신 참 하나님을 향한 감격과 신앙을 고백한다는 뜻입니다. 바꿔 말하면 높임받기 합당하신 존재를 향한 전인격적인 반응, 영혼으로부터 흘러나오는 진정한 고백이 바로 찬양이라는 것입니다. 주님이 '제사 의식이 아니라 바로 너'에게 관심이 있다고 말씀하신 것도 이 때문입니다. 주님은 우리가 온 맘으로 그분을 사랑하기 원하십니다.

그다음으로 주님은 한 걸음 더 나아가 번제물, 즉 위대한 성공이나 업적, 성취 대신 하나님이 어떤 분인지 '아는' 지식을 요구하십니다. 오랫동안 같이 지낸다고 해서 무조건 인격적 관계를 맺을 수 있는 것은 아닙니다. 교회의 초창기 때부터 함께한 개척 멤버라고 해도 서로 관심이 없으면 깊이 있는 관계를 맺을 수 없습니다. 마음을 나누지 않으면, 30년의 몇 곱절을 같이 살아도 여전히 잘 모를 수밖에 없습니다. 한 공간에 같이 있다고 해서 그 사람을 알 수 있게 되는 것은 아닙니다. 몇십 년 동안 결혼 생활을 해온 부부 중에도 오히려 남보다 배우자에 대해 모르는 사람이 얼마나 많습니까? 우리는 인격을 가진 존재이기 때문에, 그 '속'을 나눠야 비로소 서로 잘 알게 됩니다.

여기서 '안다'는 말은 상대방의 객관적인 정보나 지식을 받아들이는 게 아닙니다. 둘 이상의 인격적인 존재가 만나서 깊이 있게 관계 맺는 것을 말합니다. 이게 바로 하나님이 우리와 맺기 원하시는 온전한 관계, 생명의 관계입니다. 주님이 이런 관계를 얼마나 간절히 원하시는지 아십니까?

성경에서 하나님이 '내가 하나님임을 너희가 알기 원한다'고 말씀하실 때, '알다'에 해당되는 히브리어 단어가 바로 '야다'입니다. 이는 어떤 대상을 '체험하여' 알게 된다는 뜻입니다. 저는 한 사건을 통해 그 말의 진정한 의미를 깨닫게 되었습니다. 지금 생각해 보면 제가 워낙에 눈치 없고 둔감한 사람이기 때문에, 주님이 특별히 역사하셔서 알려 주신 것 같습니다.

믿지 못할 분이 계실지도 모르겠지만, 저희 부부는 결혼한 지 30년이 넘었습니다. 다 주님이 허락하셔서 이루어진 일이니, 왜 그렇게 일찍 결혼했을까 의심하지는 말아 주십시오. 아무튼 저희 부부에게는 다섯 명의 자녀가 있습니다. 다섯이라는 말에 놀라는 분이 계신다면, 너무 적어서 그런 것이겠지요? 사실 저도 자녀의 숫자가 너무 적어서 송구하지만, 더는 자녀를 낳기 어려울 것 같습니다. 여러분의 기대에 부응하지 못해 정말 죄송할 따름입니다.

어쨌든 그렇게 오랜 세월을 함께 살아왔지만, 저는 처가 쪽에 대해 별로 아는 게 없습니다. 아니, 사실 어떻게 그걸 전부 알 수 있겠습니까? 일일이 찾아다니면서 조사하고 기록해서 기억할 수도 없는 노릇이니까요. 물론 최근까지도 장인어른의 정확한 성함을 몰랐던 것은 좀 심했다고 생각합니다. 장인어른은 제가 아내를 처음 만나기 전에 돌아가셔서 미처 신경 쓰질 못했습니다. 부디 은혜롭게 저를 이해해 주셨으면 합니다.

철없던 젊은 시절이라 '아버님이 돌아가셨다'는 얘기만 전해 들었을 뿐, 성함을 확인할 생각까지는 못했습니다. 어쨌든 이렇게 30년이라는 긴 세월 동안 아내와 함께 살았는데도 제가 알고 있는 처가 쪽 정보는 별로 없다 이겁니다.

그런데 제 아내의 신상과 처가에 대해 남편인 저보다 더 정확하게 알 수 있는 사람이 있습니다. 그게 누구일까요? 바로 제가 사는 동네의 동사무소 직원일 겁니다. 컴퓨터로 잠깐 검색해 보면, 제 아내와 관련된 모든 인적 사항을 정확하게 알 수 있습니다. 제가 모르는 것까지 전부 말입니다.

하지만 그렇다고 해서 그 동사무소 직원이 제 아내를 '안다'고 말할 수 있을까요? 신상 정보를 아는 것과 그 사람을 아는 것은 전혀 다른 차원의 문제입니다. 신상 정보를 약간 아는 것 가지고 감히 제 아내를 안다고 동네방네 떠들 수 있겠습니까? 그러면 제가 당장 쫓아가서 머리통을 쥐어박고 입을 틀어막을 게 아닙니까. 남편 입장에서, 생각만 해도 정말 짜증나는 이야기입니다. 감히 누가 남편인 저보다 제 아내를 더 잘 안다고 할 수 있느냐는 말입니다.

이렇듯 저는 이 세상에서 아내를 가장 잘 아는 사람이 단연코 저라고 생각해 왔습니다. 그런데 어느 날, 주님은 특별한 사건을 통해 안다는 것의 의미에 대한 제 생각을 무너뜨리셨습니다. 제 좁은 생각의 폭을 넓히셔서, 성경에 사용된 '알다'라는 말의 참 의미가 무엇인지 깨닫게 해주신 겁니다.

안다는 것은
마음을 공유한다는 것

2000년에 제 아내가 암을 진단받았습니다. 어느 누가 자신의 가족이 암에 걸릴 거라고 예상하겠습니까만, 정말 저는 저희 가정에 그런 일이 생기리라고는 전혀 생각해 보지 않았습니다. 경제적으로나 문화적으로 넉넉하지 않았기에, 암과는 거리가 먼 생활환경이나 식사 습관을 하고 있다고 생각했습니다. 제 아내는 더더욱 그랬습니다. 그런 사람이 암을 선고받은 겁니다. 게다가 당시 저는 4개월의 일정으로 유럽 7개국을 돌며 사역하는 중이었기 때문에, 아내 혼자 그 일을 겪을 수밖에 없는 상황이었습니다.

아내를 진찰한 의사는 이미 암 세포가 많이 퍼졌기 때문에 빨리 수술하지 않으면 위험하다며 당장 수술 날짜를 잡자고 했습니다. 독일에서 첫 번째 집회를 하던 중에 아내의 전화를 받았는데, 순간 눈앞이 하얘졌습니다. 당장 한국으로 출발하고 싶었지만, 팀의 리더이자 집회 강사인 제가 빠질 수 없는 노릇이었습니다. 현지 선교사님들이 어렵게 준비한 모든 것이 저 때문에 무산될 수는 없었으니까요. 결국 제 아내는 남편 없이 혼자 수술을 받아야 하는 처지가 되었습니다.

모든 것을 주님께 드리고 가진 것 없이 살겠노라 떠들어 온 30년 동안, 저는 미래에 대한 아무 대책이나 준비 없이 살았습니다. "글자 그대로 주님이 제 '주인'되시니, 주님만 믿겠습니다. 주님이 저희 책임지세요."

무명의 전도자로 오늘은 이곳, 내일은 저곳을 전전하던 저와 다섯 아이를 헌신적으로 섬긴 아내는 제게 기둥 같은 존재였습니다. 그렇게 고맙고 소중한 사람이 생사의 기로에서 홀로 암 수술을 받아야 한다니, 가슴이 찢어지는 듯했습니다. '수술비를 어디서 구할까. 비자금은커녕 따로 저축해 둔 것도 없을 텐데 어떻게 하려나….' 가 보지도 못한 채 속만 타들어 갔습니다.

우리는 계속 주님께 매달려 기도했고, 마침내 수술하는 날이 되었습니다. 저는 아내에게 전화를 걸어 이렇게 말했습니다. "여보, 지금까지 우리가 어떻게 살았는지 주님이 전부 아실 거야. 그분이 증인이셔. 그리고 우리가 주의 종답게 살다가 주의 종답게 죽게 해 달라고 기도한 것도 기억하실 거야. 그러니까 믿음을 잃으면 안 돼. 당신은 절대 이 병으로 안 죽어. 아니 못 죽어. 주님이 당신을 데려가지 않으실 거야. 나 지금 금식하며 기도하고 있어. 당신 수술 마칠 때까지 기도로 함께할 테니 너무 두려워하지 마. 우리 주님이 직접 의사 손 붙들고 수술하실 테니 걱정하지 마."

그러고는 곧바로 아내를 위해 간절히 기도하기 시작했습니다. 간절히 기도해야겠다고 생각할 필요도 없이 절박한 기도가 절로 터져 나왔습니다. 그렇게 한참을 부르짖고 나서, 예수님의 이름으로 기도를 마쳤습니다. 그런데 이상한 일이 벌어졌습니다. 수화기 너머에서 아내가 "아멘"이라고 화답하기는커녕 침묵하는 겁니다.

여러분 가정은 어떨지 모르겠지만, 저희 집은 '예수님의 이름으로 기도했는데 아멘으로 화답하지 않았다'고 하면 반역죄에 가까운 처벌을 받아야 하는 분위기입니다. 주님의 이름으로 기도했는데 "아멘"으로 화답하지 않는 건 도저히 있을 수 없는 일이다 이 말입니다. 다른 건 몰라도 그것만은 절대 용납할 수 없습니다. "우리는 살아도 주를 위하여 살고, 죽어도 주를 위하여 죽어야 한다"라고 선포하면, 아이들을 포함한 온 식구가 밥을 먹다가도 반드시 "아멘! 할렐루야!"로 응답해야 합니다. 그렇지 않으면 '굶식'(?)을 해야 하는 가정입니다. 아멘을 제대로 해야 밥도 잘 먹고 그날 하루를 잘 보낼 수 있다 그겁니다.

그런데 아내가 "아멘"으로 화답하지 않으니, 제가 얼마나 당황스러웠겠습니까? 그대로 전화를 끊을 수도 없고, 힘든 아내에게 "왜 아멘이라고 안 하는 거야? 왜 그렇게 믿음이 없어?"라고 호통을 칠 수도 없고, 정말 난감했습니다.

머릿속에 이런저런 생각이 오가는 중에도, 수화기 너머의 아내는 여전히 침묵하고 있었습니다. "아니, 국제전화 요금이 얼마나 비싼데 지금 뭐 하는 거야?"라고 쏘아붙이려는데, 순간 아내가 와락 울음을 터뜨렸습니다. 꾹꾹 참았던 걸 한꺼번에 터뜨린 모양인지, 아내의 통곡은 한참이나 이어졌습니다.

이윽고 아내가 울먹이며 입을 열었습니다. 아내의 입에서 나온 말은 저라는 남자와 같이 사는 한은 절대 할 수도 없고 해서도 안 되는, 저희 집 분위기 상 절대 용납할 수 없는 말이었습니다.

"여보, 나 무서워요. 나 무서워. 여보, 나 무서워요."

아내는 쥐어짜듯 이 말을 내뱉더니 다시 울기 시작했습니다.

얼굴도 못 보고 지구 반대편에서 전화로 그 말을 듣는 제 심정이 어떴을지 상상이 되십니까? 저는 복음을 전하기 위한 일이라면 무엇이든 받아들일 만반의 준비를 해 놓고 사는 사람입니다. 그런 제 앞에서 아내가 그렇게 말했다면 불같이 화를 내며 야단쳤을 겁니다. 저에게 있어서는 결코 용납할 수 없는 발언이니까요. 그 자리에서 수화기를 바로 집어던지며 난리쳤을지도 모릅니다. "아니, 이 여자가 무슨 소리하는 거야? 우리 하나님이 돌아가셨어? 왜 이상한 분위기 잡고 난리야? 하나님이 암 따위에 쩔쩔매실 분이야? 도대체 그동안 뭐 믿은 거야? 정신 차려!"

그런데 뭐 독일에서 수화기를 던져 봤자 무슨 소용이 있겠습니까.

어쨌든 바로 그때, 깜짝 놀랄 일이 벌어졌습니다. 무슨 일이든 주를 위해 기쁘게 받아들이겠다던 제 의지와는 전혀 다른 반응이 제 속에서부터 터져 나오기 시작한 것입니다. 무섭다며 울먹이는 아내의 말을 듣는 순간, 시차를 둘 것도 없이 내면의 또 다른 제가 이렇게 부르짖는 겁니다. "하나님! 저 무섭습니다. 하나님, 살려 주세요. 저 무섭습니다."

늘 당연히 옆에 있을 거라고 생각했던 사람의 목숨이 위태로운 상황에 놓이니까 도저히 견딜 수가 없었습니다. 주님 계신 천국으로 하루빨리 올라가고 싶다며 날마다 노래 부르며 살았던 저이지만, 아내가 제 곁을 떠날 수 있을 거라고는 단 한 번도 생각해 본 적이 없었으니까요. 제가 정말 어리석은 사람이었나 봅니다. 누구나 때가 되면 죽어 세상을 떠나게 되기 마련인데 말입니다.

이렇게 한 번도 생각해 본 적 없는 일을 갑자기 겪으면서 저는 예상하지 못한 내면의 반응과 마주하게 되었습니다. 아내의 아픔이 바로 저의 아픔으로 다가온 것입니다. 이 사건으로 저는 히브리어 '야다'의 의미를 깨닫게 되었습니다. '야다', 즉 누군가를 안다는 말은 '그 마음을 공유하다'라는 의미라는 사실을 말입니다.

우리와 마음을 나누시는 하나님

마음을 공유하는 것은 전혀 어렵지 않습니다. 우리가 누군가를 진정으로 사랑하면, 자연스럽게 자신을 그 사람과 동일시하게 됩니다. 그래서 그 사람이 겪는 일을 모두 자신의 일로 받아들이게 됩니다. 원인 모를 통증으로 눈물 흘리며 아파하는 자녀의 모습을 지켜보는 것 외에는 아무것도 할 수 없는 부모의 심정을 생각해 보십시오. 자기가 병에 걸린 것처럼 아파하지 않겠습니까? 기쁨의 감정도 그렇습니다. 아이가 행복해하면 부모도 기쁘고 즐거운 법입니다. 누군가를 사랑하면 상대방의 모든 것이 내 것이 됩니다. 이것이 바로 마음을 공유하는 것이며, 성경의 '야다'가 의미하는 바입니다. 주님은 우리와 이런 관계를 맺기 원하십니다.

"내가 네게 바라는 것은 단 하나, 네가 나를 '알아주는' 것이다."

신앙이란 마지못해 억지로 교회에 나와 주고, 지옥에 가기 싫어서 하나님을 믿어 주고, 벌 받을 게 두려워서 어쩔 수 없이 지키는 것이 아닙니다. 하나님이 우리에게 기대하시는 신앙은 하나님의 크고 놀라운 사랑, 죄의 종노릇하던 우리를 건져 내려고 독생자 예수 그리스도를 십자가로 내몰아 죽이신 그 크고 놀라운 사랑에 반응하는 것입니다. 주님을 더욱 사랑하고 그분과 마음으로 하나 되며, 그분을 더 깊이 알아 가는 것입니다. 그래서 예수님도 이렇게 말씀하십니다.

> 영생은 곧 유일하신 참 하나님과 그가 보내신 자 예수 그리스도를 아는 것이니이다 요 17:3

하나님과 예수 그리스도를 '아는' 것이 곧 영생이라고 직접 말씀하실 만큼, 아는 것이 중요합니다. '아는 것'이야말로 생명을 누리는 관계의 핵심이기 때문입니다. 주님을 알아야만, 둘이 아닌 하나로 온전히 연합할 수 있습니다.

도대체 주님은 왜 우리에게 이렇게 힘든 것을 요구하실까요? 그 답은 우리를 향한 주님의 사랑을 보면 잘 알 수 있습니다. 하나님이 우리를 먼저 사랑하셨고, 마음뿐 아니라 모든 것을 먼저 내주셨습니다.

> 하나님 사랑의 눈으로 너를 어느 때나 바라보시고
> 하나님 인자한 귀로써 언제나 너에게 기울이시니
> 어두움에 밝은 빛을 비춰 주시고 너의 작은 신음에도 응답하시니
> 너는 어느 곳에 있든지 주를 향하고 주만 바라볼지라

이는 우리가 자주 부르는 찬양의 가사입니다. 우리를 낳아 준 부모도, 사랑하는 배우자도, 천하의 그 누구도 들을 수 없는 우리 영혼 깊은 곳

의 신음을 오직 주님만은 들어주신다는 고백입니다. 어떻게 이런 일이 가능하겠습니까? 전능하신 분이기 때문에 그럴까요? 속을 꿰뚫어 보는 신통력이 있으셔서 그런 걸까요? 아닙니다. 우리와 마음을 공유하셨기 때문입니다. 이것은 오직 마음이 통해야만 가능한 일입니다 사람이 의롭게 되는 것은 율법의 행위로 말미암음이 아니요 오직 예수 그리스도를 믿음으로 말미암는 줄 알므로 우리도 그리스도 예수를 믿나니 이는 우리가 율법의 행위로써가 아니고 그리스도를 믿음으로써 의롭다 함을 얻으려 함이라 율법의 행위로써는 의롭다 함을 얻을 육체가 없느니라 만일 우리가 그리스도 안에서 의롭게 되려 하다가 죄인으로 드러나면 그리스도께서 죄를 짓게 하는 자냐 결코 그럴 수 없느니라 만일 내가 헐었던 것을 다시 세우면 내가 나를 범법한 자로 만드는 것이라 내가 율법으로 말미암아 율법에 대하여 죽었나니 이는 하나님에 대하여 살려 함이라 내가 그리스도와 함께 십자가에 못 박혔나니 그런즉 이제는 내가 사는 것이 아니요 오직 내 안에 그리스도께서 사시는 것이라 이제 내가 육체 가운데 사는 것은 나를 사랑하사 나를 위하여 자기 자신을 버리신 하나님의 아들을 믿는 믿음 안에서 사는 것이라 내가 하나님의 은혜를 폐하지 아니하노니 만일 의롭게 되는 것이 율법으로 말미암으면 그리스도께서 헛되이 죽으셨느니라 갈라디아 사람들아 누가 너희를 꾀더냐 예수 그리스도께서 십자가에 못 박히신 것이 너희 눈앞에 밝히 보이거늘 내가 너희에게 다만 이것을 알려 하노니 너희가 성령을 받은 것이 율법의 행위로냐 듣고 믿음으로냐 너희가 이같이 어리석으냐 성령으로 시작하였다가 이제는 육체로 마치겠느냐 너희가 이같이 많은 괴로움을 받은 것이 헛되냐 과연 헛되냐 너희에게 성령을 주시고 너희 가운데서 능력을 행하시는 이의 일이 율법의 행위에서냐 혹은 듣고 믿음에서냐 아브라함이 하나님을 믿으매 그것을 그에게 의로 정하셨다 함과 같으니라 그런즉 믿음으로 말미암은 자들은 아브라함의 자손인 줄 알지어다 또 하나님이 이방을 믿음으로 말미암아 의로 정하실 것을 성경이 미리 알고 먼저 아브라함에게 복음을 전하되 모든 이방인이 너로 말미암아 복을 받으리라 하였느니라 그러므로 믿음으로 말미암은 자는 믿음이 있는 아브라함과 함께 복을 받느니라 무릇 율법 행위에 속한 자들은 저주 아래에 있는 자라 기록된 바 누구든지 율법 책에 기록된 대로 모든 일을 항상 행하지 아니하는 자는 저주 아래에 있는 자라 하였음이라 또한 하나님 앞에서 아무도 율법으로 말미암아 의롭게 되지 못할 것이 분명하니 이는 의인은 믿음으로 살리라 하였음이라 율법은 믿음에서 난 것이 아니니 율법을 행하는 자는 그 가운데서 살리라 하였느니라 그리스도께서 우리를 위하여 저주를 받은 바 되사 율법의 저주에서 우리를 속량하셨으니 기록된 바 나무에 달린 자마다 저주 아래에 있는 자라 하였음이라 이는 그리스도 예수 안에서 아브라함의 복이 이방인에게 미치게 하고 또 우리로 하여금 믿음으로 말미암아 성령의 약속을 받게 하려 함이라 형제들아 내가 사람의 예대로 말하노니 사람의 언약이라도 정한 후에는 아무도 폐하거나 더하거나 하지 못하느니라 이 약속들은 아브라함과 그 자손에게 말씀하신 것인데 여럿을 가리켜 그 자손들이라 하지 아니하시고 오직 한 사람을 가리켜 네 자손이라 하셨으니 곧 그리스도라

2장
우리는 주님을 떠나서는 살아갈 수 없는 존재다

그는 멸시를 받아 사람들에게 버림받았으며 간고를 많이 겪었으며 질고를 아는 자라 마치 사람들이 그에게서 얼굴을 가리는 것 같이 멸시를 당하였고 우리도 그를 귀히 여기지 아니하였도다 그는 실로 우리의 질고를 지고 우리의 슬픔을 당하였거늘 우리는 생각하기를 그는 징벌을 받아 하나님께 맞으며 고난을 당한다 하였노라 그가 찔림은 우리의 허물 때문이요 그가 상함은 우리의 죄악 때문이라 그가 징계를 받으므로 우리는 평화를 누리고 그가 채찍에 맞으므로 우리는 나음을 받았도다 우리는 다 양 같아서 그릇 행하여 각기 제 길로 갔거늘 여호와께서는 우리 모두의 죄악을 그에게 담당시키셨도다 사 53:3-6

우리는 뼛속까지 죄로 가득한 채 태어났습니다. 자신의 힘으로는 하나님을 알 수도 부를 수도 없는 존재였습니다. 주님은 그런 우리를 매우 사랑하셨기 때문에 자기 자신을 내주셨습니다. 부를 이름도, 찾을 이름도 없을 만큼 소망을 잃은 우리가 겪어야 했을 멸시와 질고, 슬픔, 징벌, 고난, 허물, 상함을 전부 대신 감당하셨습니다. 우리의 신음을 듣고, 우리의 짐을 지고, 우리가 가야 할 길을 가셨습니다. 그것이 바로 예수 그리스도의 십자가이며, 주님이 우리의 마음을 공유하셨다는 증거입니다.

우리가 먼저 하나님을 사랑한 것이 아니라, 그분이 먼저 우리를 사랑하셨습니다(요일 4:19). 이 놀라운 은혜가 우리를 인도했습니다. 살아오는 동안 숱하게 주님의 마음에 못을 박고 주님을 외면하고 고집부리며, 완고하고 패역하여 그분을 떠났던 우리를 끝까지 포기하지 않으셨습니다. 자신이 지은 죄와 운명 때문에 아파하며 신음하고 눈물짓는 우리를 그냥 보고만 계시지 않았습니다. 우리 영혼의 작은 신음소리가 주님의 귀에는 천둥소리같이 크게 들리기 때문입니다.

주님은 독생자를 십자가에 매달아 죽일 수밖에 없을 만큼 우리를 '이처럼' 사랑하셨고, 살려 내기 원하셨습니다. 주님의 그 결정과 선택이 오늘의 우리가 있게 했습니다. 이렇게 우리를 사랑하셨으니, 우리 또한 주님과 동일하게 반응하길 바라시는 게 당연하지 않겠습니까? 주님이 우리에게 무엇을 요구하고 계십니까? "내가 너를 사랑한 것처럼 너도 나를 사랑해다오. 이것이 내가 너를 창조한 목적이다."

기독교 교리를 모아 정리한 웨스트민스터 소요리 문답의 첫 번째 질문은 다음과 같습니다. "사람의 제일 되는 목적이 무엇인가?"

그리고 이 질문에 대한 답변은 이렇게 시작됩니다. "하나님을 영화롭게 하는 것과…." 우리가 어떻게 하나님을 영화롭게 해 드릴 수 있을까요? 무슨 재주로 그렇게 할 수 있을까요? 돈을 많이 벌어서? 크게 성공해서? 아닙니다. 아닙니다. 그것으로는 절대 안 됩니다. 우리가 가진 것으로는 불가능합니다. 그렇다면 어떻게 해야 할까요? 주님을 영원토록 즐거워해야 합니다. 하나님과 마음을 공유하고 공동운명이 되어, 그분의 사랑에 영원토록 감격하고 만족하는 것입니다.

어린아이에게는 다른 것이 전혀 필요 없습니다. 오직 엄마만 있으면 됩니다. 엄마 외에는 아무것도 필요하지 않습니다. 신앙도 마찬가지입니다. 복음 하나면 충분하고, 예수님이면 충분하고, 하나님이면 충분합니다. 하나님은 이런 사랑의 관계를 맺으시려고 사람을 창조하셨습니다. 그래서 주님이 우리를 통해 영광 받으신다는 것은, 그분이 우리 삶의 전부가 되신다는 말입니다. 우리의 모든 사랑과 의지를 주님께 온전히 드린다는 말입니다. 주님 한 분이면 충분하니까 말입니다.

오직 주님
한 분만으로

저는 20대 초에 예수님을 만났습니다. 술집 아들로 태어난 저는 모태 신앙은커녕 교회 문턱도 못 밟아 보고, 예수의 '예'자도 못 들어 본 채 살았습니다. 인생의 벽에 부딪혀 절망하여 중증의 자학 증세에 빠져 있을 때, 주님이 찾아오셨습니다. 이끌어 주는 사람도 없고 훈련받은 적도 없고 교회의 '교'자도 몰랐던 저였지만, 주님을 만난 후 "주님, 이제부터 '무소유'로 살겠습니다. 글자 그대로 주님 한 분이면 충분합니다. 더는 아무것도 바라지 않습니다"라고 서원 기도를 했습니다.

저는 자살할 이유가 충분한 인생을 살았습니다. 그러나 주님을 만나고 나서는 그 모든 고통의 이유들이 아무렇지 않게 느껴지기 시작했습니다. 아무것도 바뀌지 않아도 괜찮았습니다. 저를 절망하게 하고 죽고 싶게 하던 '망해 버린 술집 아들, 별 볼일 없는 집안, 학벌도 없는 구제불능의 성격 파탄자'라는 수식어와 숱한 아픔들이, 예수님을 만나고 나니까 전혀 문제가 되지 않았습니다. 주님만 옆에 계시면, 주님만 함께해 주시면, 저는 다른 건 아무래도 괜찮습니다. 주님 한 분이면 충분하기 때문입니다.

그래서 저는 초신자 때부터 서원한 대로, 지금까지 무소유의 삶을 살고 있습니다. 사실 무소유란 '하나도 안 갖겠다'는 것이 아닙니다. '하나님의 것이 전부 내 것이다'라는 말입니다. 내 것을 갖는다고 하면 딱 그것만 갖고 마는 것이지요. 더 가지려면 그만큼 더 애쓰고 힘쓰고 노력해야 할 겁니다. 하지만 '무소유로 살겠습니다'라고 하면, '제 건 따로 없지만 주님의 것이 전부 제 겁니다'라는 뜻입니다. 얼마나 좋은지 모릅니다. 죽어도 여한이 없을 만큼 행복합니다. 그러니까 이렇게 사는 겁니다.

웬만해서 사람은 다른 사람에게 무언가를 하도록 강요하지 못합니다. 죽을 만큼, 미칠 정도로 좋아해야 그렇게 할 수 있습니다. 저는 다섯 아이를 전부 선교사로 길러 냈고, 전 세계 50-60여 개국을 돌아다니며 저와 피 한 방울 안 섞인 낯선 사람들을 찾아가 복음을 전하며 살아갑니다. 그들은 왜 자꾸 찾아와서 귀찮게 하느냐며 오지 말라고 말합니다. 하지만 저는 "당신을 사랑합니다"라고 말하며 계속 찾아갑니다. 제가 왜 그렇게 하는 걸까요? 어떻게 그런 삶을 살 수 있는 걸까요?

죽을 만큼, 미칠 정도로 주님이 좋기 때문입니다. 주님이면 충분하기 때문입니다. 그래서 저는 찢어질 정도로 가난한 상황에 처하든 엄청난 성공의 한복판에 서 있든 상관없이 마음을 뺏기지 않을 수 있습니다. 그 무엇과도 주님을 바꿀 수 없습니다. 인간이 겪을 수 있는 가장 큰 비극은 하나님을 잃어버리는 것입니다. 꽉 붙잡고 있던 엄마의 손을 놓쳐 버린 어린아이의 마음을 생각해 보십시오. 끔찍한 일입니다.

예전에 저는 딸아이와 관계가 힘들었던 적이 있습니다. 물론 지금은 괜찮아졌습니다. 오래전 일이지만, 그럼에도 그때 일은 이렇게 자주 강의나 설교 소재로 쓰임 받고 있습니다. 하지만 본인은 그 사실을 잘 모를 겁니다.

어느 날부터인가 저는 저와 눈을 마주치지 않고 대화하는 딸아이의 모습을 발견하게 되었습니다. 제 얼굴의 15도 위 또는 아래를 보는 겁니다. 한참 얘기하다 답답해진 제가 한마디 합니다. "아빠 얼굴 보면서 얘기해라." 그러면 조폭도 아니면서 짧고 굵게 "네"라고 답합니다. 문제는 그러고도 계속 딴 데를 본다는 겁니다.

딸인데 어떻게 그럴 수 있었을지 솔직히 지금도 궁금합니다. 이 아이의 이름은 찬송입니다. 찬송이. 정말 좋은 이름이죠?

전도자 가문의 빛나는 전통을 이어받아, 벗어날 수 없는 선교사의 운명을 살아야 했던 찬송이가 해외에서 훈련받고 있었을 때입니다. 어느 날 갑자기 전화가 한 통 걸려왔습니다. 찬송이와 함께 있는 사람이 걸어온 전화였습니다. 찬송이는 웬만한 것으로는 원체 부모에게 내색하지 않는 성격이라 해외에 나가서도 전화 한 번 하지 않았습니다. 원래 집 떠나 산다는 게, 그것도 낯선 타국에서 산다는 게 모진 고생일 텐데 말입니다. 어쨌든 그때도 힘든 일이 있는데 집에도 말하지 않고 혼자 끙끙 앓고 있었나 봅니다. 결국 같이 있는 사람이 다급히 전화를 걸어왔습니다.

"찬송이 아버님, 걱정 끼쳐드리는 것 같아 죄송하지만, 아무래도 아셔야 할 것 같아서 전화를 드렸습니다. 저…."

그런데 그 사람도 막상 제대로 말을 꺼내지 못하고 망설였습니다.

"찬송이에게 무슨 일이 있나요? 괜찮습니다. 어서 이야기해 주세요. 우리 주님이 계신데 뭘 걱정하겠습니까? 어서 말해 보세요."

"지금 찬송이가 많이 아파서 며칠째 누워 있어요. 찬송이가 신신당부하는 바람에 지금까지 집에도 연락 못 드렸어요. 의식을 잃었다가 이제 회복되었는데, 의사 말로는 심각한 탈진 상태라고 해요. 아무래도 아셔야 할 것 같아 전화했습니다."

그 소식을 듣는 제 가슴이 철렁 내려앉았습니다. "우리 찬송이는 지금 어디 있나요?"

"옆에 있어요. 안 그래도 아빠 목소리 듣고 싶다고 바꿔 달라네요."

이윽고 기운이 하나도 없는 듯한 딸아이의 목소리가 수화기 너머에서 들려왔습니다. 어찌나 들릴락 말락 작은 목소리로 말했던지, 온 신경을 집중해서 들어야만 했습니다. 찬송이는 남은 힘을 쥐어짜 희미한 목소리로 "사랑해요, 아빠. 그리고 놀라지 마세요. 혹시 제게 어떤 일이 일어나더라도 마음 아파하지 마세요. 아빠에게 이 말씀을 꼭 드리고 싶었어요"라고 말했습니다. 그러고는 냅다 전화를 끊어 버렸습니다.

부모 입장에서는 미치고 팔짝 뛸 노릇일 수밖에 없었습니다. 곧바로 다시 전화를 걸어 자세한 상황을 알아보니, 아파서 한 달 동안이나 먹지도 마시지도 못했다고 했습니다. 병의 원인을 찾지도 못한 상태에서 탈수 현상까지 일어나는 바람에 의식을 잃었던 모양이었습니다.

도저히 그 아이를 그곳에 홀로 둘 수가 없겠다는 생각이 들었습니다. 찬송이가 속해 있는 단체에서도 더는 그 아이에게 해줄 수 있는 것이 없었기 때문에, 이제 부모가 나서야 할 상황이었습니다.

물론 저는 주님이 우리를 책임지실 것을 신뢰합니다. 선교 사역을 하다 보면, 이보다 더한 일도 비일비재하게 겪습니다. 원래 인생이라는 것 자체가 이런 고통과 슬픔을 끌어안고 가는 것이 아니겠습니까? 하지만 딸아이의 문제 앞에서만큼은 덤덤할 수가 없었습니다. 평소 이 아이에게 미안한 마음이 있었기 때문에 더욱 그랬나 봅니다.

그래서 딸아이에게는 비밀로 하고서 곧장 그곳으로 출발했습니다. 한국에서 멀리 떨어진 나라에 있었기 때문에, 그날 출발하는 비행기 중에는 직항 노선이 없었습니다. 하지만 딸아이의 몸 상태가 심각했기 때문에 단 1분도 지체할 수 없는 상황이었습니다. 그래서 일단 독일까지 비행기를 타고 간 다음, 거기서부터는 육로로 이동하기로 했습니다.

글로벌 특급 수송 작전을 방불케 하는 여정이었습니다. 겨우 딸아이를 찾아가서 보니, 전화 연락을 받았을 때보다 더 상태가 나빠져 있었습니다. 어찌된 일인지, 물만 조금 들어가도 바로 토해 버리는 것이었습니다. 아무리 검사를 해도 원인을 찾을 수 없었습니다. 다른 나라 의사들에게까지 조언을 구해 봤으나 별도리가 없었습니다. 기껏 나온 대안이라는 것이 '외국 의사들은 한국인의 체질을 잘 모를 수도 있으니, 일단 환자를 독일까지 데려와라' 하는 정도였습니다. 어쨌든 그 상태로 그냥 둘 수 없었기 때문에 한국으로 데려오기로 마음먹었습니다. 현지 병원에서는 치료할 길이 없으니 주변 사람들까지 한국행을 주장하는 분위기였습니다.

제 생각에도 일단 한국에 가면 무슨 수든 생길 것 같았습니다. 이제 다 커서 어른이 된 딸이었지만, 엄마가 그리워서 아픈 것 같기도 했고 엄마가 해주는 된장국 한 사발을 들이키면 나을 것도 같았습니다. 어릴 적부터 '엄마 밝힘증' 환자인 아이였으니까요. 엄마가 해주는 한국 음식을 먹으면 그래도 조금 차도가 있지 않을까 싶었던 겁니다.

그런데 문제는 항공사에서 중환자인 딸을 비행기에 태워 주려 하지 않으려고 하는 데 있었습니다. 게다가 그렇게 탈진한 채로 20시간 이상 비행기를 타고 가려면 링거로 수분을 계속 공급해 주어야 하는데, 항공사 측에서는 그게 불가능하다고 말했습니다. 특별한 설비를 갖춘 상태에서 의사와 간호사의 동행이 필요한데, 그렇게 하기에는 현실적으로 어렵다는 것이었습니다. 결국 만일의 사태에 대한 책임은 모두 제가 지기로 하고, 딸아이를 한국으로 데려오는 데 합의했습니다. 그리고 한국에 연락하여, 공항에 구급차를 대기시켜 달라고 했습니다.

떠나기로 한 전날 밤, 잠이 오지 않았습니다. 쇠약해질 대로 쇠약해져서 아무런 기력도 남지 않은 채로 긴 시간을 버텨야 할 딸아이를 생각하니 가슴이 답답했습니다. 결국 잠을 이루지 못하고 새벽에 일어나 말씀을 묵상하다가 이렇게 결심했습니다. '그래, 무슨 일이 있어도 내가 네 옆에 있을게. 뛰어난 것도 없고 배운 것도 없고 무뚝뚝한 아빠이지만, 지금 너와 함께 있을 수는 있어. 다른 것은 전부 포기하고 취소한 채 오직 네 옆에 있어 줄게.' 제가 딸에게 해줄 수 있는 유일한 것, 그 아이를 사랑하는 제 진심을 보여 줄 유일한 길은 바로 그저 곁에 같이 있어 주는 것이었습니다.

그러면서 주님께 도와 달라고 기도했습니다. 곁에 있어 주는 것 말고는 제가 해줄 수 있는 게 없었으니까요. 모든 것을 내팽개치고 같이 있어 줄 수는 있지만, 그것이 제 딸의 몸 상태에까지 도움이 되진 못하니까요. 제 입장에서는 모든 것을 희생하고 내린 선택이었지만, 그것으로는 딸의 병을 낫게 할 수 없었으니까요. 그때 저는 사람의 최선이라는 것이 얼마나 보잘것없고 무력한 것인지 절실히 깨달았습니다. 말은 '동행'이라고 하지만 정작 아무것도 해줄 수 없는, 참 아쉽고 부족하고 안타까운 동행이었던 겁니다.

아침이 되어 퇴원 수속을 하려는데, 의사가 당장 링거를 빼라고 했습니다. 장시간을 비행해야 하는 환자한테 너무한다 싶어서 공항까지만 달고 가게 해 달라고 사정했지만, 링거를 빼지 않으면 퇴원을 시킬 수 없다고 할 뿐이었습니다. 어찌나 정이 없게 굴었는지, 이래서 우리가 예수를 믿고 변화되어야 한다는 겁니다.

아무튼 그렇게 저희 부녀는 위험한 여행을 시작했습니다.

행복하고 안전한 주님과의 동행

그날 새벽에 제가 묵상을 하면서 적은 글을 나중에 보게 되었는데, 이렇게 적혀 있었습니다.

아빠하고 손잡고 가는 길, 행복하지만 위험한 여행.

아빠인 제가 딸에게 줄 수 있는 행복은 마음의 위안 정도입니다. 현실의 위험까지 막아 줄 능력은 제게 없습니다. 그래서 아빠인 저와 손잡고 가는 길은 '행복하지만 위험한 여행'입니다.

그런데 제가 적은 글은 그게 다가 아니었습니다. 그 밑에 이렇게 적은 것입니다.

주님과 함께 가는 길, 행복하고 안전한 여행.

우리 둘만의 여행이 아니었음을 확신했기에, 저는 딸아이의 팔에서 링거를 뽑은 채 먼 길을 떠날 수 있던 겁니다. 한국으로 오는 동안 줄곧 저는 딸의 손을 꼭 잡아 주었습니다. 부끄러운 이야기지만, 찬송이의 손을 제대로 붙잡아 본 것은 그때가 처음이었습니다.

이 부분에 대해서는 사실 저도 할 말은 많습니다. 제가 특별히 못된 성격을 가졌다거나 나쁜 아빠여서 그런 게 절대 아닙니다. 제가 손을 잡으려 해도 그 아이가 매번 손을 빼 버려서 그랬을 뿐입니다.

찬송이와의 여행을 통해서 저는 사람의 최선으로도 어찌 해볼 수 없는 일이 있음을 깨달았습니다. 늘 변함없이 사랑해 주는 배우자도 때가 되면 제 곁을 떠나게 되어 있습니다. 천하에 둘도 없는 효자, 효녀라 해도 부모의 죽음에까지 동행할 수는 없습니다. 혼자 맞이해야 하는 죽음의 순간까지 같이 해줄 수 있는 사람은 없습니다. 인간의 동행은 불안하기 짝이 없습니다.

인생에서 반드시 만나야 할 동행은 따로 있습니다. 모든 것을 다 잃더라도 결코 놓칠 수 없는 단 하나, 행복하고도 안전한 동행 말입니다. 그 동행은 오직 하나님만이 해주실 수 있습니다. 하나님은 우리를 지으실 때부터 우리를 홀로 두지 않기로 작정하셨습니다. 그래서 완전한 복음, 곧 십자가의 복음을 통해 가장 멋지고 아름다운 동행을 준비해 놓으셨습니다.

사람이 꿈꿀 수 있는 가장 완벽한 회복은 임마누엘이신 주님과의 동행을 회복하는 것입니다. 어떻게 주님은 임마누엘의 약속을 성취하셨습니까? 십자가에 달려 우리와 함께 죽으셨고, 죽음을 이기신 부활에 우리를 참여시키셨습니다. 갈라디아서 2장 20절의 비밀을 성취하신 것입니다.

내가 그리스도와 함께 십자가에 못 박혔나니 그런즉 이제는 내가 사는 것이 아니요 오직 내 안에 그리스도께서 사시는 것이라 이제 내가 육체 가운데 사는 것은 나를 사랑하사 나를 위하여 자기 자신을 버리신 하나님의 아들을 믿는 믿음 안에서 사는 것이라 갈 2:20

그래서 예수님 한 분이면 충분합니다. 예수님만 계시면 가진 것이 없어도 행복할 수 있고, 예수 이름만 있으면 온 인류가 구원받고도 남습니다. 이것이 바로 복음입니다. 나 자신도 만족시키지 못하는 복음을 누구에게 전하겠다는 말입니까? 나 하나도 변화시키지 못하는 복음을 누구한테 전한다는 말입니까? 나도 믿지 못하는 복음을 감히 누구한테 전할 수 있다는 말입니까? 복음은 복을 받으려고 외우는 주문 따위가 아닙니다. 마음 수련이나 인간이 만들어 놓은 종교 제도 나부랭이가 아닙니다. 살아 계신 하나님을 만나면 누구나 뒤집어집니다. 살아 계신 주님을 만나면 인생의 축이 바뀌는 기적이 저절로 일어납니다. 할렐루야!
주님 때문에 홀러덩 뒤집어지고 인생의 축이 바뀌는 놀라운 은혜가 여러분의 삶에도 부어지길 소망합니다.

내가 주님을 사랑하는 줄 주님도 아십니다

여러분도 잘 알다시피 우리 주님은 열두 명의 제자 형님들을 늘 데리고 다니셨습니다. 그 이름도 다 외우기 힘든 열두 명의 제자 형님들은

3년이라는 긴 시간 동안, 말씀이 육신 되어 이 땅에 오신 예수 그리스도를 만나면서 생전 들어 보지 못한 하나님의 음성을 듣고 하늘의 진리를 깨달았습니다. 예수님은 생선 비린내에 찌든 어부이자 무식하고 천한 신분의 제자 형님들을 인격적으로 대하셨고, 하나님의 형상으로 인정해 주셨습니다. 제자 형님들은 그야말로 꿈같은 시간을 보냈습니다. 하지만 주님이 이 땅에 오신 가장 큰 목적이 십자가라는 말씀에 큰 충격을 받습니다.

십자가 사건은 우리의 이성으로 이해하거나 믿을 수 있는 차원의 것이 아닙니다. 십자가에 달려 죽을 거라는 주님의 말씀이 얼마나 충격이었던지, 바로 그 말씀 앞에서 제자 형님들의 실존이 그대로 다 드러났습니다.

그중에서도 예수님의 수제자인 베드로 형님의 진심이 가장 적나라하게 드러나 버렸습니다. 다들 잘 알고 있듯, 베드로 형님은 예수님이 대제사장과 바리새인들에게 붙잡혀 심문 당하시는 곳에도 찾아갔습니다. 이전에 말했던 대로, 예수님이 돌아가시는 자리에까지 따라갔던 것입니다. 베드로 형님은 정말 주님을 따라가고 싶었습니다. 하지만 안타깝게도 그 역시 연약하고 불신할 수밖에 없는 육신에 갇혀 있었습니다. "당신도 예수랑 같은 패거리죠?"라는 계집종의 말에 겁을 먹은 베드로 형님은 자기도 모르게 예수님을 모른다고 부인하며 저주까지 하고 맙니다. 이후로 계속 베드로 형님은 수치심과 죄책감에 아파하며 괴로워했을 겁니다. 모든 것을 다 버리고 따를 정도로 사랑한 주님을 배신했다는 사실, 그분이 자신을 가장 필요로 하실 때에 그분을 모른다고 오리발을 내밀며 저주까지 퍼부었다는 사실이 머릿속에서 지워지지 않았을 겁니다.

그런 그에게 어떤 소식이 들려옵니까? 자신이 배신했던 주님, 십자가에 달려 돌아가신 주님이 다시 살아났다는 소식이었습니다. 베드로 형님의 성격상 기뻐서 난리를 쳐야 맞지만, 그 얘기를 듣는 것이 마냥 편치만은 않았습니다. 주님이 부활하셨다는 게 부담스럽고 불편했습니다. '그럼 난 이제 어떻게 해야 하지?'

베드로 형님은 무식한 어부였습니다. 3년 동안에도 주님의 훌륭한 능력 때문에 그분을 따르기가 쉽지 않았는데, 죽음까지 이겨 내고 부활하신 진짜 하나님을 어찌 쉽게 따를 수 있었겠습니까. 무식한 어부인 것도 모자라 배신까지 한 자신이 어찌 다시 그분의 제자가 되어 같이 다닐 수 있을 거라 생각했겠습니까. 얄궂게도, 주님이 부활하셨다는 기쁜 소식은 베드로 형님에게 참담한 실패감만 안겨주었습니다.

주님이 부활하셨음을 확실히 알게 되자, 베드로 형님은 결국 동료들에게 이렇게 말합니다.

"이보게들. 나는 다시 예전처럼 고기나 잡으려 하네. 자네들도 알다시피 난 어부 아닌가? 3년 전에 주님은 내게 사람을 낚는 어부가 되라고 하셨지. 밑도 끝도 없는 그 말씀에 나는 무엇에라도 홀린 것처럼 그분을 따라다녔네. 지금 생각해 보니, 그동안 내가 주제 파악도 못하고 설친 것 같아. 고기나 잡으면서 살아야 족한 놈이지. 내가 무슨 사도이며 주의 종이 될 수 있겠는가. 지나가던 개가 웃을 일이네. 잘들 있게. 나는 이만 고기나 잡으며 살겠네."

베드로 형님이 그렇게 말하며 비통한 심정으로 자리를 털고 일어서니, 전부터 몰려다니기 좋아하던 다른 제자 형님 여섯이 졸졸 따라 나섰습니다. 결국 고향으로 돌아가긴 했는데, 3년 전에 다 때려치웠기 때문에 고기 잡을 장비가 없었을 테죠. 여기저기 기웃거리면서 배와 그물을 겨우 빌려 고기 잡으러 나섰는데, 한 마리도 잡히지 않았습니다. 3년을 쉬었다고는 하지만 어업으로 잔뼈가 굵었던 이들인데 밤새 그물질해도 피라미 한 마리 잡질 못하니 얼마나 낙심되고 비참했겠습니까. 그러는 사이, 디베랴 바닷가에는 동이 터오기 시작했습니다.

'갈보리 언덕과 디베랴 바닷가의 아침을 경험한 성도는 결코 망하지 않는다'고 했던가요? 우리의 죄를 대신하여 죽으신 갈보리 언덕을 경험하면, 더는 따르지 못하겠다며 도망친 배신자를 주님이 찾아오시는 디베랴 바닷가를 경험하면, 하나님 사랑과 은혜에 붙들려 살게 된다는 뜻일 겁니다.

지금이 바로 그런 상황입니다. '나 같은 건 틀렸어'라며 절망에 빠진 자포자기 인생, 배신하고서 그대로 도망쳐 버린 인생 낙오자들에게 주님이 찾아오셨습니다. 밤새 허탕 쳐서 지치고 굶주린 채로 몸이 쫄딱 젖어 고개를 푹 숙이고 찌그러져 있는 제자들에게 주님이 찾아오셨습니다. 그분은 바닷가에 손수 모닥불을 지펴 떡과 고기를 준비해 먹여 주십니다.

그들이 조반 먹은 후에 예수께서 시몬 베드로에게 이르시되 요한의 아들 시몬아 네가 이 사람들보다 나를 더 사랑하느냐 하시니 이르되 주님 그러

하나이다 내가 주님을 사랑하는 줄 주님께서 아시나이다 이르시되 내 어린 양을 먹이라 하시고 또 두 번째 이르시되 요한의 아들 시몬아 네가 나를 사랑하느냐 하시니 이르되 주님 그러하나이다 내가 주님을 사랑하는 줄 주님께서 아시나이다 이르시되 내 양을 치라 하시고 세 번째 이르시되 요한의 아들 시몬아 네가 나를 사랑하느냐 하시니 주께서 세 번째 네가 나를 사랑하느냐 하시므로 베드로가 근심하여 이르되 주님 모든 것을 아시오매 내가 주님을 사랑하는 줄을 주님께서 아시나이다 예수께서 이르시되 내 양을 먹이라 요 21:15-17

식사 후에 주님이 마음고생이 가장 심했을 베드로를 부르십니다. "요한의 아들 시몬아."

시몬은 베드로의 본명입니다. 베드로는 주님이 붙여 주신 별명으로, '반석'이라는 뜻입니다. 주님은 어째서 뜬금없이 베드로의 본명을 부르셨을까요?

그런 상황에서 그를 반석이라는 뜻의 베드로라고 부르셨다면, 그는 더는 견딜 수가 없어서 도망쳐 버렸을지도 모릅니다. 아마 그의 마음을 헤아리셨기 때문에 본명을 부르신 게 아닐까요.

"요한의 아들 시몬아, 네가 이 사람들보다 나를 더 사랑하느냐?"

그 말에 베드로는 죽고 싶은 심정으로 대답했을 것입니다. "예, 주님. 제가 주님을 사랑하는 줄 주님도 아십니다."

세상에 이런 대답이 어디 있습니까? 사랑하면 '사랑한다', 아니면 '아니다'라고 해야지요. 이게 대체 무슨 말입니까?

그러나 다시 한 번 베드로의 입장을 생각해 봅시다. 지금 베드로는 주님을 사랑한다고 당당히 대답할 수 있는 입장이 아닙니다. 주님을 모른다고 세 번이나 부인한 데다 주님의 부활 소식을 듣고도 고향으로 돌아와 버렸으니까요. 사실 이 정도 되면 게임이 끝난 거라 볼 수도 있습니다.

그러나 사실 베드로의 마음 한구석에는 '하지만 나는 주님을 아직도 많이 사랑해. 주님을 마주 대할 낯짝은 없지만, 그렇다고 주님을 사랑하지 않는 건 아니야!'라는 생각도 있었습니다. 사랑한다고 말할 면목은 없지만, 그렇다고 주님을 사랑하지 않는 건 아니었습니다. 즉, "제가 주님을 사랑하는 줄 주님도 아십니다"라는 말의 뜻은 이렇습니다.

"주님, 저는 더 이상 주님을 따를 수 없는 놈입니다. 그 사실을 깨달았기 때문에 이곳으로 돌아온 겁니다. 떠난 지 3년이나 흘렀지만 고향은 변함이 없었습니다. 고향 사람들은 물론 바람도, 바다도 여전하더군요. 사실 저도 별로 달라진 것은 없었습니다. 반 푼어치도 안 되는 모자란 인생인 것도 변함없고, 입만 살아서 떠들어 대는 못 믿을 놈이라는 것도 변함없었습니다. 그러나 딱 하나, 달라진 게 있었습니다. 3년 전과 비교하면, 그것만은 완전히 달라졌습니다. 그것은 바로 제가 예수님 없이는 살 수 없게 되었다는 것입니다."

그렇습니다. 베드로는 예수님밖에 모르고, 예수님을 떠나서는 도저히 살 수 없는 사람이었습니다. 예수님을 따를 능력이나 배짱이 없지만, 그렇다고 주님을 떠날 수도 없는 사람이었습니다. 전부 망가지고 잃어버려도 예수님만은 포기할 수 없었습니다. 주님과 함께한 3년 동안 베드로는 그런 사람으로 바뀌었습니다. 한 짓이 있어서 차마 자신의 입으로는 사랑한다고 말할 수 없었지만 예수님 없이는 살 수 없는 지경이 되었기에, 베드로는 이렇게 대답할 수밖에 없었습니다. "제가 주님을 사랑하는 줄 주님도 아십니다."

그런 마음을 알아들었는지, 주님은 별다른 말씀을 하지 않으십니다. "오냐, 좋다. 지금은 일단 놔두지만 나중에 보겠다. 날 배신한 대가를 톡톡히 치르게 해주마. 앞으로 지켜볼 테니 잘해라"는 말은 단 한마디도 하지 않으십니다. 베드로가 팽개치고 온 사도의 직분을 다시 맡기실 뿐입니다. "내 어린 양을 네게 부탁한다."

주님은 왜 더는 다른 말씀을 하지 않으신 걸까요? 베드로가 바로 주님이 듣고 싶어 하신 고백을 했기 때문입니다. 주님은 바로 이런 반응을 원하셨습니다. 내 힘으로는 아무것도 할 수 없다는 자기 부정과 주님 없이는 살 수 없다는 갈망과 안타까움. 주님은 3년 동안 바로 이 일을 제자 형님들 안에 이루어 놓으셨습니다. 인간 베드로는 변한 게 전혀 없었습니다. 여전히 모자라고 부족했습니다. 주님을 만나기 전과 똑같았습니다. 하지만 달라진 게 하나 있었습니다. 바로 예수님 없이는 한순간도 살 수 없게 되었다는 겁니다. 주님 없이는 살 수 없습니다. 주님은 이렇게 3년 동안 베드로를 비롯한 다른 제자들 내면의 터를 닦으셨습니다. 그렇게 닦아 놓으신 터 위에 성령이 부어지니까, 이들을 통해 세상이 달라질 수 있던 겁니다. 할렐루야!

여러분은 어떠십니까? 처참하고 비통한 절망의 현장인 디베랴 바닷가에서 베드로에게 하셨던 질문을 주님이 지금 여러분에게 던지신다면, 뭐라고 대답하시겠습니까? 대답할 준비가 되셨습니까? 주님은 여러분 안에도 이 일을 행하실 것입니다. 복음의 능력으로 여러분에게 주님의 비밀을 보여 주시고, 그에 대한 응답으로 내면의 생명에서 흘러나오는 행복한 고백을 받아 내실 것입니다.

오직 예수 그리스도를 믿음으로 말미암는 것은 율법의 행위로써가 아니요 그리스도를 믿음으로써 의롭다 함을 얻으려 함이라 사람이 의롭게 되는 것은 율법의 행위로 말미암음이 아니요

만일 우리가 그리스도 안에서 의롭게 함을 얻으려 하다가 죄인으로 드러나면 그리스도께서 죄를 짓게 하는 자냐 결코 그럴 수 없느니라 만일 내가 헐었던 것을 다시 세우면 내가 나를 범법한 자로 만드는 것이라

내가 율법으로 말미암아 율법에 대하여 죽었나니 이는 하나님에 대하여 살려 함이라 내가 그리스도와 함께 십자가에 못 박혔나니 그런즉 이제는 내가 사는 것이 아니요 오직 내 안에 그리스도께서 사시는 것이라 이제 내가 육체 가운데 사는 것은 나를 사랑하사 나를 위하여 자기 자신을 버리신 하나님의 아들을 믿는 믿음 안에서 사는 것이라

내가 하나님의 은혜를 폐하지 아니하노니 만일 의롭게 되는 것이 율법으로 말미암으면 그리스도께서 헛되이 죽으셨느니라 어리석도다 갈라디아 사람들아 예수 그리스도께서 십자가에 못 박히신 것이 너희 눈 앞에 밝히 보이거늘 누가 너희를 꾀더냐

내가 너희에게서 다만 이것을 알려 하노니 너희가 성령을 받은 것이 율법의 행위로냐 혹은 듣고 믿음으로냐 너희가 이같이 어리석으냐 성령으로 시작하였다가 이제는 육체로 마치겠느냐 너희가 이같이 많은 괴로움을 헛되이 받았느냐 과연 헛되냐 너희에게 성령을 주시고 너희 가운데서 능력을 행하시는 이의 일이 율법의 행위에서냐 듣고 믿음에서냐

아브라함이 하나님을 믿으매 그것을 그에게 의로 정하셨다 함과 같으니라 그런즉 믿음으로 말미암은 자들은 아브라함의 자손인 줄 알지어다 또 하나님이 이방을 믿음으로 말미암아 의로 정하실 것을 성경이 미리 알고 먼저 아브라함에게 복음을 전하되 모든 이방인이 너로 말미암아 복을 받으리라 하였느니라 그러므로 믿음으로 말미암은 자는 믿음이 있는 아브라함과 함께 복을 받느니라

무릇 율법 행위에 속한 자들은 저주 아래에 있나니 기록된 바 누구든지 율법 책에 기록된 대로 모든 일을 항상 행하지 아니하는 자는 저주 아래에 있는 자라 하였음이라 또 하나님 앞에서 아무도 율법으로 말미암아 의롭게 되지 못할 것이 분명하니 이는 의인은 믿음으로 살리라 하였음이라 율법은 믿음에서 난 것이 아니니 율법을 행하는 자는 그 가운데서 살리라 하였느니라 그리스도께서 우리를 위하여 저주를 받은 바 되사 율법의 저주에서 우리를 속량하셨으니 기록된 바 나무에 달린 자마다 저주 아래에 있는 자라 하였음이라 이는 그리스도 예수 안에서 아브라함의 복이 이방인에게 미치게 하고 또 우리로 하여금 믿음으로 말미암아 성령의 약속을 받게 하려 함이라

형제들아 내가 사람의 예대로 말하노니 사람의 언약이라도 정한 후에는 아무도 폐하거나 더하거나 하지 못하느니라 이 약속들은 아브라함과 그 자손에게 말씀하신 것인데 여럿을 가리켜 그 자손들이라 하지 아니하시고 오직 한 사람을 가리켜 네 자손이라 하셨으니 곧 그리스도라

| 3장 |

오직 한 분 하나님만이 당신의 주인 되신다

복음을 전하러 다니다 보면, 본의 아니게 자주 해외에 나가게 됩니다. 그때마다 저는 한국 사람이 전 세계 어디에나 퍼져 있다는 사실에 놀라게 됩니다. 왜 한국 사람들은 그토록 멀고 덥고 추운 오지도 마다하지 않고 찾아갈까요? 대체 무엇이 우리 민족을 세계로 내모는 것일까요?

대부분 돈을 벌기 위해서입니다. 그것도 한 푼이라도 더 벌기 위해서입니다. 돈을 벌 수 있다고 하면 그곳이 어디든 뛰어들어, 묻히고 찢기고 빠져 가며 찾아갑니다. 돈을 버는 것이 가장 중요한 가치이자 목표이기 때문입니다. 그것은 머릿속에만 담겨 있어서 실생활에는 아무런 영향을 미치지 못하는 이론이 아니라 우리 생각과 말과 행동까지 움직일 수 있는, 마음속의 '실재'(實在)가 됩니다.

돈을 버는 것이 마음속의 '실재'라면, 목숨까지 내걸고 위험한 곳까지 찾아 들어갑니다. 돈을 버는 것이 인생의 가치이자 목표이니, 그것을 위해서라면 못 갈 데가 없는 겁니다. 그러니까 전 세계 170여 개국으로 흩어져 있는 것이고, 무서울 만큼 열심히 일하는 것입니다. 그 더운 열대지방에 가서도 결코 굴하지 않고 현지인들을 데려다 일을 시키는데, 오히려 현지인들이 너무 지쳐 죽을 정도입니다. 어찌나 더운지 가만히 서 있는 것도 너무 힘든 지역에서 "빨리빨리"라고 외치는 건 전부 한국인뿐입니다. 오죽하면 외국인들이 제일 먼저 배우는 한국말도 "빨리빨리"라고 하지 않습니까?

한국 사람은 선교 사역도 그런 식으로 합니다. 이전에 인도네시아에 집회를 인도하러 갔다가 그런 경험을 했습니다. 그토록 더운 곳에서 8일 동안 연속으로 두 곳에서 집회하도록 준비한 겁니다. 한국처럼 날씨 좋은 곳에서도 8일 동안 연속으로 집회를 하면 대자로 뻗어 버릴 판국인데, 열대 지방에서 그렇게 하다니요? 알고 보니까 그 집회를 준비하신 선교사님이 글자 그대로 죽을 고비를 넘기면서 고생하신 분이었습니다. 본인이 그렇게 하니까 남도 그렇게 할 수 있으리라 생각하는 스타일이셨던 겁니다. 그것도 모르고 순진하게 시키는 대로 했던 저는 결국 마지막 날에 탈진하여 생사를 오가는 처지가 되었습니다. 어찌나 상태가 심했던지 손도 까딱 못할 정도였고 심지어 경련까지 일어났습니다. 그런데 그때 참으로 깜짝 놀랄 광경을 보았습니다. 지금도 저는 그때를 생각하면 아찔하고 탄성이 절로 나옵니다. 선교사님이 제 옆에서 뭐라 중얼중얼하셨기 때문인데, 그 말이 얼마나 충격적인지 '어떻게 저런 양반이 이렇게 오래 사나' 하는 생각이 들 정도였습니다.

힘들어하며 누워 있는 제 옆에서 선교사님이 한숨을 푹푹 내쉬며 이러셨습니다. "어허, 그것 참. 여기서 죽으면 비용이 많이 드는데…."

그 나라에서는 비행기로 시신을 보낼 때 일등석 요금이 적용되니까 돈이 많이 든다는 거였습니다. 아니, 농담도 그렇게 하면 안 되지 않습니까? 죽을 고비를 넘기며 끙끙 앓고 있는 제 옆에서 어떻게 그런 소리를 할 수 있느냐는 말입니다. 정말 저는 탈진 때문이 아니라 그 말 때문에 두려워서 죽을 뻔했습니다. 복음 전하다가 선교지에서 죽었으면 좋겠다는 말을 평소에도 늘 해 왔던 저이지만, 그 순간만큼은 '주님, 저 죽어도 한국 가서 죽게 해주세요'라는 기도가 절로 나왔습니다.

그런데 또 이 선교사님이 뭐라고 했는지 아십니까? 또 한숨을 내쉬면서 "어허, 그것 참. 죽으면 당일에 시체를 처리해야 되는데…"라는 겁니다. 그곳은 시체가 하루도 안 되어 금세 썩어 버립니다. 워낙에 기온이 높기 때문입니다. 그래서 선교사님은 제 몸이 썩기 전에 처리해야 한다며 고민하시는 겁니다. 농담으로라도 해선 안 되는 얘기를 그렇게 아무렇지 않게 하시는 겁니다. 저의 사역 동역자들이 이렇게 무섭습니다. 저 정말 무섭습니다. 진짜로요. 그러니까 여러분의 기도가 절실합니다. 기도해 주시리라 믿습니다.

이렇게 우리는 악착스럽기로는 세계에서 둘째가라면 서러워할 민족입니다. 우리 주님도 바로 이 점 때문에 우리를 들어 쓰시는 것 같습니다. 제가 하고 싶은 말은, 목적만 분명해지면 무엇에든 한눈팔지 않고 죽어라 달려가는 것이 바로 사람이라는 것입니다. 자신에게 중요하고 가치 있는 것이라면, 어떠한 상황이나 환경이 닥치든 포기하지 않고 끝까지 달려간다는 것입니다. 일단 눈이 뒤집히기 시작하면, 그 어떤 것으로도 막을 수 없습니다.

예배보다 골프?

진정으로 원하며 정말 의미 있고 가치 있는 일을 위해서라면 사람은 누가 시키지 않아도 기꺼이 모든 것을 대가로 치릅니다. 자기가 좋아서 하는 일, 가치 있다고 여겨지는 일을 할 때에는 지치지도 피곤치도 곤비치도 않습니다.

그럼에도 제가 정말 이해할 수 없는 것의 하나가 바로 골프 치는 겁니다. 여러분 중에도 골프를 좋아하는 분이 있을지 모르겠습니다만, 부디 화내지 마시고 제 이야기를 들어 주시기 바랍니다.

골프란 무엇입니까? 해야 할 일이 많아 바쁘신 분들이 작은 공 하나를 작은 구멍에 넣겠다고 비싼 돈까지 내가며 땡볕에서 땀 흘리며 돌아다니는 것 아닙니까? 무식한 소리를 한다며 비웃을 분도 있겠지만, 제 눈에는 그렇게 보입니다. 다른 일을 시키면 한 시간도 안 돼서 힘들어 죽겠다며 뻗어 버릴 텐데, 골프를 하면 그렇게 지치지도 곤비치도 않는 겁니다. 제가 골프를 치는 사람이 아니니 그렇게 말하는 건지도 모르겠지만, 노방 전도를 그렇게 해보면 어떨까요? 18홀 정도 돌면서 골프를 치면 대여섯 시간 걸린다고 들었습니다. 그렇게 대여섯 시간 노방 전도를 해서, 골프 칠 때랑 어떻게 다른지 한번 보자는 겁니다.

우리나라는 크기가 작습니다. 더구나 전 국토의 70퍼센트 이상이 산이라서, 매우 적은 땅을 가졌습니다. 그런데 왜 좋은 길목마다 골프장이 들어서 있느냐는 말입니다. 이것도 이해가 안 되는 일입니다. 그 넓고 좋은 풀밭을 왜 그냥 놀려 두느냐는 말입니다. 하다못해 배추라도 심어서 키워 먹으면 얼마나 좋겠습니까?

할 말은 더 있습니다. 그렇게 홀에 공을 넣고 싶으면, 아예 홀을 크게 만들면 되는 것 아닙니까. 작게 만들어 놓고서는 거기에 넣지 못해 안달을 하느냐 이 말입니다. 솔직히 그런 모습을 보면, 저는 답답해서 짜증이 납니다. 크지도 않은 홀에 공을 집어넣겠다고 부들부들 떨며 안절부절못하고, 온 신경을 다 쏟지 않습니까? 이 얼마나 미련한 짓입니까? 스윙하는 것도 그렇습니다. 한 번에 안 되면 여러 번 하면 좋을 텐데, 한 번해서 실패하면 주저앉아 청승을 떨지 않습니까. 저는 왜들 그러는지 도저히 이해가 안 됩니다. 아무리 이해해 보려 노력해도 정말 모르겠습니다.

물론 어쩌다 한 번씩 하거나 시간이 남아돌아 넘쳐서 어쩔 수 없이 하는 거라면 이해가 됩니다. 하지만 "바빠서 새벽기도를 나갈 수 없어요", "수요예배 때는 다른 일정이 있어요", "금요 철야예배 참석할 시간이 없어요"라고 하는 사람이 골프 치는 일은 열심히 한다면 어떻게 바라봐야 할까요? 솔직히 말해서 주변에 그런 분들 많지 않습니까.

항상 바쁘다는 말을 입에 달고 사는 분들이, 어떻게 골프는 그렇게 열심히 하는 걸까요? 예전에 어느 교회 부흥회에 강사로 갔다가 그 교회 장로님 댁에 묵은 적이 있습니다. 그분과 잠깐 대화를 나눴는데, 마음은 굴뚝같은데 너무 바빠서 새벽기도와 수요예배에 참석하지 못한다며 안타까워했습니다. 그런데 다음 날 새벽에 일어나 화장실에 다녀오던 저는 깜짝 놀라지 않을 수 없었습니다. 불이 꺼진 캄캄한 거실에 누가 서 있던 겁니다. 알고 보니 집주인 장로님이었는데, 바닥에 골프 세트를 깔아 놓고서 혼자 연습하고 있었습니다. 새벽예배 드릴 시간이 되었는데도 전혀 개의치 않고 골프 삼매경에 빠져 있었습니다. 새벽부터 일어나 열심히 골프 연습을 하면서도 예배에 참석할 시간은 없다 생각하는 이 능력을 과연 어떻게 설명할 수 있을까요?

바빠서 시간이 없다는 것은 핑계일 뿐입니다. 마음속에 실재로 자리 잡은 것이어야 열정이 생기고 노력하게 되는 겁니다. 가치 있게 여기는 일을 해야 지치지도 피곤치도 시간이 아깝지도 않은 겁니다. 그래서 주님도 이렇게 말씀하십니다.

> 네 보물 있는 그곳에는 네 마음도 있느니라 마 6:21

사람은 자신에게 있어서 보물 같은 것을 추구합니다. 나의 가치를 높여 줄 수 있는 것, 자아를 실현하는 데 필요한 것을 추구합니다. 돈, 사랑, 성공, 명예 등…. 내 마음속의 실재를 위해서라면 어떠한 노력이나 수고도 아깝지 않습니다. 독수리가 날개 치며 올라가는 것 같은 능력이 발휘됩니다. 그렇지 않습니까? 내가 소중하게 여기는 대상에 먼저 관심이 쏠리고, 그것을 위해 애쓰게 되며, 주머니도 열게 되는 것이

인지상정이란 겁니다.

그런데 왜 유독 진리에 대해서만큼은, 왜 유독 하나님에 대해서만큼은, 왜 유독 천국에 대해서만큼은, 왜 유독 거룩한 하나님의 복에 대해서만큼은 그렇게도 실재가 되지 않는 걸까요? 왜 그렇게 억지 춘향으로 신앙생활하는 걸까요? 왜 부흥회나 집회에서 받은 은혜에 대한 감격을 금세 잊어버리는 걸까요? 그렇게 늘 똑같은 삶을 언제까지 계속해야 하는 걸까요?

그 이유를 아는 사람은 많지 않습니다. 그래서 다들 '신앙생활이라는 게 다 그렇지 뭐'라며, 당연하게 그냥 넘어가는 겁니다. 아무것도 모르는 척합니다. 마음이 딴 데 있으면서도 주님이 실재인 척합니다. 그야말로 종교놀음에 빠지는 겁니다. 정말 안타까운 사실은, 이런 상태에서는 결코 복음이 우리의 실재가 될 수 없다는 것입니다. 천국에 가려고, 나의 필요를 채우려고, 겨우 예수님 믿어 주고 예배 드려 주고 교회 섬겨 주는 것밖에 하질 못하는 겁니다.

하나님과 영원히 동행하는 은혜

영원하지 않은 것, 변하는 것, 지나가 버리는 것으로는 진짜 만족을 얻을 수 없습니다. 그런 것으로는 결코 마음을 채울 수 없습니다. 그렇다면 도대체 무엇이 우리에게 진짜 만족을 주고 내면의 갈망을 완벽하게 채울 수 있겠습니까?

이스라엘의 위대한 지도자 모세가 죽고 나서, 그의 뒤를 여호수아가 잇게 됩니다. 그는 백성을 이끌고 가나안 땅에 들어가는 막중한 과업을 떠안습니다. 걱정과 두려움, 부담감에 휩싸인 여호수아에게 주님이 이렇게 말씀하십니다.

네 평생에 너를 능히 대적할 자가 없으리니 내가 모세와 함께 있었던 것 같이 너와 함께 있을 것임이니라 내가 너를 떠나지 아니하며 버리지 아니하리니 강하고 담대하라 너는 내가 그들의 조상에게 맹세하여 그들에게 주리라 한 땅을 이 백성에게 차지하게 하리라 오직 강하고 극히 담대하여 나의 종 모세가 네게 명령한 그 율법을 다 지켜 행하고 우로나 좌로나 치우치지 말라 그리하면 어디로 가든지 형통하리니 이 율법책을 네 입에서 떠나지 말게 하며 주야로 그것을 묵상하여 그 안에 기록된 대로 다 지켜 행하라 그리하면 네 길이 평탄하게 될 것이며 네가 형통하리라 내가 네게 명령한 것이 아니냐 강하고 담대하라 두려워하지 말며 놀라지 말라 네가 어디로 가든지 네 하나님 여호와가 너와 함께하느니라 하시니라 수 1:5-9

여러분이 여호수아라면 하나님께 무엇을 구하시겠습니까? 지도자에게 필요한 카리스마? 복잡한 상황을 풀어낼 수 있는 명석한 두뇌? 이방 민족과 협상할 수 있는 외교술? 일당백의 힘과 체력? 하지만 주님이 약속하신 것은 그와 완전히 다릅니다.

"놀라지 말고 두려워하지 말거라. 마음을 굳게 먹고 용기를 내라. 이런 상황에서 어떻게 그럴 수 있느냐고? 내가 너와 함께하지 않느냐.

모세에게 그랬던 것처럼 너와도 함께하겠다."

모세가 훌륭한 지도자가 될 수 있었던 것은 그의 타고난 능력 덕분이 아닙니다. 주님이 모세와 함께하신 덕분입니다. 그렇다면 주님이 모세와 여호수아에게 주셨던 이 약속을 오늘 우리에게도 주신다면 어떨까요? "모세와 여호수아에게 그랬던 것처럼, 내가 너와 함께하겠다." 이보다 완전한 약속, 이보다 완전한 축복이 어디 있겠습니까? 할렐루야! 이 축복이 저와 여러분에게 임하기를 소망합니다.

그리스도의 십자가를 통해 하나님과의 동행이 우리에게 허락되었습니다. 이 기적 같은 일이 바로 하나님의 완전한 복음입니다. 주님만 함께하시면 됩니다. 주님 안에 모든 것이 있기 때문입니다. 그래서 한 치의 망설임 없이 '완전한 복음'이라고 고백할 수 있는 겁니다. 이것이 바로 하나님이 복음 가운데 베푸신 영광이자 능력이며 축복입니다.

하지만 우리는 그 영광스러운 복음을 어떻게 취급하고 있습니까? 복음에 대해 물어보면, 기껏해야 세례문답 때 배운 내용 정도만을 읊습니다. 아니, 사실 그 정도라도 할 수 있으면 다행입니다. 그동안 많은 사람이 복음을 '죄책감을 처리하는 쓰레기 하치장' 정도로 여겨 왔습니다. 예수 그리스도의 십자가를 완전히 김빠진 복음으로 바꾸어 버렸습니다. '복음? 복음이 그냥 복음이지 뭐'라고만 반응할 뿐입니다. 복음을 싸구려 허섭스레기 취급한다는 말입니다.

결단코 복음은 그런 것이 아닙니다. 절대 그런 것일 수 없습니다. 복음은 하나님이 우리에게 주신, 어떤 대가를 주고도 살 수 없는 고귀한 선물입니다. 복음은 바로 예수 그리스도이십니다.

천사가 이르되 무서워하지 말라 보라 내가 온 백성에게 미칠 큰 기쁨의 좋은 소식을 너희에게 전하노라 오늘 다윗의 동네에 너희를 위하여 구주가 나셨으니 곧 그리스도 주시니라 눅 2:10-11

주님은 자신의 전부를, 자기 자신을 주시려고 이 땅에 오셨습니다. 주님이 갖고 계신 것에서 몇 가지를 여기저기 살짝 떨어뜨려 주는 정도가 아닙니다. 선물보따리 몇 개 주는 정도가 아니란 말입니다. 죽음과 부활에 동참하는, 그분의 모든 것을 함께하는 어마어마한 복음이란 말입니다. 저와 여러분이 받은 복음이 바로 그런 것입니다. 영접기도나 회개기도를 하면서 찾는 죄책감 하치장이 절대 아니다 이 말입니다. 어렵고 힘들 때 이용하는, 자동판매기 같은 예수님이 결코 아니라는 말입니다.

당신 마음의 주인이 누구인지 점검하라

그렇기 때문에 지금 이 순간, 반드시 짚고 넘어가야 할 것이 있습니다.

'수전노'(守錢奴)라는 말을 아십니까? 부자가 되는 것을 절대가치로 삼고 그 일을 이루는 데 자신의 인생을 통째로 밀어 넣은 사람을 칭하는 말입니다. 그래서 어떤 사람을 수전노라 말하는 것은, 그가 돈의 종이 되었다는 말과 같습니다.

그렇다면 여러분은 누구의 종입니까? 여러분의 순전한 마음을 누구에게 바치고 있습니까? 언제 어디서든 여러분을 움직이게 만드는 것이 무엇입니까? 앉으나 서나 자나 깨나 생각나는 것이 무엇입니까? 자발적으로 행동하게 만드는 일이 무엇입니까? 굳이 애쓰지 않아도 관심과 에너지가 자연스레 쏠리는 '사랑의 대상'이 무엇입니까? 대체 무엇이 여러분 인생의 주인 노릇을 하고 있습니까?

그 대상이 무엇이든, 여러분의 삶을 이끄는 그것이 바로 마음속의 '실재'입니다. 신앙 연수가 길어도 하나님을 인생의 주인으로 모시지 못하는 근본 이유 중 하나는, 복음을 내면의 실재로 삼아 본 적이 단 한 번도 없기 때문입니다. 영광스러운 복음, 그 영적 가치를 마음속에 담아 본 적이 없기 때문입니다. 그래서 주님이 하늘에 보물을 쌓으라고 말씀하신 겁니다. 왜 그럴까요? 보물이 있는 곳에 마음도 자연스럽게 따라 가기 때문입니다. 보물을 하늘에 쌓아 두면, 마음 역시 하늘로 향하게 되어 있다는 말입니다.

이런 이야기를 들은 적이 있습니다. 양이란 짐승은 물을 아주 싫어하고 무서워한답니다. 그런데 몽골처럼 목축을 주업으로 하는 나라 중에는 목가적인 풍경의 넓은 들판 여기저기에 크고 작은 실개천이 흐르는 곳이 많다고 합니다. 대개 목동이 이끌고 다니는 양은 수백 마리나 됩니다. 수많은 양을 데리고 목동 혼자 그 많은 개천을 건너기란 쉬운 일이 아닙니다. 게다가 양은 고집이 아주 센 동물입니다. 집을 찾아 갈 능력도 없으면서 고집만 세고, 그래서 목동을 힘들게 한다는 겁니다. 그러니 개천을 건너기란 여간 힘든 일이 아닌 겁니다.

이때 노련한 목동은 새끼 양을 덥석 안고는 그대로 물로 들어가 버린답니다. 그러면 순간 어미 양의 모든 관심이 새끼에게만 쏠립니다. 평소에 매우 싫어했던 물이지만, 납치당한 새끼 양에게 관심이 쏠린 어미는 목동을 따라 개천을 건너게 됩니다. 또 양은 한 마리가 움직이면 단체로 따라가는 성향이 있다고 합니다. 그러니 결국 한 마리의 새끼 양을 따라 모든 양이 개천을 건너게 되는 것입니다.

성경에 기록된 믿음의 선배들 중에도 이와 비슷한 성향의 사람이 있습니다. 바로 야곱 형님입니다. 이 형님은 무엇엔가 한번 꽂히기 시작하면 평생 물고늘어지는, 편집증에 가까운 집착을 소유한 분입니다.

형을 피해 외삼촌 집으로 피신한 야곱 형님은 거기서 라헬과 사랑에 빠집니다. 얼마나 뜨겁게 사랑했던지, 7년을 수일처럼 여기며 기다렸습니다. 정말 심각한 수준입니다. 아무리 첫사랑이라도 그렇지, 무슨 연애를 그렇게 하느냐는 말입니다. 라헬의 손 한 번 못 만져 본 채 7년이나 지켜보면서 종살이를 한 게 아닙니까.

야곱의 외삼촌이자 라헬의 아버지인 라반도 대단한 양반입니다. 아니, 세상 천지에 딸을 끼워 파는 아버지가 어디 있습니까? 7년이 지나 야곱과 라헬이 결혼식을 올린 첫날밤, 이 개념 없는 아버지는 라헬이 아닌 그의 언니 레아를 신방으로 밀어 넣었습니다.

당시에 전깃불만 있었어도 그런 일은 일어나지 못했을 겁니다. 어두컴컴한 데다 얼굴을 베일로 가리고 있으니, 순진한 야곱은 당연히 라헬일 거라고 생각했습니다. 그날 밤의 일을 더는 자세히 설명할 수는 없지만, 어쨌든 다음 날 아침 눈을 떴을 때 야곱의 심정이 어땠을까요? 사랑하는 라헬이 아닌 레아와 첫날밤을 보냈다니, 이런 비극이 또 어디 있겠습니까?

결국 이때부터 야곱 형님의 정신머리가 복잡해지기 시작합니다. 라헬에게 비정상적으로 집착하기 시작한 겁니다. 기어코 라헬과 결혼하려고 7년을 더 봉사했습니다. 라헬이 죽고 나서는 요셉에게 목을 매기 시작했습니다. 이 형님은 레아와 라헬 말고도 부인이 둘이나 더 있었기 때문에 자식이 많았습니다. 그런데도 유독 라헬이 낳은 아들인 요셉에게만 애정을 쏟았습니다. 이거야말로 편집증이 아니겠습니까? 사실 저는 라헬이 일찍 죽은 것도 우연이 아니라고 생각합니다. 야곱이 하도 라헬에게 집착하니까 하나님이 걱정하신 나머지 라헬을 먼저 데려가신 게 아닐까 하는 생각도 듭니다. 요셉도 마찬가지입니다. 요셉에게 너무 집착하니까 이집트로 팔려가게 하셨던 겁니다. 나중에 집안이 통째로 이집트로 이주했을 때, 야곱이 좋은 마음으로 고향을 떠났겠습니까? 이집트에 요셉이 있으니까 간 것입니다.

야곱처럼 모든 사람의 마음속에는 진짜 주인 노릇을 하는 무언가가 있습니다. 정말 사랑하는 것, 도저히 떨어질 수 없어서 집착할 수밖에 없는 것이 바로 내면의 '실재'입니다.

그리고 그 실재가 바로 그 사람의 주인입니다.

밑바닥 인생 속으로 주님이 찾아오시다

그렇다면 예수님이 주신 복음의 영광과 능력과 축복은 우리 내면에 얼마나 '실재'로 자리 잡고 있을까요? 여러분 마음속의 진짜 보배는 무엇입니까? 여러분의 모든 것을 투자해도 아깝지 않은, 온 마음을 쏟아 붓는 가치가 무엇입니까? 하늘의 가치입니까, 땅의 가치입니까? 나입니까, 주님입니까? 이 질문에 정확히 답할 수 있어야 합니다. 그 누구도 두 주인을 섬길 수 없기 때문입니다.

이 주제에 대해 살펴보기 전에 제 삶을 나누고 싶습니다. 앞에서도 잠깐 밝혔듯이 저는 교회에 다녀 본 적도, 예수를 믿어야겠다고 생각해 본 적도 없는 사람입니다. 그래서 기독교가 무엇이고 성경이 어떤 내용을 담고 있는지도 모른 채 신앙을 갖기 시작했습니다.

사실 저의 집안 내력에는 문제가 많습니다. 제 아버지는 우리 민족의 음주문화 중흥이라는 역사적 사명을 띠고 이 땅에 오신, 제법 잘 나가는 고급 술집 사장님이셨습니다. 그러니까 화류계 집안이라는 것이지만, 오해는 말아 주십시오. 저는 그런 쪽에 관심이 많은 사람이 아닙니다. 술집 사장은 제가 아니라 저희 아버지였다는 사실을 꼭 기억해 주십시오. 주범과 공범은 하늘과 땅 차이니 말입니다.

어쨌든 제 아버지의 술집은 동네에서 흔하게 볼 수 있는 평범한 주점이 아니었습니다. 유명한 기생 누님이 많은 최고급 술집이었기 때문에, 국회의원이나 경찰서장, 교장선생님 정도는 되어야 손님으로 올 수 있었습니다. 물론 아주 가끔 교감선생님이 따라오시기도 했지만, 대부분 고위관리만이 드나들 수 있었습니다. 저만 빼고 말입니다.

사장 아들이라는 특권 덕분에 저는 어릴 때부터 아무런 부담 없이 미성년자 출입 금지 구역을 드나들 수 있었습니다. 그때 저는 인간의 본모습을 보게 되었습니다. '밤이 되면 인간은 저렇게 달라지는구나' 하고 저도 모르는 사이 깨닫게 되었습니다. 늘 애국심을 입에 달고 살고, 평소 체면과 품위를 생명처럼 여기며 사는 점잖은 분들의 이중성을 알게 되었습니다. 자기 딸 같은 여자랑 시시덕거리는 모습을 있는 그대로 보았으니 그럴 수밖에요.

그래서인지 누군가 제게 명함을 건네며 인사를 하면, 저도 모르게 마음속으로 이렇게 질문하게 됩니다. '혼자 있을 때, 아무도 보지 않을 때 이 사람은 어떤 행동을 할까?'라고 말입니다. 의도하지도 않았는데도 저절로 그런 생각이 떠오르는 겁니다.

무슨 얘기를 잘하고 어떤 지위를 가졌으며 어떤 직업을 가졌는지 등의 정보는 그 사람의 참된 모습을 아는 데 전혀 도움이 안 됩니다. 그가 어떤 사람인지 알려면 내면을 봐야 합니다. 그 사람 내면이 가치 있게 여기는 것이 무엇인지 알아야 합니다. 마음속으로 생각하는 것이 바로 그 사람 자체이기 때문입니다.

> 대저 그 마음의 생각이 어떠하면 그 위인도 그러한즉 그가 네게 먹고 마시라 할지라도 그의 마음은 너와 함께하지 아니함이라 잠 23:7

정말 맞는 말씀입니다. 제가 이것을 철저히 보고 자라지 않았습니까. 그러다가 제가 중학교 2학년일 때 아버지가 갑자기 돌아가셨습니다. 제 기억 속에 남아 있는 아버지의 모습은 늘 기생 누님들 사이에 파묻혀 있는 광경일 뿐입니다. 그분은 가족에든 무엇에든 얽매이지 않고 전혀 부담 없이 일평생 즐기면서 사셨습니다. 놀이란 놀이는 다 해보셨다 해도 과언이 아닐 듯합니다. 우리나라의 그 춥고 배고팠던 시절에도 사냥 놀이를 다니셨을 정도니까요.

당시에는 아무나 기생이 될 수 없었습니다. 미모는 기본이고 노래와 춤에 능해야 하며, 시를 쓰고 감상할 줄도 알아야 했습니다. 그래서 다들 나름대로 대단한 자부심이 있었습니다. 요즘의 연예인보다 수준이 더 높았을 겁니다. 그래서 큰 술집에서 일하거나 이름이 알려진 기생들은 부자나 고위관리 같은 특별한 손님만 상대했습니다.

그런 기생들과 밤낮으로 붙어 놀러 다니던 아버지였으니, 어쩌다 집에 오면 보는 어머니 얼굴이 예뻐 보였겠습니까? 어머니의 외모는 대강 어머니를 많이 닮은 저를 통해 짐작하시면 됩니다. 연예인 같은 기생들과 지내는 사람이었으니, 저랑 비슷하게 생긴 어머니가 왔다 갔다 하는 것이 무슨 감동이 되겠습니까? 한마디로 확 짜증이 날 수밖에요. 결국 술주정이 발동하기 시작하는데, 정말 별 짓을 다 당해 봤습니다. 자정부터 시작한 술주정은 새벽 네다섯 시까지 이어지기 일쑤였습니다. 이때 아버지께 정말 많이 당했기 때문에, 저는 웬만해선 그 누구도 무서워하지 않습니다.

자정부터 새벽이면 잠이 가장 많이 쏟아질 시간이 아닙니까. 남들 다 자는 그 시간에 저희 가족은 삶과 죽음 사이를 오르락내리락 했습니다. 툭하면 집에 불을 지르려 하고, '이 허망한 세상, 그냥 같이 죽어 버리자'며 장전한 사냥총을 이마에 갖다 대고…. 안전장치를 풀고서 방아쇠에 손가락까지 걸은 상태라 자칫하면 바로 죽을 상황이었습니다.

그러니 저희는 그냥 무조건 아버지께 매달려 용서해 달라고 울며불며 빌 수밖에 없었습니다. 이처럼 회개할 이유가 없을 때도 죽어라고 회개한 덕분인지, 예수님 믿고 나서 회개하는 데 많은 도움이 되었습니다.

그 때문에 당시 저의 가장 큰 소원은 아버지가 빨리 죽는 것이었습니다. 어린 나이에 얼마나 무서웠으면 그런 소원을 품었을까요. 그러나 그런 소원은 저만 품은 게 아니었습니다. 어머니는 아버지 발소리만 들어도 곧바로 탈이 나면서 아프셨을 정도니까요.

결국 아버지는 어느 날 갑자기 비명횡사해 버렸습니다. 대체 무얼 어떻게 한 건지 그 많은 재산까지 전부 날리고서, 그야말로 아무런 부담 없이 돌아가셨습니다. 그리고 저희 가족은 순식간에 알거지가 되어 거리로 내던져졌습니다. 주민등록증조차 없는 사람들이 모여 사는 뒷골목에 살면서 큰 고생을 맛보았습니다. 하루하루 사는 것이 얼마나 처절하고 힘든 일인지 뼈저리게 느낄 수 있었습니다. 아버지만 없어지면 죽음의 공포가 사라질 거라고 생각했는데, 아버지를 통해 공급받았던 것들이 아버지와 함께 모두 사라지면서 또 다른 공포가 시작되었습니다. 아버지의 비참한 죽음과 집안의 파산을 겪으면서 저는 결국 학교를 중퇴하고 말았습니다. 저의 최종학력은 중학교 2학년 중퇴입니다. 그것이 전부입니다. 제가 가진 국가 인증 자격증이라고는 달랑 1종 운전면허 하나뿐입니다. 저는 그저 예수 그리스도 한 분만을 알 뿐입니다.

어쨌든 결국 생계를 꾸릴 책임은 하루아침에 과부가 되어 버린 어머니가 떠맡게 되었습니다. 그러나 어머니가 어디서 무슨 재주로 돈을 벌 수 있겠습니까? 저희 가족은 찢어지게 가난한 삶을 살 수밖에 없었습니다. 미래를 준비해야 할 청소년 시기를, 저는 폭력과 음란, 범죄 투성이의 뒷골목에서 보내야 했습니다. 정말 비참했습니다. 지금 생각해도 하루가 일 년처럼 느껴질 만큼 끔찍합니다.

그렇지만 어린 시절에 굶주리고 매 맞는 경험은 저만 한 것이 아닙니다. 정도는 달라도 저와 비슷한 연령대의 분들 중에 의외로 많은 사람이 그런 경험을 하며 자랐습니다. 그러나 몸이 힘든 기억은 시간이 지나면 자연스레 잊히는 법입니다. 제가 정말로 견디기 어려웠던 것은 따로 있었습니다. 그것은 아무리 머리를 굴려 봐도 제가 세상에 태어난 이유를 알 수 없다는 것이었습니다.

'나는 왜 사는 걸까? 그렇다고 손목을 긋거나 불이라도 싸질러서 이 비참한 인생을 끝장낼 배짱도 없고, 보란 듯이 성공하겠다는 욕심도 없는 머저리 등신!'

제가 얼마나 바보 같고 한심하게 느껴졌는지 모릅니다. 더 힘든 것은 도움을 요청할 대상이 전혀 없다는 사실이었습니다. 말도 통하지 않는 외국에 혼자 남겨진, 더구나 아는 사람도 부를 사람도 없는 상황을 생각해 보십시오. 정말 끔찍하지 않습니까? 제가 마치 그런 기분이었습니다.

그때까지 저는 예수님의 이름도, 복음에 대한 설명도 들어 본 적이 전혀 없었습니다. 부를 대상도 없이 그토록 기막힌 절망의 터널을 걸어가는 것이 정말 비참했습니다. 세상이 두렵고, 제 자신이 너무 미워서 견딜 수 없었습니다. 이처럼 예수님을 만나기 전의 저는 스스로를 학대하고 비하하는 불쌍한 인간이었습니다.

그러던 어느 날, 이 모든 비참함이 갑자기 다 사라져 버렸습니다. 저 같은 인생이 결코 부를 수 없고 감히 찾을 수도 없을 것 같은 분을 만난 것입니다. 더는 내려갈 데가 없는 깊은 밑바닥에서 처참하게 주저앉아 있는 저를 일으켜 주신 분을 만났습니다. 바로 우리 주님을 말입니다.

절박한 내게 찾아온 십자가의 복음

저를 변화시키려고 주님이 사용하신 것은 신학이나 교리, 성경 지식이 아니었습니다. 교회 문턱도 못 밟아 본 제가 신학이나 교리, 성경을 어떻게 알겠습니까? 주님의 말씀을 들을 수도, 깨달을 수도 없는 저였습니다. 그런 제게 기막힌 역사를 베풀어 교회로 이끌고 꼼짝 못하도록 붙든 것이 바로 십자가의 복음이었습니다. 다음의 단순한 말씀 한 구절이 엄청나게 크고 중요한 의미로 다가왔습니다.

> 하나님이 세상을 이처럼 사랑하사 독생자를 주셨으니 이는 그를 믿는 자마다 멸망하지 않고 영생을 얻게 하려 하심이라 요 3:16

십자가의 복음이 이 말씀을 통해서 들려오는데, 그토록 주리고 절박하던 심령에 믿음이 생기기 시작했습니다. 이 말씀이 제게 어떤 의미로 다가왔는지 아십니까?

이 말씀은 제게 '창조주, 즉 이 세상을 만든 신이 있다. 그는 모든 우주를 동원해도 절대 감당할 수 없을 만큼 크고 위대한 존재다. 그런데 바로 그가 피조물 중에서도 가장 실패작인 나를 사랑하다 못해, 미치기까지 했다. 그래서 나를 위해 자기의 하나뿐인 아들을 내주었다'라는 뜻으로 들렸습니다. 세상 천지에 이런 미친 사랑이 또 어디 있겠습니까? 소설에서도 본 적 없는 말도 안 되는 소리입니다.

그런데 생전 처음 들어 보는 이 거짓말 같은 이야기가 제 마음속에 '실재'로 들어오기 시작했습니다. 성령께서 제 마음을 여시니까, 이 단순한 말씀이 이런 의미로 느껴졌습니다. "내가 너를 사랑한다."

저는 부모에게서도 "사랑한다"라는 말을 들어 본 적이 없습니다. 이미 저희 집안 배경을 밝혔으니 짐작하실 겁니다. 아버지는 말할 필요도 없고, 어머니도 늘 욕을 입에 달고 사셨습니다. 워낙 험한 남편과 살다 보니 같이 험해질 수밖에 없으셨을 테지요. 어머니는 가정교육이고 뭐고 없이, 자식에게도 그냥 다 욕을 하셨습니다.

기분 좋을 때 역시 어머니는 욕이었습니다. 그래서 저는 '염병할 놈'이라는 말이 좋은 것인 줄 알았습니다. 나중에서야 그 말이 '전염병 걸려 죽을 놈'이란 뜻인 줄 알았습니다. 정말 기분이 좋을 때는 '육시랄 놈'이라고 하셨는데, 이것도 '여섯 토막 내서 죽일 놈'이라는 뜻이더군요. 가장 황당한 것은 제가 예쁜 짓을 하거나 마음에 드는 행동을 했을 때 하신 말입니다. "아이고, 이 망할 놈의 새끼!"

좋을 때 하는 말이 이러니, 화가 나면 어떻겠습니까? 호랑이한테 물려 갈 놈이라는 둥 호랑이한테 물어뜯길 놈이라는 둥 정말 별별 소리를 다 하셨습니다. 아니, 강아지한테 물려도 심각한 일인데, 호랑이한테 물어뜯기면 뭐가 남겠습니까? 오해하실까 봐 말씀드리는데, 분명히 그분은 제 생모이십니다. 계모가 아닙니다. 그런데도 자식에게 그런 소리를 하셨습니다. 이런 환경에서 자란 저이므로, 혹여나 제가 사용하는 표현이나 단어가 불편하고 부담스러워도 너그러이 이해해 주시기를 국민 여러분께 부탁드립니다.

어쨌든 주님의 그 사랑한다는 말에 꼬꾸라진 제게 주님이 다시 "너는 망해 버린 술집 사장 아들놈이 아니고, 예수님이 대신해서 죽어야 했을 만큼 소중한 나의 자녀다"라고 말씀해 주셨습니다.

이 말씀이 결정타였습니다. 이 말씀이 감당할 수 없을 정도로 제 마음속 깊이 꽂혔습니다. 모든 게 사실로 믿어졌습니다. 아니, 전부 꾸며 낸 이야기라고 해도, 평생 그분께 미쳐서 살다 죽고 싶어졌습니다. 그 이후로 저는 주님 앞에서 홀렁 뒤집어진 채로 지금까지 그분께 홀렁 미쳐 살고 있습니다. 그냥 미친 것과 홀렁 미친 것은 완전히 다릅니다. 그냥 벗었다는 것과 홀렁 벗었다는 게 다른 것처럼 말입니다. 정말 글자 그대로 저는 그분께 홀렁 미치게 되었습니다.

저는 도저히 이전처럼 살 수가 없었습니다. 가만히 있을 수가 없었습니다. 성경을 가르쳐 주거나 훈련시켜 주는 사람도 없고 제자훈련을 받은 적도 전혀 없었지만, 그 좋은 예수님을 만났는데 어찌 가만히 있을 수 있었겠습니까. 감사의 마음을 하나님께 표현하고 싶었지만, 눈에 보이지 않는 분이시니 그 방법을 알 길이 없었습니다. 그래서 그냥 쉽고 단순하게 '무소유의 삶을 살겠습니다'라고 서원해 버렸습니다.

그때부터 전임 사역을 시작할 때까지 10년 정도를 한 교회에서 신앙생활했습니다. 그 10년 동안 저는 눈물 없이 찬양해 본 적이 없습니다. 70년대 시골 교회의 찬양은 박자와 리듬, 멜로디에서 완전히 자유롭습니다. 할머니 권사님들이랑 아줌마 집사님들이 모여서 찬송가로 노래하는데, 박자는 물론 반주에도 관심이 없습니다. 멜로디도 딱 하나뿐입니다. 찬송가 전부를 똑같은 멜로디로 부르기 때문입니다. 가사만 다를 뿐 모든 노래가 다 똑같습니다. 이런 분위기로 노인과 부녀자들이 찬송하는데, 그 속에 젊은 사내 하나가 끼어 있는 웃긴 광경이 연출되었습니다.

멜로디가 똑같아도 상관없었습니다. 리듬이 다 틀려도 괜찮았습니다. 그저 좋았습니다. 아니, 세상 어떤 노래가 그렇게 좋다는 말입니까? 제가 알던 노래라고는 어렸을 때 기생 누나들이 가르쳐 준 유행가가 전부였는데, 어떻게 그토록 아름답고 은혜로울 수 있단 말입니까. 사람이 그런 가사를 쓸 수 있다니요. 저는 정말 제게 주신 복음이 고맙고 감격스러웠습니다. 그래서 10년 내내 눈물로 신앙생활을 했습니다. 저같이 버림받은 불쌍한 놈을 어떻게 그토록 사랑하실 수 있다는 말입니까. 아무런 복을 받지 않아도 좋았습니다. 다른 건 전혀 필요 없었습니다. 그저 주님이면 충분했습니다.

그런데 당시 저는 하도 '예수 천당, 불신 지옥'이라고 하기에, 교회에서 예배드리다가 곧장 천국으로 가는 것인 줄 알았습니다. 어릴 적부터 믿은 것도 아니고 성경도 잘 모를 때였으니까요. 그래서 정말 예배 시간이 되면, '언제쯤 나를 데려가시려나? 오늘은 누군가 천당가게 되려나?' 하는 기대를 했습니다.

물론 저는 지금 당장에라도 천국에 가고 싶습니다. 복음을 전해야 한다는 사명만 아니면 지금 당장 가고 싶습니다. 제게는 이 세상보다 천국이 더 큰 실재입니다. 제 목숨보다 더 사랑하는 주님이 거기 계시고, 제가 사랑하는 사람들도 모두 그곳에 있으니까요.

그런데 몇 날 며칠이 지나도 주님이 천국으로 데려가질 않으셨습니다. 제 생각과 달리, 일이 틀어지기 시작한 겁니다.

작은 케이크 속에 담긴 큰 감동

예수님 믿자마자 곧바로 천국에 가게 되면, 삶의 고민들도 할 필요가 없는 것 아닙니까? 그러면 저희 단체에서 하는 복음학교 같은 데에 골치 아프게 다닐 필요도 없으니까요. 바로 천국 가서 주님께 직접 들으면 되니 말입니다.

제 바람과 달리 결국 주님은 계속 저를 데려가지 않으시고, 대신 어느 한 여자가 저를 따라다니기 시작했습니다. 정말 여기서 분명하게 짚고 넘어가고 싶은 부분이 있는데, 제가 아니라 그 여자가 저를 따라다녔습니다. 절대로 제가 먼저 시작한 게 아닙니다. 어쨌든 결국 그 여자와 저는 부부가 되어 지금까지 잘 살고 있습니다. 그리고 주님은 저희에게 다섯 명의 귀한 자녀를 선물해 주셨습니다. 아이들의 이름을 보면 저희 가정이 어떤 분위기인지 대강 짐작하실 수 있을 겁니다.

'천하와도 바꿀 수 없는 귀한 생명을 어떻게 나 같은 놈의 가정에 주셨을까' 싶은 마음에 "네가 죽도록 충성하라 그리하면 내가 생명의 관을 네게 주리라"(계 2:10)는 말씀을 따라 첫째 아이 이름은 '충성'이라고 지었습니다. 둘째의 이름은 '인애'입니다. 하나님의 조건 없는 사랑이란 뜻입니다. 셋째는 앞에서 소개했던 '찬송'이입니다. 넷째는 '응답'이라고 하는데, 주변 사람들이 늘 "응답하라, 오바"라며 장난을 치는 바람에 이 녀석의 이름을 기억 못하는 사람이 없다고 합니다. 그리고 막내 이름은 '선교'입니다. 이 녀석은 이름부터 선교라서, 자신은 어디 다른 데 취직하기도 어렵고 사업하기도 어렵다는 것을 잘 압니다. 선교사가 자신의 운명이겠거니 하고 받아들인 지 오래입니다.

아이들 이름을 왜 이렇게 지었는지 궁금하신가요? 누군가 제게 "당신 인생에서 가장 중요한 사건이 무엇입니까?" 하고 묻는다면, 천하를 주고도 못 바꿀 내 주 예수님을 만난 것이라고 거침없이 말할 겁니다. 그분은 제 삶에 있어서 가장 중요하신 분입니다. 곰곰이 생각하던 저는, 아버지가 사랑하는 자식에게 물려줄 만한 것 중에는 복음만 한 게 없다고 결론 내렸습니다. 주님이 "아니다. 그러지 않아도 괜찮다"라며 한사코 말리셔도, 아이들 뒤를 끝까지 따라다니며 세뇌라도 해서 시켜야 할 일이 있다면 선교밖에 더 있겠습니까? 그래서 저는 애초에 다섯 아이를 전부 선교사로 서원시켰습니다. 그래서 저희 아이들은 자라면서 부모에게 이런 세뇌를 당했습니다. "너는 하나님께 드려진 사람이다. 너도 우리 주님이 얼마나 순진하신 분인지 잘 알지? 한 번 말씀드린 건 곧이곧대로 들으시는 분이야. 한 번 받으신 건 절대 놓지 않으시지. 괜히 요나처럼 도망 다녀 봤자, 작살 맞은 고래처럼 될 뿐이다. 힘이 있을 때는 피를 철철 흘리면서도 잘 도망칠 수 있을지 모르지만, 결국은 지쳐서 질질 끌려가게 된단다. 그럴 바에야 처음부터 잘 순종하는 게 좋아. 잘 알았지?"

계속해서 그렇게 말하니까 다들 '선교사'를 자신의 숙명으로 받아들이며 살았습니다. 그래서 지금은 전부 '타고난' 선교사들이 되어 있습니다. 이렇듯 저희 가정에서 '땅 끝까지 복음을 전하는 것, 선교, 잃어버린 영혼을 하나님께 인도하는 것, 십자가의 복음, 주님이 다시 오신다'는 것은, 그 어떤 것보다 현실적인 문제이며 '실재'입니다.

이렇게 아이들이 전부 해외 선교사인 덕분에 저희 가족은 웬만해서는 한자리에 모이기가 어렵습니다. 그런데 한번은 다섯 아이 모두 우연히 같은 시기에 한국으로 들어온 적이 있었습니다. 마침 그때 제 생일을 맞게 되었고, 모처럼 온 가족이 모여 조촐한 파티를 열었습니다. 오랜만에 아버지의 생일을 축하한다고 선교사 다섯 분이 돈을 모아 케이크를 사왔습니다. 다섯 명이 함께 준비하니 얼마나 큰 케이크였겠습니까? 엄청 컸습니다. 얼마나 컸는지 딱 제 얼굴 절반만 했습니다. 그렇게도 작은 케이크가 존재한다는 걸 그때 처음 알았습니다. 다섯 명이 힘을 모아 산 게 겨우 얼굴 절반만 하다니, 사실 조금 서운했습니다.

어쨌든 크기는 작아도 케이크는 케이크니까 일단 초를 박아 놓았습니다. 제 나이만큼 꽂으니까 더는 꽂을 데가 없을 정도였습니다. 그런데 그렇게 기분 좋은 상황에서 갑자기 주책없이 제 아내가 울기 시작했습니다. 삽시간에 분위기가 침울해져 버렸습니다. 엄마가 계속 눈물을 흘리니까 아이들이 분위기를 바꿔 보겠다며, 한 사람씩 돌아가며 생일 축하 메시지를 던지기로 했습니다. 마지막으로 첫째 아들 충성이의 차례가 되었습니다. 그 녀석이 제게 이렇게 물었습니다.

"아버지, 제가 아프리카에서 사역할 때, 저를 만나러 오신 것 기억나세요?"

"맞아. 한 번 갔었지."

"그럼 그때 제게 카드 써 주셨던 것도 기억하세요?"

"내가 그랬나?"

예전에 아프리카에 사역하러 갔다가, 충성이가 섬기고 있는 곳을 방문한 적이 있었습니다. 아프리카에서도 매우 가난한 국가들 중 하나인 '기니비사우'였는데, 직접 가서 보니까 한숨이 절로 나오면서, 저도 모르게 절망하게 되는 나라였습니다. 학교는커녕 전기도 없고 수도도 안 나오는 곳이었습니다. 정말 아무것도 없었습니다. 제 아들은 한 부족 마을의 청년들을 섬기며 살고 있었습니다. 저도 그곳에서 며칠 머물며 아들과 함께 지냈습니다.

한국에서는 "어떤 상황이나 환경에서든 잘 견뎌라"고 말하며 강한 마음으로 파송했는데, 막상 아들과 함께 지내 보니까 마음이 흔들리기 시작했습니다. 그곳 날씨가 어찌나 더웠는지, 언제 어디서든 잘 자는 저도 잠을 설칠 정도였습니다. 그런 곳에서 체중이 10kg이나 빠진 아들의 모습을 보고 있자니, '이런 데서 썩기엔 우리 아들이 너무 아깝다'는 생각이 들었습니다. 아들에 대한 그러한 고민과 갈등은 한국으로 돌아오기 전날 밤까지 계속되었습니다. 그런 곳에 아들을 혼자 두고 한국으로 올 생각을 하니, 마음이 아파서 견딜 수가 없었습니다. 저처럼 막살면서 이리저리 험하게 굴러먹던 사람에게는 열악하고 척박한 선교지가 딱 좋지만, 아들은 그래 보이지 않았습니다. 여러 가지로 볼 때 제 아들은 저보다 가능성도 많고 성격도 좋습니다. 그래서인지 자꾸만 '내 아들이 여기서 썩고 있다'는 생각을 지우기 힘들었습니다. 겨우 마음을 진정시킨 저는 주님을 향한 신앙고백을 적은 카드를 만들었습니다. 원래 그쪽에 은사가 없는지라 말이 카드지 그냥 종이 쪼가리에 지나지 않았지만, 어쨌든 그곳을 떠나오며 아들에게 카드를 주고 왔습니다.

"아프리카에서 사역하는 내내 그 카드를 벽에 붙여 놓고 힘을 얻었어요. 혹시 카드의 맨 마지막에 뭐라고 쓰셨는지 기억나세요?"

오락가락하는 제 머리로 그나마 카드를 적은 사실을 기억한 것만 해도 대단한 일인데, 어떻게 그 내용까지 기억하겠습니까.

"아니, 기억나지 않는구나. 뭐라고 썼더라?"

"아버지의 그 고백을, 그날 밤 저 또한 하나님께 드렸어요. 이렇게 적으셨습니다. '사랑하는 아들아, 우리 땅 끝에서 죽어 하늘 복판에서 만나자.' 저는 이 말을 제 가슴판에 새겼습니다. 아버지, 훌륭한 믿음의 선배가 되어 주셔서 감사합니다. 그래서 저는 다음 사역지를 '땅 끝'이라고 하는 C국으로 결정했습니다. 우리 땅 끝에서 죽어 하늘 복판에서 만나요. 감사합니다."

생일 파티는 눈물바다가 되어 버렸습니다. 비록 얼굴 반쪽만 한 케이크였지만, 그 안에는 엄청난 감동이 담겨 있었습니다. 저희에게 선교는 이런 의미입니다. 저희에게 예수 그리스도는 그런 분이십니다.

두 주인을
섬길 수 없다

 여러분에게도 묻고 싶습니다. 여러분에게 예수 그리스도는 어떤 의미입니까? 그분이 지신 십자가는 어떤 의미입니까? 여러분의 인생에서 선교는 얼마나 큰 비중을 차지하고 있습니까? 이 문제는 우리에게 매우 중요합니다. 대답을 미루고 시선을 다른 데로 돌린다고 해서 피해 갈 수 있는 문제가 아닙니다. 제 말을 한 귀로 흘려버린다고 해서 그냥 넘어갈 수 있는 사안이 아니란 말입니다.

 이 문제는 정말 중요합니다. 바로 "실제로 내 인생을 좌지우지하는 '주인'이 대체 누구인가?"를 묻는 질문이기 때문입니다. 의식하지 않아도 자나 깨나 앉으나 서나 자연스레 떠오르고, 그것만 생각하면 힘이 솟게 하며, 내 마음을 다해 사랑하는 것이 무엇입니까? 나도 모르는 사이 마음이 끌리고 사랑하게 되는 것, '이것만은 절대 포기할 수 없다'라고 고백하게 되는 것이 무엇입니까?

 아무리 이러쿵저러쿵 떠들어 대면서 겉으로는 전혀 아닌 척해도 마음속 보물의 자리를 차지하는 것이 바로 실재입니다. 사람은 바로 그것을 위해 살아가게 되어 있습니다. 그 외의 것은 모두 상황과 환경에 따라 달라지는 상대적 가치일 뿐입니다. 이것을 먼저 정확하게 살펴보지 않는 한, 그리스도의 복음을 삶의 실재로 삼기란 불가능합니다.

 하나님 앞에서는 회색지대가 존재할 수 없습니다. 양다리를 걸칠 수도 없습니다. 내면의 실재를 정확하게 짚어 보고 처리해야만, 나 자신이 아니라 나를 위해 죽었다가 부활하신 분을 위해 살 수 있습니다. 그것을 내려놓지 않은 채로 신앙생활하기 때문에, 억지로 믿는 척하고 애써서 교회 출석하는 모순이 나타나는 겁니다. 내면의 실재가 믿음이 아닌 사람에게는 반드시 이런 문제가 나타나게 되어 있습니다.

지금 이 시간 성령께 여러분의 내면을, 마음속을 보여 달라고 기도하십시오. 그분은 우리 마음을 아시며 내면을 다루십니다(롬 8:26-27). 정직하고 온전하게 기도하면, 주님이 우리 마음속에서 실재가 되시도록 성령께서 일하십니다. 내가 주인 삼았던 모든 것을 내려놓고 오직 주님만 사랑하기로 결정하게 도우실 것입니다.

하나님을 향한 믿음이 자신에게 없었음을 고백하십시다. 주님 앞에서 머뭇거리게 하는 것이 있었음을 인정하십시오. 주님보다 더 사랑하는 것이 있다면, 그것이 무엇이든 간에 내려놓으십시오. 이것만은 도저히 내려놓지 못하겠다며 마음속으로 꽁꽁 묶어 놓은 것들까지 모두 내려놓으십시오. 자기 자신이든 애인이든 꿈이든 사업이든 사역이든 명예든 성공이든 돈이든 그 대상을 내려놓지 않는 한, 주님은 여러분의 주인도 사랑의 대상도 되실 수 없습니다.

마음의 중심을 주님께 드려야 합니다. 밭에 감춰진 보화를 얻기 위해 전 재산을 팔아 대가로 치러야 하는 것처럼, 모든 것을 드려야 합니다(마 13:44). 사랑은 '전심'(全心)을 전제로 하기 때문에, 그 누구도 두 명의 대상을 동시에 사랑할 수 없습니다. 둘 중 한 쪽은 거짓 사랑일 수밖에 없는 겁니다. 여러분의 진짜 주인은 누구입니까? 인생의 주인으로 누구를 선택하시겠습니까?

오직 예수 그리스도를 믿음으로 말미암는 줄 알므로 우리도 그리스도 예수를 믿나니 이는 우리가 율법의 행위로써가 아니고 그리스도를 믿음으로써 의롭게 되려 함이라 율법의 행위로써는 의롭다 함을 얻을 육체가 없느니라 만일 우리가 그리스도 안에서 의롭게 하심을 얻으려 하다가 죄인으로 드러나면 그리스도께서 죄를 짓게 하는 자냐 결코 그럴 수 없느니라 만일 내가 헐었던 것을 다시 세우면 내가 나를 범법한 자로 만드는 것이라 내가 율법으로 말미암아 율법에 대하여 죽었나니 이는 하나님에 대하여 살려 함이라 내가 그리스도와 함께 십자가에 못 박혔나니 그런즉 이제는 내가 사는 것이 아니요 오직 내 안에 그리스도께서 사시는 것이라 이제 내가 육체 가운데 사는 것은 나를 사랑하사 나를 위하여 자기 자신을 버리신 하나님의 아들을 믿는 믿음 안에서 사는 것이라 내가 하나님의 은혜를 폐하지 아니하노니 만일 의롭게 되는 것이 율법으로 말미암으면 그리스도께서 헛되이 죽으셨느니라 어리석도다 갈라디아 사람들아 예수 그리스도께서 십자가에 못 박히신 것이 너희 눈 앞에 밝히 보이거늘 누가 너희를 꾀더냐 내가 너희에게서 다만 이것을 알려 하노니 너희가 성령을 받은 것이 율법의 행위로냐 혹은 듣고 믿음으로냐 너희가 이같이 어리석으냐 성령으로 시작하였다가 이제는 육체로 마치겠느냐 너희가 이같이 많은 괴로움을 헛되이 받았느냐 과연 헛되냐 너희에게 성령을 주시고 너희 가운데서 능력을 행하시는 이의 일이 율법의 행위에서냐 혹은 듣고 믿음에서냐 그런즉 믿음으로 말미암은 자들은 아브라함의 자손인 줄 알지어다 또 하나님이 이방을 믿음으로 말미암아 의로 정하실 것을 성경이 미리 알고 먼저 아브라함에게 복음을 전하되 모든 이방인이 너로 말미암아 복을 받으리라 하였느니라 그러므로 믿음으로 말미암은 자는 믿음이 있는 아브라함과 함께 복을 받느니라 무릇 율법 행위에 속한 자들은 저주 아래에 있는 자라 기록된 바 누구든지 율법 책에 기록된 대로 모든 일을 항상 행하지 아니하는 자는 저주 아래에 있는 자라 하였음이라 또한 하나님 앞에서 아무도 율법으로 말미암아 의롭게 되지 못할 것이 분명하니 이는 의인은 믿음으로 살리라 하였음이라 율법은 믿음에서 난 것이 아니니 율법을 행하는 자는 그 가운데서 살리라 하였느니라 그리스도께서 우리를 위하여 저주를 받은 바 되사 율법의 저주에서 우리를 속량하셨으니 기록된 바 나무에 달린 자마다 저주 아래에 있는 자라 하였음이라 이는 그리스도 예수 안에서 아브라함의 복이 이방인에게 미치게 하고 또 우리로 하여금 믿음으로 말미암아 성령의 약속을 받게 하려 함이라 형제들아 내가 사람의 예대로 말하노니 사람의 언약이라도 정한 후에는 아무도 폐하거나 더하거나 하지 못하느니라 이 약속들은 아브라함과 그 자손에게 말씀하신 것인데 여럿을 가리켜 그 자손들이라 하지 아니하시고 오직 한 사람을 가리켜 네 자손이라 하셨으니 곧 그리스도라

| 4장 |

마음 깊은 곳의 갈망을 아시는 주님을 만나다

우리 마음을 아시는 주님

하나님은 우리의 생각과 상상을 뛰어넘어 일하시는 분입니다. 그래야 할 것 같아 급하게 진행했는데 시기상조였던 경우가 있고, 거의 완벽하게 갖춘 것 같은데 하는 일마다 지독히도 안 풀리는 경우도 있고, 물 건너간 일이다 싶었는데 상황이 완전 바뀌어서 성공하게 되는 경우도 자주 있습니다. 이처럼 우리는 하나님이 하시는 일을 도저히 종잡을 수 없습니다. 그러니 주님 앞에서 겸손할 수밖에 없습니다.

성경을 읽어 봐도, 항상 "저 사람은 다 틀렸어. 희망이 없어. 다 끝났어"라는 소리를 듣던 사람이 주님 앞에 깨지고 회개하면서 변화된 이야기가 많이 나옵니다.

누가복음 19장에 등장하는 세리장 삭개오 형님도 그런 사람이었습니다. 정말 막장 인생을 살았던 형님이었습니다. 그 누구보다 '변화 가능성 제로'였던 사람이었습니다. 인간답게 살기를 포기한 지 오래된 사람이었습니다.

당시 이스라엘은 로마의 식민지였습니다. 그때 사람들은 세리를 어떻게 생각했습니까? '원수에게 빌붙어서 동족의 피를 빨아먹는 천하의 못된 놈'이었습니다. 유대인이 세리로 성공했다는 것은, 살아남기 위해 민족이고 핏줄이고 염치고 양심이고 전부 내던져 버렸다는 말입니다. 거의 회복 불능인 막장 인생인 겁니다.

그러던 어느 날, 이 형님은 우연히 주님을 만나게 되었습니다. 주님은 이 형님에게 긴 말을 늘어놓지 않으셨습니다. 그저 딱 두 문장으로 끝내셨습니다.

> 예수께서 그곳에 이르사 쳐다보시고 이르시되 삭개오야 속히 내려오라 내가 오늘 네 집에 유하여야 하겠다 하시니 눅 19:5

예수님 얼굴이라도 한번 보겠다며 뽕나무 위로 올라간 삭개오를 주님이 찾아오셨습니다. 그런데 상상해 보십시오. 예수님 눈에는 삭개오 형님의 엉덩이 두 쪽만이 보였을 겁니다. 얼굴보다는 엉덩이를 먼저 보셨습니다. 삭개오 형님에 대해 예수님께 알려 준 이는 없었고 그 역시 주님이 찾으실 것을 생각하지 못했기 때문에, 예수님은 그의 엉덩이 두 쪽만을 보실 수 있었습니다. 그런데도 주님은 그의 이름을 아셨고, 그가 어떤 삶을 살아왔는지 아셨습니다. 또한 그의 마음속에 어떤 갈망이 있는지도 단번에 파악하셨습니다.

이 점을 놓고 볼 때, 우리는 정말 복 받은 사람입니다. 이미 얼굴과 몸 전체를 주님께 보여 드린 것이나 마찬가지이기 때문입니다. 삭개오 형님보다 우리가 더 유리합니다. 더 많은 은혜를 받을 조건을 갖추었다는 말입니다. 그러므로 마음을 다해 사모하면 언제든 홀렁 뒤집어질 줄로 믿읍시다. 할렐루야!

어쨌든 주님은 그저 "삭개오야, 어서 내려 와라. 내가 오늘밤 네 집에 머물러야겠다"라고만 말씀하셨습니다. 희한하게도, 싹수가 노랗다 못해 말라 버린 삭개오가 그 말에 홀렁 뒤집어져서 놀라운 변화의 사람이 되었습니다.

그날 밤 주님이 삭개오의 집에 유하시면서 무슨 말씀을 해주셨는지 성경에는 기록되어 있지 않지만, 중요한 것은 삭개오가 완전히 바뀌었다는 겁니다. 그렇게 죽어라 모으던 돈을 내려놓았다는 사실입니다. 자기 인생의 모든 가치를 돈과 맞바꿨던 그가 말입니다. 그런 사람이 하루아침에 달라져 버린 것입니다.

> 삭개오가 서서 주께 여짜오되 주여 보시옵소서 내 소유의 절반을 가난한 자들에게 주겠사오며 만일 누구의 것을 속여 빼앗은 일이 있으면 네 갑절이나 갚겠나이다 눅 19:8

삭개오가 이렇게 말하자, 주님이 이렇게 말씀하십니다.

예수께서 이르시되 오늘 구원이 이 집에 이르렀으니 이 사람도 아브라함의 자손임이로다 눅 19:9

주님도 삭개오가 정말로 변했다는 걸 확증해 주십니다. '지갑이 회개하지 않으면 진짜 회개한 것이 아니다'라는 말이 있는데, 삭개오 형님은 이 말을 직접 몸으로 증명했습니다.

교회에서 특별헌금이나 선교헌금, 기부금에 대해 이야기하면, 많은 성도가 불편해하고 부담스러워합니다. 왜 자꾸 교회에서 돈 이야기를 해서 '은혜 떨어지게' 만드느냐는 것입니다. 주님을 만나 변화된 영적인 이야기를 하기도 모자란데, 거북하게 왜 자꾸 돈 내놓으라는 얘기를 하느냐는 말입니다. 그러나 이는 그만큼 돈이 우리 삶의 중심을 차지한다는 반증인 셈입니다.

어쨌든, 고래 심줄처럼 질기고 모질게 살던 삭개오 형님은 단 두 문장밖에 안 되는 주님의 말씀으로 그 삶이 완전히 달라졌습니다.

그 어떤 지식보다 높으신 주님

요한복음 1장에는 열두 제자 중 한 명인 나다나엘이 예수님을 처음으로 만나는 장면이 기록되어 있습니다. 그 다리를 놓아 준 사람은 친구

빌립이었습니다. "이봐, 나다나엘. 나 메시아를 만났어!"

빌립은 금방 가슴이 뜨거워져서 설치는 사람이고, 반면에 나다나엘은 평소 생각이 많고 사려 깊은 사람이었던 듯합니다.

"너는 정말 범사에 설치는구나. 대체 또 무슨 일이야? 갑자기 웬 메시아 타령?"

나다나엘은 일단 빌립을 진정시키고는 호구 조사부터 시작합니다.

"어디 출신 사람이야? 어느 단체에 소속되어 있어? 어느 파인데? 훈련은 어디서 받았어?"

"응? 저기, 나사렛 출신이라던데…."

나다나엘은 너무 황당해서 빌립에게 이렇게 따졌습니다.

"뭐? 나사렛? 아니, 잘못 안 거 아냐? 나사렛 같은 곳에서 무슨 선한 것이 날 수 있어? 제발 정신 좀 차리고 살아."

이렇게까지 정색을 하니 빌립도 달리 할 말이 없었을 겁니다.

그러고 보면, 우리 주님도 너무하신 분입니다. 정말 주님의 '스펙'만 갖고는 전도하기가 어렵습니다. 뭐 하나라도 그럴 듯해야 내세울 수 있을 게 아닙니까. 그 당시 이스라엘에도 일류학교는 존재했습니다. 그런 학교를 나오거나, 아니면 당대의 유명한 스승 밑에라도 있거나 박사학위를 따시면 전도하기 유리했을 겁니다. 또는 해외 유학을 하거나 하다못해 이름난 집안에서 태어나기라도 하셨어야 훨씬 더 당당하게 전도할 수 있었을 텐데 말입니다. 그러나 주님의 상황은 그와 정반대였습니다. 왜 하필이면 다들 무시하는 나사렛에서 태어나신 걸까요. 왜 하필이면 "고운 모양이나 풍채도 없고, 우리가 보기에 흠모할 만한 아름다운 것이 없도록"(사 53:2) 하고 오셨느냐는 말입니다. 예수님보다는 제가 더 잘생기지 않았을까요? 적어도 저는 고운 모양까지는 아니어도 풍채는 좋으니까요.

이렇게 인간적인 기준으로 볼 때 주님은 뭐 하나 변변히 내세울 게 없는 분입니다. 그러니 남에게 주님을 소개하기가 정말 힘든 것입니다. 주님도 우리의 어려움을 아셔야 합니다. 흥행할 만한 뭔가를 쥐어 주고 나서 땅 끝까지 가라고 하셔야지, 그런 것 전혀 없이 무조건 가라고만 하시니 부담스럽고 불편할 수밖에요.

어쨌든 나다나엘에게 오히려 면박만 당한 빌립이, 말로는 당해 낼 수 없을 것 같으니까 "야! 그럼 일단 와서 한번 봐! 일단 보고 이야기하자니까?"라고 말하며 나다나엘을 억지로 끌고 갑니다. 여담이지만, 빌립 형님에게서 그 유명한 '와보라' 전도법이 유래된 것 아닙니까?

결국 나다나엘은 억지로 예수님 앞에 끌려 나왔습니다. 말씀을 듣고 은혜를 받기 위해서가 아니라 '아, 이 녀석 진짜 귀찮게 하네'라고 투덜대며 슬리퍼를 찍찍 끌고 온 겁니다. '대체 그가 누구야? 뭐가 그리 대단해서 이렇게 난리야?'라고만 생각하는 나다나엘을 보자마자, 서로 명함도 주고받기 전에 주님은 이렇게 말씀하십니다.

> 예수께서 나다나엘이 자기에게 오는 것을 보시고 그를 가리켜 이르시되 보라 이는 참으로 이스라엘 사람이라 그 속에 간사한 것이 없도다 요 1:47

이에 나다나엘이 깜짝 놀랍니다. 그의 마음속에는 늘 '참 이스라엘'

에 대한 갈망이 있었기 때문입니다. 주님 앞에서 바로 꼬리를 내린 나다나엘은 "저에 대해 어떻게 아셨습니까?"라고 묻습니다.

> 예수께서 대답하여 이르시되 빌립이 너를 부르기 전에 네가 무화과나무 아래에 있을 때에 보았노라 요 1:48

이 말은 곧 나사렛 출신이 어쩌고저쩌고하면서 주님을 비하한 것까지 죄다 들으셨다는 게 아닙니까? 결국 나다나엘은 주님 앞에 고꾸라집니다. 이 콧대 높은 형님 역시, 주님의 몇 마디 말로 한방에 나가떨어집니다.

예수님을 만나 구원받고 변화될 수 있는 이유는 다른 데 있는 게 아닙니다. 그분의 외모가 잘생기거나 두뇌가 명석하거나 몸매가 근육질이어서 넘어가는 게 아닙니다. 한 번만 들어도 누구나 이해할 수 있을 정도로 간단하고 쉬운 해결책을 제시하기 때문도 아닙니다. 탁월한 머리로 만들어 낸 설교나 사람의 감정에 호소하는 뛰어난 화술 때문도 아닙니다. 솔직히 다른 사람의 말을 듣고 변화되는 사람이 얼마나 되겠습니까? 낳아 준 부모도 못 바꾸는 나를 그 누가 변화시킬 수 있겠습니까? 안 됩니다. 안 되는 일입니다.

깨지고 변화되는 역사는, 하나님이 우리 마음속에 은혜를 주셔야만 나타납니다. 이는 오직 주님만 하실 수 있는 일입니다. 우리가 할 수 있는 일은 오직 하나, 전심으로 하나님을 사모하며 구하는 것입니다. 그럴 때 하나님이 새 일을 행하십니다.

목마른 이들에게
찾아가시는 주님

이처럼 주님을 만나면 약간의 대화로도 웬만하면 다들 단번에 무릎을 꿇습니다. 심지어 일곱 귀신 들린 막달라 마리아 누님 역시 주님의 말씀에 깨끗함을 입었습니다. 예수님은 그런 분이십니다. 할렐루야!

그런데 모든 사람이 그랬던 것은 아닙니다. 예수님과 오랫동안 대화하면서도 잘 넘어가지 않고, 팽팽히 맞섰던 사람이 있습니다. 요한복음 4장을 보십시오. 사마리아 수가 성 근처를 지나시던 예수님은 한 여인을 만나십니다. 기억나십니까? 우물가의 여인.

이 누님은 정말 대단한 사람입니다. 예수님 앞에서 제정신으로 끝까지 버틴 사람이 거의 없었는데, 이 누님은 굴하지 않고 끝까지 버텼습니다. 길게 끌 것도 없이 다들 금세 뒤집어졌는데, 이 누님만은 달랐습니다. 이 누님과 예수님이 나눈 대화가 요한복음 4장 전체를 다 채우는 것을 보십시오. 이건 정말 대단한 겁니다.

그날도 주님은 제자들과 길을 걸으셨습니다. 그런데 유대인들이 일부러 피해 다니는 사마리아 수가 성으로 걸어가셨습니다. 술에 취해 헷갈리는 경우가 아니고서야 유대인들은 절대 그쪽으로 다니지 않았습니다. 그러니 제자들은 차마 대놓고 물어보진 못해도 속으로 계속 의아해했을 겁니다. 그런 점에서는 우리 주님도 참 희한한 분 같습니다.

수가 성 근처에 도착하자, 밥때가 되었습니다. 우리 제자 형님들은 특히 배고픈 걸 가장 힘들어하는 분들입니다. 배 타고 고기 잡으며 살던 육체파 터프가이들이 대부분이라, 그걸 가장 못 참습니다. 항상 '밥은 언제 먹지? 무얼 먹지?'를 고민하던 분들입니다. 사실 따지고 보면, 오병이어의 기적 역시 식사를 향한 제자 형님들의 세심한 배려 덕에 일어난 게 아닙니까? 그분들은 정말 제때 밥을 못 먹으면 이성을 잃고 불안해하며 감정을 조절하지 못했던 것 같습니다.

그래서 그늘 하나 없는 땡볕에 주님만을 남겨 놓고서, 전부 밥을 구하러 가 버렸습니다. 그렇게 홀로 우물가에 앉아 계시던 예수님은 물 뜨러 오는 여인을 만나시게 됩니다. 이 여인이 바로 사마리아 수가 성 누님입니다. 성경에 이름은 나오지 않지만, 정말 예사 사람이 아닙니다.

마태 형님 역시 주님의 말에 무조건 따르지 않았습니까? 주님이 "나를 따르라" 하고 부르시니, 아직 일이 끝나려면 한참 멀었음에도 짐도 하나 안 꾸리고서 그날 바로 퇴사하지 않았습니까? 쇠가 자석에 끌리듯 예수님에게로 딸려 간 겁니다. 주님에게는 거부할 수 없는 흡인력이 있다는 말입니다.

예수님이 설마 우리처럼 시시하게 전도하시겠습니까? 아무리 사람의 몸을 입으셨다 하더라도, 아무려면 늘 헷갈려서 같은 말만 반복하는 우리 같겠습니까? 돈을 벌기 위해 물건을 팔라고 하면 그렇게까지 주눅 들어 하지 않을 텐데, 왜 꼭 전도하라고 하면 도둑놈이 훔쳐 온 장물 넘기듯 묘한 분위기를 취하는 걸까요?

다들 쭈뼛쭈뼛 말도 잘 못 꺼냅니다. 그러다 큰맘 먹고 "저, 혹시 교회 다녀 보신 적 있으세요?"라고 물었는데 상대방이 눈을 치뜨면서 "뭐? 교회?" 하면서 마구 퍼부어 대면, 상황은 더 심각해집니다. 그 사람은 교회 장로라는 놈이 뭘 떼어먹고 도망갔다는 둥 교회는 전부 기업 같다는 둥 예수 믿지 않는 사람이 더 선하고 많이 베푼다는 둥의 이야기를 늘어놓습니다. 그런 이야기는 대체 어디서 들었는지, 우리보다 교회에 대해 더 잘 아는 듯합니다. 그러면 결국 우리는 그 사람에게 거꾸로 전도당해 그냥 돌아오고 맙니다. 그것이 바로 우리의 현실입니다. 솔직히 인정합시다. 정말 솔직히 그렇지 않습니까? 그렇게 돌아오고 나서는 뭐라고 푸념합니까? "전도는 너무 어려워요. 요즘 같은 때에 이런 식의 전도는 안 먹혀요."

제대로 전도해 보고 나서 그렇게 말하는 겁니까? 제대로 말도 못 꺼내고 그저 망신만 당하고 돌아올 뿐이 아닙니까? 늘 그런 식이니까 복음을 제대로 전해 본 적이 단 한 번도 없는 겁니다.

하지만 예수님은 우리와 급이 완전히 다릅니다. 그분과 오랫동안 대화를 나눈 사람이 거의 없습니다. 왜냐하면 단 두 번 정도의 대화만으로도 다 뒤집어졌으니까요.

그런데 수가 성 누님만은 그렇지 않았습니다. 이 누님은 정말 희한한 분입니다. 아무리 사람들 얼굴이 보기 싫다고 해도, 중동 지방의 그 뜨거운 햇볕도 마다 않고 대낮에 물을 길러 나오는 것부터가 심상치 않은 겁니다. 이 누님은 산전수전에 공중전까지 경험하며 힘든 인생을 살았습니다. 본인이 직접 개발한 은사가 하나 있는데, 바로 '거미 손'의 은사입니다. 이게 뭐냐면 괜찮게 생긴 사내를 향해 "저거 내 거" 하고 손을 뻗으면, 벌레가 거미줄에 달라붙듯 그놈이 꼼짝 못하고 딸려 와서 착 달라붙는 겁니다.

이쯤 되면, 이분이 어떤 삶을 살았을지 짐작이 되시겠죠? 결혼을 다섯 번 했는데 모두 실패했습니다. 요즘도 이혼을 좋게 바라보지는 않습니다. 하물며 그 옛날은 오죽했겠습니까. 아무리 마음씨 착한 랍비라도 두 번 이상의 결혼을 허용하지 않았던 시대에 결혼과 이혼을 밥 먹듯 했다면, 뭔가 심상치 않다고 생각되지 않습니까? 이렇게 결혼과 이혼을 많이 겪으면서, 누님은 어떤 태도를 보이게 되었을까요? "나 건드리지 마라. 응?", "내 인생 내가 사는 거니까 참견하지 마."

매사가 이런 식이지 않았을까요? 완전히 비뚤어지고, 완전히 막나가게 되었을 겁니다. 그러니까 남들처럼 정상적인 대화를 나누기도 쉽지 않았을 겁니다.

이혼을 다섯 번째 겪고 나서는, 어떤 남자든 외모만 마음에 들면 그냥 붙잡아서 살림을 차렸습니다. 그러다 수틀리면 바로 차 버리고, 또 다른 남자를 다시 붙들고…. 이런 삶을 반복한 모양입니다. 예수님을 만났을 때 역시 유부남을 거미손으로 붙잡아서 같이 살고 있는 상태였습니다. 그래서 사람들 눈을 피해 물을 길으러 온 것이고, 주님께 딱 걸렸던 겁니다.

늘 우리를 기다리며 인도하시는 주님

약간 어색한 분위기 속에서 주님이 물 길으러 온 여인에게 말을 거셨습니다.

> 사마리아 여자 한 사람이 물을 길으러 왔으매 예수께서 물을 좀 달라 하시니 요 4:7

전도할 때 가장 난처하고 황당한 경우가, 말을 걸었는데 '소 닭 보듯' 할 때입니다. 좋든 싫든 의사를 표현해야 그냥 돌아서거나 진도를 나가거나 할 텐데, 멀뚱멀뚱 아무런 반응이 없으면 정말 당황스럽습니다.

수가 성 누님이 예수님께 보인 반응 역시 딱 이랬습니다. 누가 옆에 있으면 눈인사를 하든 긴장해서 경계를 하든, 어떤 식으로든 상대를 의식해야 정상일 겁니다. 그런데 이 누님은 바로 옆에 있는 예수님을 투명인간 취급하며 그저 물만 긷고 있었습니다.

복음을 전해야 하는데 분위기가 워낙 좋지 않자, 예수님은 물 한 잔을 청하며 말을 거셨습니다. 정말 관심이 없고 불편했으면 물이나 한 잔 주고 말면 될 텐데, 이 누님은 곱지 않은 시선으로 예수님을 죽 훑어보며 대뜸 이렇게 말합니다.

> 사마리아 여자가 이르되 당신은 유대인으로서 어찌하여 사마리아 여자인 나에게 물을 달라 하나이까 하니 이는 유대인이 사마리아인과 상종하지 아니함이러라 요 4:9

이 말을 있는 그대로 받아들이면 안 됩니다. 이 말은 사실 이런 뜻입니다. "이 대낮에 왜 집적거리고 난리야?"

정말 흉악한 여인네 아닙니까? 아무리 사람의 몸을 입고 계시더라도,

예수님이 다른 남자들과 똑같으시겠습니까? 아무튼 여인의 이러한 태도에 예수님은 조심스럽게 대화를 이어가십니다.

> 예수께서 대답하여 이르시되 네가 만일 하나님의 선물과 또 네게 물 좀 달라 하는 이가 누구인 줄 알았더라면 네가 그에게 구하였을 것이요 그가 생수를 네게 주었으리라 요 4:10

아무리 영적으로 둔하더라도 이렇게 말하면 '아, 이게 그냥 하는 소리가 아니라 뭔가 중요하고 진지한 이야기구나' 하고 느낄 수 있어야 정상이 아닙니까? 이렇게까지 이야기하시면 얼른 알아듣고 "아이고, 제가 잘못 생각했습니다" 하며 납작 엎드려야지요. 나를 향한 하나님의 꿈, 하나님이 내게 주기 원하시는 선물이 무엇인지 알려 달라고 정중하게 부탁해야 할 것 아닙니까?

그러나 이 누님은 주님의 말씀을 전혀 알아먹지 못했습니다. 거듭된 배신과 상처, 수모 때문에 꼬장꼬장한 성격만 남아서인지도 모를 일입니다. 아니면 대대로 사마리아인을 구박하고 천대했던 유대인에 대한 민족 감정 때문인지도 모릅니다.

> 여자가 이르되 주여 물 길을 그릇도 없고 이 우물은 깊은데 어디서 당신이 그 생수를 얻겠사옵나이까 우리 조상 야곱이 이 우물을 우리에게 주셨고 또 여기서 자기와 자기 아들들과 짐승이 다 마셨는데 당신이 야곱보다 더 크니이까 요 4:11-12

생수를 주시겠다는 예수님의 말에 이 누님은 이렇게 대답합니다.

"호호호. 이분 말씀 정말 재미있네. 당신에게는 물을 담을 그릇도 없잖아요. 그릇은 내게 있으니 물을 줘도 내가 주지, 어떻게 당신이 준다는 거예요? 당신네 잘난 유대인들은 늘 우리 사마리아인을 무시했었죠. 그런데 여기 이 우물이 어떤 우물인지 아세요? 당신네와 우리 조상 야곱이 직접 판 우물이란 말이에요. 당신의 말대로라면 당신이 야곱보다 더 크다는 건데, 그게 말이 됩니까? 이래 봬도 나 산전수전 다 겪고 말귀 다 알아듣는 사람이거든요. 이거 왜 이래요?"

이렇게 누님은 예수님께 싸움을 겁니다. 꼭 범사에 시비 걸기로 작정한 사람 같습니다. 하지만 예수님은 말려들지 않고 계속 말을 이어가십니다.

> 예수께서 대답하여 이르시되 이 물을 마시는 자마다 다시 목마르려니와 내가 주는 물을 마시는 자는 영원히 목마르지 아니하리니 내가 주는 물은 그 속에서 영생하도록 솟아나는 샘물이 되리라 요 4:13-14

주님은 "이 우물물은 마셔도 그때뿐이고, 언제고 또 다시 목마르게 된다. 하지만 내가 주는 물을 한 번 마신 이후로는 영원히 목마르지 않게 될 것이다"라고 자세히 설명해 주셨습니다. 적어도 여기까지 진전되면, '지금 이 사람이 그냥 마시는 물이 아니라 뭔가 영적인 것에 대해 이야기하고 있구나' 하고 감을 잡아야 하지 않겠습니까? 그러나 이 누님은 여전히 삐딱하게 듣습니다.

> 여자가 이르되 주여 그런 물을 내게 주사 목마르지도 않고 또 여기 물 길러 오지도 않게 하옵소서 요 4:15

"어머나, 이분 좀 보게. 대체 그게 어떤 물이라서, 한 번 마시면 영원히 목이 마르지 않게 된다는 거예요? 그래요, 좋아요. 솔직히 나도 다른 사람들의 시선을 피해서 땡볕에 물 길으러 나오는 게 넌덜머리가 나요. 정말 그런 물이 있다면 내게도 빨리 줘요. 쭉 한 잔 들이켜서, 다시는 여기까지 나오지 않도록 말이에요. 어서 줘요. 빨리 달라니까요."

더는 대화가 불가능한 수준에 이른 겁니다. 아무리 진지하게 말씀하셔도 농담으로만 받아치니 말입니다. 저 같으면 못할 일입니다. 성격상 저는 주님처럼 이렇게 오래 이야기하지도 못해요. 뭣하러 힘 빠지게 이런 대화를 이끌어 간답니까?

고통의 자리에서 소망을 발견하다

누님이 계속 마음을 열지 않자, 이제는 남편 이야기를 끄집어내십니다.

> 이르시되 가서 네 남편을 불러 오라 여자가 대답하여 이르되 나는 남편이 없나이다 예수께서 이르시되 네가 남편이 없다 하는 말이 옳도다 너에게 남편 다섯이 있었고 지금 있는 자도 네 남편이 아니니 네 말이 참되도다 요 4:16-18

보통 사람 같으면 생전 처음 보는 사람이 대뜸 남편을 데려오라고 하면 놀라거나 황당해할 텐데, 이 누님은 다릅니다. 거짓과 속임수로 똘똘 뭉친 인생답게, 자기는 남편이 없다며 능구렁이처럼 둘러댔습니다. 하지만 우리 주님이 어떤 분이십니까? 오리발을 내밀어도 닭발을 잡아내시는 분이 아닙니까?

"네 말이 맞다. 사실 남편이 없다는 네 거짓말은 맞는 소리다. 그동안 너는 다섯 번이나 남편을 갈아치웠다. 그리고 지금 같이 사는 남자도 다른 여자의 남편이니, 남편이 없다는 네 말이 맞도다."

생전 처음 만난 사람이 자신의 비밀을 족집게처럼 잡아냈으니, 얼마나 놀랍고 두려울 일입니까. 그러나 역시 이 누님은 끝까지 지지 않고 맞받아칩니다.

> 여자가 이르되 주여 내가 보니 선지자로소이다 우리 조상들은 이 산에서 예배하였는데 당신들의 말은 예배할 곳이 예루살렘에 있다 하더이다
> 요 4:19-20

"이야, 이제 보니 당신, 선지자군요?"라고 말하는데, 이는 사실 "와, 족집게네? 용하네"라는 말입니다. 그러고는 종교에 대한 논쟁으로 화제를 전환해 반격합니다. 이대로 가면 자기가 곤란해질 게 뻔하니까요.

"와, 어떻게 그런 것까지 다 아시고…. 아주 용한 선지자시네? 그럼 제가 궁금한 게 좀 있는데요. 당신네 잘난 유대인들은 예루살렘에서 예배해야 구원이 있다고 하고 우리 사마리아인들은 그리심 산에서 예

배해야 된다고 하는데, 뭐가 이렇게 복잡하고 까다롭죠? 여기서든 저기서든 예배하고 믿기만 하면 되는 것 아닌가요?"

이 누님이 종교 논쟁으로 주님의 입을 막으려고 할 때, 주님이 이렇게 말씀하십니다.

> 예수께서 이르시되 여자여 내 말을 믿으라 이 산에서도 말고 예루살렘에서도 말고 너희가 아버지께 예배할 때가 이르리라 너희는 알지 못하는 것을 예배하고 우리는 아는 것을 예배하노니 이는 구원이 유대인에게서 남이라 아버지께 참되게 예배하는 자들은 영과 진리로 예배할 때가 오나니 곧 이때라 아버지께서는 자기에게 이렇게 예배하는 자들을 찾으시느니라
> 요 4:21-23

요한복음 4장을 읽을 때마다 이 누님이 정말 대단하게 느껴집니다. 그렇지 않습니까? 끝까지 주님과 대등하게 맞서서, 한 발짝도 물러서지 않았으니까요. 하지만 저는 누님보다 주님이 더 대단하신 것 같습니다. 도대체 왜 이 쇠고집 누님을 포기하지 않고 끝까지 붙들고 계셨을까요?

성경에 기록되어 있지 않기 때문에 우리는 이 누님이 왜 첫 번째 결혼에서 실패했는지 모릅니다. 그저 당시에 이혼이 쉽지 않았다는 점을 감안할 때, 첫 번째 남편과는 사별한 것이 아닌가 추정할 뿐입니다.

남자에게도 그렇습니다만, 특히 여자에게 결혼은 일생을 걸만큼 중요한 일이 아닙니까? 그런데 결혼만 하면 얼마 못 가서 그 남편이 죽

는다는 소문이 나면 어떻겠습니까? 한 번은 그럴 수 있습니다. 처음에는 주변 사람도 같이 슬퍼하고 위로해 줍니다. 그런데 두 번째 남편 또한 죽게 된다면, 동정이 아니라 의혹의 눈초리로 바라볼 겁니다. 세 번째 남편 역시 그러하다면, 이제는 무서워서 아무도 곁에 다가가지 않을 겁니다. 다들 '저 여자랑 살면 죽는다'라고 생각할 것 아닙니까?

네 번, 다섯 번째 결혼까지 그렇게 되면, 더는 정상적인 삶을 살기 어렵습니다. 사람들을 점점 피하게 되고, 결국 대인기피증에 걸립니다. 그러니까 아무도 밖에 나오지 않는 한낮에 물을 길러 나올 수밖에 없던 겁니다.

제 생각에 이 누님의 삶은 외로웠을 것 같습니다. 그래서 혼자 남겨지는 것을 고통스러워하고, 결국 외롭고 우울한 삶에서 벗어나는 것에 인생을 통째로 걸어 왔습니다. 그렇지 않고서야 그 힘든 결혼을 다섯 번이나 할 생각을 했겠어요? 이 여인도 나름대로 끈질기게 애쓰고 노력해 왔던 겁니다.

그리고 주님은 그 마음의 갈망을 보셨습니다. 그래서 이렇게 말씀하셨습니다. "네가 길어 온 우물물은 아무리 마셔도 다시 목마르게 된다. 네가 선택한 '남편'이라는 해결책이 네 끝없는 갈증을 채워 주지 못하는 것처럼 말이다. 네가 나름대로 답을 찾으려 애쓰고 노력한 것은 잘 안다만, 세상의 어떤 것도 네 영혼에 참된 만족을 주지 못한다."

결혼이 거듭 실패하고 주변 사람들의 곱지 못한 시선을 느끼게 되면서, 이 누님은 조금씩 지쳐 갔을 겁니다. 산다는 것 자체가 너무 힘들게 느껴졌을 겁니다. 버티고 버티다가 결국에는 '에라, 모르겠다. 될 대로 되라'는 식으로 아무 남자하고나 살게 되었을 겁니다. 육신의 욕구나 채우며, 되는 대로 살게 된 겁니다.

"그래, 나 문제 많은 여자야! 인간답게 살긴 다 틀렸지. 그래서 어쩔 건데? 내 인생 이렇게 망가지는 데 당신이 뭐 도와준 거 있어?" 이러면서 막 나가는 문제아가 되어 이웃은 물론 가족들에게까지 버림받고 소외당하며 살았을 겁니다.

철저하게 깨지고 망가진 인생, 스스로 생각해도 소망이 보이지 않는 삶…. 가슴속 꿈마저 잃어버린 사람이야말로 세상에서 가장 비참한 사람이 아닐까 싶습니다. 꿈이 없다는 건 살아갈 이유가 없다는 의미이기 때문입니다. 혹시 여러분의 상황이 나쁘다거나 건강을 잃었다고 해서, '이젠 끝났다'고 생각하거나 그렇게 말하지 마십시오. 어떤 환경에 있든지 꿈을 붙잡고 있다면, 아직 살아야 할 이유가 있는 겁니다. 목표도 없고 비전도 없는 사람은 소망 없고 갑갑한 인생을 살 수밖에 없습니다. 성경도 묵시(vision)가 없는, 즉 꿈이 없는 백성은 망한다고 말하지 않습니까?(잠 29:18)

헬렌 켈러에게 어떤 기자가 이렇게 물었다고 합니다. "볼 수 없고, 들을 수 없고, 말할 수 없는 기가 막힌 삼중고를 겪으며 살고 계신데요. 세 가지 모두 가슴 아픈 일입니다만, 그중에서 무엇이 가장 고통스러우십니까?"

무척이나 잔인한 질문이었지만, 헬렌 켈러는 아무렇지 않게 대답했습니다. "아무래도 앞을 보지 못하는 것이 가장 힘듭니다."

그러고는 미소를 지으며 이렇게 덧붙여 말했다고 합니다.

"하지만 저와는 비교도 안 될 만큼 더 고통스러운 장애를 가진 사람도 있습니다. 저는 그저 육체의 눈을 쓸 수 없을 따름이지만, 내일을 바라볼 수 있는 마음의 눈이 없는 사람이 많은 것 같아 안타깝습니다. 소망의 눈으로 미래를 바라보지 못하는 것보다 더 안타까운 일이 어디 있겠어요? 거기에 비하면 제 고통은 아무것도 아니죠."

맞는 말입니다. 내일을 바라볼 수 없고, 꿈을 포기하고, 모든 의욕을 잃고, 소망을 놓아 버리는 것만큼 고통스러운 것은 없습니다. 하나님은 바로 그 고통의 자리에서 우리의 꿈을 회복시켜 주기 원하십니다.

내면을 채우시는 주님을 기대하라

수가 성의 사마리아 누님은 혈육과 남편에게 버려졌고, 주변의 모든 사람들에게 더러운 여자라며 손가락질받았습니다. 온 세상에서 소외감을 느꼈고, 사람이 누릴 수 있는 모든 것을 포기할 수밖에 없었습니다.

그러나 하늘 아버지는 이 누님을 기억하셨으며, 예수님을 만나도록 이끄셨습니다. 설마한들 우리 주님이 길을 잘 몰라서 사마리아 지방까지 가셨겠습니까? 아무 이유나 계획 없이 우연히 수가 성 우물가에 앉아 계셨겠습니까? 하나님께 우연이란 없습니다. 모든 것이 그분의 계획 가운데 이루어지는 '필연'입니다. 주님은 한 여인을 만나려고 일부러 사마리아까지 가셨습니다. 그리고 철벽처럼 굳게 닫혀 있던, 두려움과 분노라는 빗장으로 단단히 채워진 여인의 마음을 열어 그 영혼 속에 숨은 갈망을 찾아내셨습니다.

주님은 창녀처럼 살아온 이 여인에게 이렇게 말씀하십니다. "네가 겪고 있는 불행은 남편을 잘못 만나서가 아니고, 힘든 과거 때문도 아니다. 못된 성격 탓도 아니고, 도덕적 문제나 육체적 결함 때문도 아니다. 네 끝없는 목마름의 원인은 다른 데 있다. 네 목마름은 바로 하나님과의 관계에 대한 갈망이며, 그것은 오직 하나님만이 채워 주실 수 있다."

이렇게 주님이 내면의 목마름을 건드리시니까, 육신의 욕구를 따라 천박하게 살았던 이 누님이 진실로 반응하기 시작합니다. 깜짝 놀라는 누님에게 주님은 하나님이 어떤 분인지 가르쳐 주십니다.

> 아버지께 참되게 예배하는 자들은 영과 진리로 예배할 때가 오나니 곧 이때라 아버지께서는 자기에게 이렇게 예배하는 자들을 찾으시느니라 하나님은 영이시니 예배하는 자가 영과 진리로 예배할지니라 요 4:23-24

"유대인도 틀렸고 사마리아인들도 틀렸다. 네가 찾기도 전에 하나님이 먼저 너를 찾으셨다. 너는 그분을 기억하지 못했지만, 그분은 단 한 번도 너를 잊으신 적이 없다. 너는 언제나 변함없이 사랑하는 나의 딸이며 나의 소유다. 네가 얼마나 내게서 멀어져 있든, 얼마나 심각하게 타락했든, 얼마나 비참한 상태로 버려져 있든 그것은 중요하지 않다. 생명 되신 하나님을 진정으로 찾는다면, 너는 그분을 만나게 될 것이다."

그런데 이 말에 누님이 슬픈 표정을 지으며 이렇게 말합니다. "그 이야기는 어릴 적부터 들어왔어요. 조상 대대로 전해져 내려오는 꿈같은 이야기인데, 언젠가 세상 마지막 날에 메시아가 오신답니다. 막장 인생을 살아온 저이지만, 그 이야기만큼은 기억하고 있어요. 만약 제 생전에 메시아가 오신다면, 그분이 하나님과 제 인생에 관한 모든 것을 자세히 말씀해 주시리라 생각해요." 누님은 그렇게 말하고서 고개를 떨구었습니다. 드디어 복음을 받아들일 준비가 된 겁니다.

마침내 주님은 누님의 영적 목마름을 채워 줄 수 있는 유일한 진리를 드러내십니다.

> 예수께서 이르시되 네게 말하는 내가 그라 하시니라 요 4:26

예수 그리스도를 제대로 만나자, 이 누님 역시 홀랑 뒤집어지고 말았습니다. 그리고 완전히 변화되었습니다. 늘 자신을 욕하고 손가락질하던 수가 성 사람들을 원망하는 대신, 그들을 모두 구원의 길로 안내하는 축복의 문이 되었습니다. 할렐루야!

주님이 우리를 얼마나 존귀한 존재로 지었는지 아십니까? 그 어느 것도 우리에게 진정한 만족을 줄 수 없습니다. 우리 가슴속의 갈망은 오직 하나님의 영원하고 순결한 사랑으로만 채울 수 있습니다.

혹시 지금, 도저히 이해할 수 없는 고난을 겪고 계십니까? 다 끝난 것처럼 보이고, 주변 사람들 모두 이제 다 틀렸다고 말하고 있습니까? 하지만 하나님은 그렇게 생각하지 않으십니다. 내가 할 수 없다고 해서 하나님까지 하실 수 없는 건 아닙니다. 나는 할 수 없어도 주님은 하실 수 있습니다. 우리는 끝냈을지 모르지만 주님은 끝내지 않으셨습니다.

마른 뼈에 생기를 불어넣어 하나님의 군대를 일으키시듯이, 우리 내면의 갈망을 깨워 새로운 꿈과 소망으로 채우실 것입니다.

주님이 여인에게 하신 말씀을 다시 한 번 읽어 보십시오.

> 네가 만일 하나님의 선물과 또 네게 물 좀 달라 하는 이가 누구인 줄 알았더라면 네가 그에게 구하였을 것이요 그가 생수를 네게 주었으리라 요 4:10

만약 주변에 수가 성 여인 같은 사람이 있다면, 그 사람의 목마름을 영적인 문제로 바라볼 수 있겠습니까? 사람을 외모로 판단하는 우리에게는 쉽지 않은 일이지만, 주님은 전혀 다른 관점으로 사람을 판단하십니다. 우리를 지으신 분이기에, 그분은 우리 마음의 중심을 보십니다(창 1:26-27; 삼상 16:7). 그리고 우리 자신도 모르는 갈망이 심령 깊은 곳에 있음을 아시며, 그것이 무엇인지도 정확히 아십니다.

지금 이 시간, 오직 하나님 한 분만을 구하겠다고 결단하십시오. 우리 마음의 갈망을 아시며, 그것을 무엇으로 어떻게 채울 수 있는지 아시는 유일한 분 하나님을 바라보십시오. 저와 여러분의 내면을 채우고 만족케 할 수 있는 것은 그분의 영원하고 참된 진리뿐입니다.

오직 예수 그리스도를 믿음으로 말미암는 줄 알므로 우리도 그리스도 예수를 믿나니 이는 우리가 율법의 행위로써가 아니라 그리스도를 믿음으로써 의롭다 함을 얻으려 함이라 율법의 행위로써는 의롭다 함을 얻을 육체가 없느니라

만일 우리가 그리스도 안에서 의롭게 되려 하다가 우리도 죄인으로 드러나면 그리스도께서 죄를 짓게 하는 자냐 결코 그럴 수 없느니라 만일 내가 헐었던 것을 다시 세우면 내가 나를 범법한 자로 만드는 것이라 내가 율법으로 말미암아 율법에 대하여 죽었나니 이는 하나님에 대하여 살려 함이라

내가 그리스도와 함께 십자가에 못 박혔나니 그런즉 이제는 내가 사는 것이 아니요 오직 내 안에 그리스도께서 사시는 것이라 이제 내가 육체 가운데 사는 것은 나를 사랑하사 나를 위하여 자기 자신을 버리신 하나님의 아들을 믿는 믿음 안에서 사는 것이라 내가 하나님의 은혜를 폐하지 아니하노니 만일 의롭게 되는 것이 율법으로 말미암으면 그리스도께서 헛되이 죽으셨느니라

갈라디아 사람들아 예수 그리스도께서 십자가에 못 박히신 것이 너희 눈 앞에 밝히 보이거늘 누가 너희를 꾀더냐 내가 너희에게서 다만 이것을 알려 하노니 너희가 성령을 받은 것이 율법의 행위로냐 혹은 듣고 믿음으로냐 너희가 이같이 어리석으냐 성령으로 시작하였다가 이제는 육체로 마치겠느냐 너희가 이같이 많은 괴로움을 헛되이 받았느냐 과연 헛되냐 너희에게 성령을 주시고 너희 가운데서 능력을 행하시는 이의 일이 율법의 행위에서냐 혹은 듣고 믿음에서냐

아브라함이 하나님을 믿으매 그것을 그에게 의로 정하셨다 함과 같으니라 그런즉 믿음으로 말미암은 자들은 아브라함의 자손인 줄 알지어다 또 하나님이 이방을 믿음으로 말미암아 의로 정하실 것을 성경이 미리 알고 먼저 아브라함에게 복음을 전하되 모든 이방인이 너로 말미암아 복을 받으리라 하였느니라 그러므로 믿음으로 말미암은 자는 믿음이 있는 아브라함과 함께 복을 받느니라

무릇 율법 행위에 속한 자들은 저주 아래에 있는 자라 기록된 바 누구든지 율법 책에 기록된 대로 모든 일을 항상 행하지 아니하는 자는 저주 아래에 있는 자라 하였음이라 또 하나님 앞에서 아무도 율법으로 말미암아 의롭게 되지 못할 것이 분명하니 이는 의인은 믿음으로 살리라 하였음이라 율법은 믿음에서 난 것이 아니니 율법을 행하는 자는 그 가운데서 살리라 하였느니라 그리스도께서 우리를 위하여 저주를 받은 바 되사 율법의 저주에서 우리를 속량하셨으니 기록된 바 나무에 달린 자마다 저주 아래에 있는 자라 하였음이라 이는 그리스도 예수 안에서 아브라함의 복이 이방인에게 미치게 하고 또 우리로 하여금 믿음으로 말미암아 성령의 약속을 받게 하려 함이라

형제들아 내가 사람의 예대로 말하노니 사람의 언약이라도 정한 후에는 아무도 폐하거나 더하거나 하지 못하느니라 그 약속들은 아브라함과 그 자손에게 말씀하신 것인데 여럿을 가리켜 자손들이라 하지 아니하시고 오직 한 사람을 가리켜 네 자손이라 하셨으니 곧 그리스도라

| 5장 |

복음은 우리를 향한 주님의 놀라운 꿈과 계획이다

하나님 손에 있을 때 가장 아름답다

급한 사정이 생긴 한 부자가 눈물을 머금고 자신의 귀중품을 경매에 내놓았습니다. 그 소식에 많은 사람이 몰려들었습니다. 찬찬히 물건을 살펴보던 경매사는 가장 별 볼 일 없는 것부터 경매를 시작해야 전부 처분할 수 있겠다고 생각했습니다. 그래서 한쪽 구석에 오랫동안 방치되어 먼지만 잔뜩 쌓인 심하게 낡은 바이올린 하나를 먼저 꺼내 들었습니다.

먼지를 떨어내고 뚜껑을 열어 보니, 그래도 있을 건 다 있었습니다.

경매사는 바이올린을 경매 첫 물품으로 내놓기로 마음먹었습니다. 하지만 막상 경매에 붙이니, 사겠다고 나서는 사람이 아무도 없었습니다. 단돈 몇만 원에 넘기겠다고 해도, 아니 그냥 가져가라고 해도 관심조차 갖지 않았습니다. 경매장까지 와서 그런 폐품 악기를 사갈 사람이 어디 있겠습니까? 이대로라면 바이올린은 영락없이 쓰레기통 신세가 될 운명이었습니다.

그런데 어느 한쪽에서 한 백발의 노신사가 조용히 손을 들었습니다. 다들 왜 저런 바이올린을 돈 주고 사려는 건지 궁금하여 가만히 지켜보는데, 노신사가 앞으로 걸어 나와 바이올린을 살펴보게 해 달라고 정중히 요청했습니다.

바이올린을 건네주자 노신사는 손수건을 꺼내어, 보물 다루듯 바이올린 이곳저곳을 정성스럽게 닦기 시작했습니다. 그러고는 현을 조이고 음을 골랐습니다. 그 모든 동작이 예사롭지 않았습니다. 오랫동안 바이올린을 다뤄 본 사람의 솜씨였습니다. 금세 조율까지 마친 노신사는 바이올린을 들고 연주를 하기 시작했습니다. 그런데 이게 웬일입니까? 그 낡아 빠진 고물 바이올린에서 매우 아름다운 선율이 흘러나오는 것이었습니다. '바빠 죽겠는데 지금 뭐하는 거지' 하는 불만의 눈으로 지켜보던 사람들마저 바이올린 연주에 빠져들고 말았습니다. 정말 아름다운 연주에 눈물을 흘리는 사람도 있었고, 경매장이 아니라 음악회에 온 것 같은 착각에 빠져 넋을 잃은 사람도 있었습니다. 그야말로 감동의 도가니였습니다.

연주를 마친 노신사는 놀라움에 입을 다물지 못하고 있던 경매사에게 바이올린을 돌려주고는 어디론가 사라져 버렸습니다. 경매사는 떨리는 손으로 바이올린을 집어 들었습니다. 그렇게 낡고 초라한 바이올린에서 그토록 아름다운 선율이 나오리라고 누군들 상상이나 했겠습니까? '이 바이올린, 이거 정말 보통 물건이 아니구나. 이걸 어떻게 쓰레기통에 버릴 수 있겠어?'

그는 떨리는 마음으로 고물 바이올린을 다시 경매에 붙였습니다. 처음에는 거저 준다고 해도 아무런 반응이 없었는데, 이번에는 사람들이 폭발적인 반응을 보였습니다. 여기저기서 서로 사겠다고 나서는 통에, 결국 그 바이올린은 오백만 원에 팔렸습니다.

우리 인생 역시 고물 바이올린과 비슷합니다. 살다 보면 많은 사람이 우리의 인생을 연주해 보겠다며 다가옵니다. 가장 대표적인 사람은 부모님입니다. 많은 부모가 자식의 인생을 돕겠다며 애를 쓰다가 실패합니다. 그러고는 그 탓을 자녀에게 돌리며 비난합니다. "넌 안 돼. 왜 그 모양이니? 하는 일이 늘 그렇잖아. 다른 애들 좀 봐라."

부모뿐만이 아닙니다. 때로는 선생이, 때로는 지도자가, 때로는 연인이 자기 마음대로 연주해 보겠다며 우리 인생에 손을 댑니다. 하지만 대부분 시끄럽고 거친 소리만 내다가, "넌 틀렸어. 넌 안 돼. 넌 그 정도밖에 될 수 없어"라고 말하며 우리를 무책임하게 내던지고 떠납니다.

우리는 저마다 다른 삶을 추구하며 살아갑니다. 하지만 자신이 얼마나 가치 있는 존재인지, 어떤 꿈과 능력을 갖고 태어났는지, 얼마나 영광스러운 형상으로 지음 받았는지는 전혀 모릅니다. 우리 안에 얼마나 아름다운 악보와 선율이 있는지, 어떻게 해야 그것을 연주할 수 있는지 전혀 알지 못합니다. 그러므로 내 삶이 망가져서 버려진 낡은 바이올린처럼 느껴진다고 해서 실망하거나 낙심해서는 안 됩니다. 아직 포기하기에는 이릅니다.

천덕꾸러기 취급을 받던 낡은 바이올린도 그 가치를 아는 노련한 연주가의 손에 들어가면, 상상할 수도 없는 아름다운 선율을 내는 명기(名器)로 변화됩니다. 작은 악기 하나도 그러한데, 하물며 하나님의 형상을 따라 지음 받은 여러분과 저는 어떻겠습니까?

우리 안에 담긴 비밀을 아는 분이 계십니다. 우리 삶을 제대로 연주할 수 있는 분이 계십니다. 우리를 가장 아름답게 연주할 수 있는 오직 한 분이 계십니다. 그분은 바로 예수 그리스도이십니다.

육에 속한 그리스도인과 영에 속한 그리스도인

제 인생도 낡은 바이올린 같았습니다. 저는 제가 세상에서 가장 불쌍한, 볼 장을 다 본 인생인 줄 알았습니다. 제가 누구인지, 무엇을 하며 살아야 하는지, 무엇을 할 수 있는지 알지 못한 채로 살았습니다. 그렇게 깨지고 망가진 저를 주님이 찾아오셨습니다. 주님은 이전에는 상상도 못한 멋진 선율로 저를 연주해 주셨습니다.

주님을 만난 뒤, 제 스스로도 어떻게 할 수 없는 아름다운 사랑의 고백들이 쏟아져 나왔습니다. 아름다운 시상(詩想)이 제 안에도 그렇게나 많이 존재하리라고는 이전에는 미처 몰랐습니다. 감히 찾을 수도 없고 부를 수도 없을 정도로 귀하신 주님이 노련하고 부드러운 솜씨로 제 인생을 연주해 주시니, 그분을 향한 감사와 찬양과 경배가 쏟아져 나왔습니다. 쓸데없이 밥만 꾸역꾸역 먹는 저라고 생각했는데, 주님이 제 안에 넣어 두신 귀한 것들을 많이 발견하게 되었습니다.

찬송가에 실린 모든 곡의 가사가 전부 제 이야기였습니다. 주님을 향한 제 마음과 생각과 느낌이 그 모든 가사에 실려 있었습니다. 제 안에 갇혀 있던 고백들이 고스란히 찬송가에 담겨 있었습니다. 마치 누군가 제 머릿속에서 그 모든 가사를 베껴다 쓴 듯한 느낌이었습니다. 농담 삼아 한마디 해보자면, 저작권 침해로 고소할 수도 있는 일입니다. 하지만 은혜로운 일이라 그냥 넘어가겠습니다.

우리를 향한 하나님의 꿈은 자기 계발 책이나 강연에서 부르짖는 '성취하라, 비전을 세워라, 정상을 정복하라' 따위의 것이 아닙니다. 그것은 우리의 머리와 생각으로는 단 한 뼘도 헤아릴 수 없는 놀라운 꿈입니다. 그것은 하나님이 세상을 창조하시기 전부터 가슴속에 간직해 오신, 우리를 창조하려고 마음속에 설계도처럼 그려 놓으신 우리의 '원래' 모습입니다. 저는 이것을 '원형'(原型)이라고 부릅니다. 우리를 향한 하나님의 꿈이란 맨 처음 그분이 계획하신 바로 그 모습, 즉 '원형'을 회복하는 것입니다.

부자가 되거나 출세를 하거나 유명해지면, 우리는 성공했다고 생각합니다. 하지만 인생은 그리 길지 않습니다. 급히 흘러가 버리고, 한 번 흘러가면 두 번 다시 돌아오지 않는 강물과 같습니다. 우리가 살면서 보고 듣고 울고 웃는 모든 것은 금세 지나갑니다. 특히 눈에 보이는 것들은 더더욱 그렇습니다. 이렇게 제한적이고 순간적인 것이 우리의 원래 모습일 수 없습니다. 하나님은 우리의 원형을 회복하시려고, 하나뿐인 아들 예수 그리스도를 기꺼이 내주셨습니다. 주님의 핏값을 치르고서라도 얻어야 할 만큼 가치 있고 중요하다는 말입니다. 그런데도 육신적인 외모나 세상의 가치 따위를 꿈꾸며 기뻐한다면, 이보다 어리석은 일이 또 어디 있겠습니까?

여러분은 마흔 살을 왜 '불혹'(不惑)이라고 부르는지 아십니까? 농담이긴 하지만, 유혹하기도 그렇고 유혹받기도 그런 '슬픈' 외모가 되기 때문이라고 합니다. 저 같은 사람은 이런 이야기를 정말 좋아합니다.

장미꽃은 예쁩니다. 하지만 그렇게 예쁜 꽃도 시들면 추해집니다. 그렇다면 할미꽃은 어떨까요? 할미꽃은 활짝 피었을 때나 시들었을 때나 비슷합니다. 결국 무슨 말입니까? 타고난 외모 하나만 믿고서 뭇 이성의 애간장을 녹이고 잘난 척하는 사람들의 자랑도 마흔 살이 되면 끝이라는 말입니다. 그때는 모두 불혹이 된다는 말입니다. 시간이 흐르면, 외모는 평준화됩니다.

그리고 쉰 살이 되면 '학벌의 평준화'가 일어난다고 합니다. 쉰 살 이상의 직장인은 '명퇴' 대상 일순위입니다. 고학력자일수록 더 그렇다고 합니다. 그때는 좋은 학벌이 오히려 저주가 됩니다. 학벌이 전부가 아닙니다. 돌아가신 모 기업의 회장은 초등학교도 못 나왔지만 수많은 박사들을 밑에 두고 부렸다고 하지 않습니까?

예순 살이 되면 무엇이 평준화될까요? 건강이 평준화됩니다. 그러니까 너무 무리하게 운동할 필요가 없습니다. "오, 이분 몸 좋으시네"

라는 소리 좀 들어 보겠다고, 목숨 걸고 운동할 필요가 없습니다. 결국 다 똑같아집니다. 오히려 저는 나이 지긋한 양반들이 이십대 청년 몸매를 하고 돌아다니시면, 부럽기보다 무섭습니다. 그냥 우아하게 늙는 게 더 좋지 않겠습니까?

'마지막 잎새'는 소설 속에서나 아름다운 겁니다. 벌레 먹은 이파리 하나가 끝까지 안 떨어지고 버티면서 파르르 떠는 모양이, 현실에서 정말 아름답겠습니까? 이러면 서로 부담스러울 뿐입니다. 오는 때가 있으면 가는 때도 있는 법입니다.

언젠가 어떤 사람들이 이야기를 주고받는 걸 잠깐 들었는데, 거금을 주고 최신식 주름 제거 수술을 받았다며 자랑하고 있었습니다. 그런데 문제가 하나 있답니다. 밤에 자는데 눈이 다 안 감긴다는 거였습니다. 한번 상상해 보십시오. 밤에 자다 돌아누운 남편이 반만 감긴 아내의 눈을 본 광경을요. 얼마나 무섭겠습니까? 남편에게 노이로제가 생길지도 모릅니다. 가는 세월을 억지로 낑낑거리며 막으려고 하니까 이렇게 되는 겁니다. 삶의 목표가 이런 것이 되어서는 안 됩니다.

한번 태어난 인생은 때를 따라 흘러가게 되어 있습니다. 다 지나간다는 말입니다.

> 그러므로 모든 육체는 풀과 같고 그 모든 영광은 풀의 꽃과 같으니 풀은 마르고 꽃은 떨어지되 오직 주의 말씀은 세세토록 있도다 하였으니 너희에게 전한 복음이 곧 이 말씀이니라 벧전 1:24-25

우리 인생은 때가 되면 마르고 시드는 풀과 꽃 같습니다. 화끈하게 사랑을 불태우던 연인들도 때가 되면 언제 그랬냐 싶게 돌아섭니다. 가진 게 많거나 높은 자리에 있을 때는(하다못해 친구나 사돈의 팔촌 중에 그런 사람이 있을 때는) 어디에 가든 꿀리지 않고 잘 대접받습니다. 하지만 재물과 권력을 모두 잃어버리고 나서도 여전히 그렇게 대접받을 수 있을까요? 이러한 생각들을 해보면, 인생이 정말 비참하게 느껴집니다. 그러니까 잘 나갈 때 오히려 더 겸손해야 합니다. 안 그러면 철 지난 크리스마스트리 같은 인생이 됩니다.

철 지난 크리스마스트리를 본 적이 있습니까? 시간이 없어 차일피일 미루다가 햇볕이 쨍쨍한 여름까지 내버려 둔 크리스마스트리.

이제, 크리스마스트리가 빠진 성탄절은 상상할 수도 없습니다. 그때는 이보다 더 멋진 게 없습니다. 하지만 크리스마스와 새해가 지나고 나면, 그처럼 볼품없고 거추장스러운 것도 없습니다. 금종과 은종에는 먼지가 한가득 쌓여 있고, 금줄과 은줄은 축 늘어진 게 정말 꼴불견입니다.

게다가 정리할 때 보면, 자기 것이 하나도 없습니다. 크리스마스트리 장식 중에서 본래 나무에서 나온 건 하나도 없습니다. 전부 다른 데서 남의 것을 갖고 와서 붙여 놓은 것입니다.

사람도 그렇습니다. 잘생긴 외모 역시 지나고 보면 내 것이 아닙니다. 학벌이나 지위, 명예는 어떻습니까? 왕년에 이랬고 저랬고 하면서 침까지 튀기며 떠들어 대지만, 이것 역시 자기 자신에게서 나온 것이 아닙니다. 전부 다른 데서 갖다가 붙인 겁니다. 시간이 흘러 철이 지나면 떼어 내야 합니다. 지금 회장 자리에 앉아 있다고 해서 앞으로도 영원히 회장 노릇할 수 있습니까? 아닙니다. 크리스마스트리처럼 다 떼어 내고 나면, 비쩍 말라비틀어진 나무 하나만 덩그러니 남습니다. 생명이 없는 모든 것은 이렇게 비참해지기 마련입니다. 그런데도 우리는 마땅히 바라볼 것을 보지 못한 채, 이런 허망한 것들을 삶의 최고 가치에 두고 쫓아다니고 있습니다.

지금이야말로 우리의 눈을 열어 하나님의 꿈을 보게 해 달라고 간구해야 하지 않겠습니까? 우리의 인생이 더 망가지고 더럽혀지기 전에 영원히 변하지 않는 진정한 가치를 보여 달라고 기도해야 하지 않겠습니까? 창조 전에 하나님이 꿈꾸셨던 원래의 진정한 내 모습, 그 무엇으로도 꾸미지 않고 아무것도 걸치지 않은 첫 사람을 보고 싶지 않습니까?

첫 사람이었던 아담과 하와는 벌거벗었으나 조금도 부끄러워하지 않았습니다. 뭔가를 더 꾸미거나 덧붙여야 할 필요도 느끼지 못했습니다. 있는 모습 그대로도, 그 자체만으로도 충분히 영광스러운 존재였기 때문입니다. 주님은 우리 안에 놀랍고 영광스러운 원형을 회복시키기 원하십니다. 그것을 위해 주신 것이 바로 복음입니다.

영광스러운 복음을 통해 원형을 회복한 사람은 참 생명, 진정한 본질을 찾게 될 것입니다. 또 어떠한 상황이나 환경에서든 주님 한 분만으로 만족하는 참된 인생을 당당히 살 수 있을 것입니다.

> 내가 주는 물을 마시는 자는 영원히 목마르지 아니하리니 내가 주는 물은 그 속에서 영생하도록 솟아나는 샘물이 되리라 요 4:14

나는 비천에 처할 줄도 알고 풍부에 처할 줄도 알아 모든 일 곧 배부름과 배고픔과 풍부와 궁핍에도 처할 줄 아는 일체의 비결을 배웠노라 내게 능력 주시는 자 안에서 내가 모든 것을 할 수 있느니라 빌 4:12-13

찬송하리로다 하나님 곧 우리 주 예수 그리스도의 아버지께서 그리스도 안에서 하늘에 속한 모든 신령한 복을 우리에게 주시되 곧 창세 전에 그리스도 안에서 우리를 택하사 우리로 사랑 안에서 그 앞에 거룩하고 흠이 없게 하시려고 그 기쁘신 뜻대로 우리를 예정하사 예수 그리스도로 말미암아 자기의 아들들이 되게 하셨으니 이는 그가 사랑하시는 자 안에서 우리에게 거저 주시는 바 그의 은혜의 영광을 찬송하게 하려는 것이라 엡 1:3-6

영광스러운 십자가의 복음을 정면으로 체험하고 깨닫는 사람은 누구도 빼앗을 수 없는 평안과 기쁨을 누리게 됩니다. 여러분도 이토록 영광스러운 복음을 만나고 싶지 않습니까?

하나님이 우리 속에 심으신 무한대 가능성

세상에 가장 필요한 것이 바로 이 복음이며, 주님이 그토록 간절히 주고 싶어 하시는 것도 이 복음입니다. 하나님을 알지 못하는 사람의 가장 큰 비극은, 자신이 누구인지 모른다는 것입니다. 자기가 누구인지 모르면 무엇으로 자신을 채워야 할지도 알 수 없습니다. 그런 사람은 진정한 만족을 찾아 끊임없이 표류하게 됩니다. 오직 하나님 한 분만이 우리 인생의 엑스파일을 열어 놀라운 꿈과 비전을 우리 가운데 제시하고 성취하실 수 있습니다. 하나님의 비전은 사망과 원수의 저주에서 우리를 건져 내어, 그분이 꿈꾸시던 원형으로 온전히 회복시키는 것입니다. 이것이 바로 구원입니다. 그러므로 십자가의 구원은 죄를 용서하고 지옥에서 건져 내는 수준을 뛰어넘어, 우리가 하나님이 계시하신 원래의 모습으로 변화되는 것까지 포함합니다.

주님이 여러분 안에 어떤 가능성을 넣어 두셨는지, 여러분에게 어떤 꿈을 주셨는지 분명하게 알아야 합니다. 이는 매우 중요합니다. 왜냐하면 반드시 그렇게 될 것이기 때문입니다. 우리 주님은 한 번 정하신 뜻은 결코 바꾸지 않고 성취하시는 분입니다.

우리는 하나님의 완벽한 뜻을 오해하고 왜곡합니다. 그중에서도 가장 큰 착각은 하나님을 우리와 같은 사람으로 여기며 이해하려는 것입니다. 신학은 하나님을 연구하는 학문입니다. 신학은 아주 중요하고 가치 있는 학문이지만, 그만큼 위험성도 있습니다. 좁디좁은 인간의 철학적 사고 안에 무한하게 크신 하나님을 쑤셔 넣으려는 무리한 행동을 하게 될 가능성이 크기 때문입니다. 실제로도, 피조물의 한계에 갇혀서 그렇게 생각하는 신학자가 많았습니다. 심지어 어떤 신학자는 '하나님은 죽었다'며 그분의 사망을 선고했습니다. 성경과 고고학 자료를 철저히 분석하고 연구해 보니, 하나님이 죽으셔야 말이 된다는 주장이었습니다. 그는 지금 세상을 떠났을 것이고, 사후에 그가 어디로 가게 됐는지 잘은 모르겠습니다. 분명한 것은 하나님이 죽었다고 한 그는 죽었고,

그가 죽었다고 한 하나님은 지금도 살아서 역사하신다는 사실입니다.

18세기 프랑스의 유명한 사상가였던 볼테르 역시 대표적인 무신론자입니다. 당시 그는 50년 뒤에는 교회가 사라지고, 100년 뒤에는 기독교 자체가 사라질 거라고 말했습니다. 그러나 그 역시 오래전에 세상을 떠났고, 지금 그가 어디에 있는지 저는 잘 모릅니다. 제가 아는 것은 교회와 기독교는 오히려 더 부흥했고, 그가 살던 집은 성경을 찍어 내는 인쇄소로 바뀌었다는 사실입니다.

사람은 죽었다 깨어나도 하나님을 이해할 수 없습니다. 이해해 보려고 아무리 노력해도, 그건 절대 불가능한 일입니다. 하나님은 피조물인 우리와 완전히 다른 존재, 전능자이십니다.

> 모든 일을 그의 뜻의 결정대로 일하시는 이의 계획을 따라 우리가 예정을 입어 그 안에서 기업이 되었으니 엡 1:11

자신의 뜻과 선택에 따라 모든 것을 행하는 존재, 이것이 바로 전능자입니다. 그래서 주님이 꿈꾸고 계획하신 모든 것은 현실이 되어 나타납니다. 그 어떤 것보다 분명한 현실 말입니다.

> 일을 행하시는 여호와, 그것을 만들며 성취하시는 여호와, 그의 이름을 여호와라 하는 이가 이와 같이 이르시도다 렘 33:2

예레미야 선지자의 말대로, 주님은 자신의 뜻대로 일을 준비하고 이루시는 분입니다. 주님은 우리처럼 자신의 결정을 계속 번복하며 딴소리하시는 분이 아닙니다. "아이고, 내 계획은 그게 아니었는데…결국 이렇게 되었구나", "내가 잘못 생각했다. 미안하다", "일이 내 생각대로 되질 않는구나. 네가 이해해다오." 주님 사전에 이런 말은 없습니다. 뜻하신 바를 변경하거나 보류하거나 미루시는 법이 결코 없습니다. 그런 일이 생긴다면, 어찌 하나님을 전능자라 부를 수 있겠습니까? 전능자가 무엇입니까? 자기가 원하는 대로 능히 역사하여 일을 이룰 수 있는 존재가 아닙니까?

대부분 과일에는 씨가 있습니다. 사과 속에도 당연히 씨가 있습니다. 혹시 사과 한 개 속에 몇 개의 사과씨가 들어 있는지 아십니까? 아마 먹느라 바빠서, 씨앗의 개수를 셀 겨를이 없었을 겁니다. 괜찮습니다.

사과 안에 씨앗이 몇 개나 들어 있는지 알아내려면 어떻게 해야 할까요? 사과를 하나 사서 쪼개 보면 됩니다. 그렇다면, 하나의 사과씨 속에는 몇 개의 사과가 들어 있을까요? 씨앗 속에는 사과가 있을까요, 없을까요? 눈에 안 보인다고 없는 것일까요? 우리 눈에 보이지 않지만, 분명 그 안에는 사과가 들어 있습니다.

예전에 한 모임에서 이 질문을 하자, 어떤 자매는 1초도 고민하지 않고 아주 당당하게 "백 개요"라고 대답했습니다. 그 말이 너무 황당해서 웃음을 참느라 숨넘어갈 뻔했지만, 그런 대답이라도 해준 게 어디냐 싶었습니다.

저는 다시 "어째서 그리 정확하게 백 개라고 대답하시는 건가요?"라고 물었습니다. 그런데 자매는 아무런 대답도 못하고 웃기만 했습니다. 저는 다시 물었습니다.

"씨앗이 자라서 나무가 되면, 사과가 대략 백 개쯤 열릴 거라고 생각한 건가요?"

"네."

"그러면 백 개의 열매를 맺은 사과나무는 그 이후에 그냥 말라 죽을까요?"

이 말에 자매님이 놀라더니, 얼굴이 어두워졌습니다. "아니요, 이듬해에도 사과가 열리겠네요."

사과씨를 반으로 쪼개 봐도 그 속에는 사과가 없습니다. 사실 씨앗 속에는 아무것도 없습니다. 보이는 대로만 따진다면, '사과씨 속에는 사과가 없다'는 말이 맞습니다. 하지만 사과씨 속에는 분명히 사과가 있습니다. 눈에 보이지는 않지만 절대 부정할 수 없는 실재가 존재한다는 말입니다.

보이는 것만이 실재는 아닙니다. 더 크고 근본적인 실재는 보이지 않는 것 중에 있는 경우가 더 많습니다. 가장 대표적인 예로 사람의 외모를 들 수 있겠죠. 우리가 누군가에게 부담을 느끼는 것은 대개 그 사람의 외모 때문입니다. 솔직히 다 그렇습니다.

하지만 눈에 보이는 외모가 그 사람의 전부는 아닙니다. 사람에게는 내면세계, 즉 마음의 중심이 있습니다. 사실은 이것이 외모보다 더 중요합니다. 눈에 보이지 않아도 분명 존재하는 실재이기 때문입니다.

눈에 보이지 않아도 사과씨 속에는 생명이 들어 있습니다. 적합한 환경과 조건만 갖춰지면, 그 생명은 한 치의 오차 없이 싹을 틔우고 열매를 맺습니다. 그리고 여건이 허락하는 한 무한정 뻗어나가게 되어 있습니다. 조그마한 씨앗 하나 속에 헤아릴 수조차 없을 만큼 어마어마한 양의 사과나무와 사과가 들어 있는 셈입니다. 천하의 어떤 존재가 그 작은 씨앗 속에 그토록 풍성하고 놀라운 미래의 꿈과 계획을 완벽하게 저장해 놓을 수 있겠습니까? 전능하신 하나님 외에는 없다 이 말입니다. 할렐루야!

영국의 유명한 설교자 스펄전 목사님은 도토리를 보면서 이렇게 말했다고 합니다. "하나님은 이 작은 도토리 하나 안에 우주를 만들어 놓으셨다." 그런데 크기로만 봐도 우리가 사과나 도토리보다 몇백 배 더 크지 않습니까? 그런 우리 안에 주님이 그분의 꿈과 비전을 마음껏 설계하고 디자인해 놓으셨다면, 저와 여러분의 삶을 통해 얼마나 놀라운 일이 일어나겠습니까? 감히 상상도 할 수 없는 사건들이 벌어질 겁니다.

지금까지 인류가 발견해 온 지혜, 천하를 호령했던 영웅들, 세상을 뒤바꾼 발견과 발명, 업적과 작품 등은 모두 첫 사람인 아담 속에 있었습니다. 천하를 뒤흔들었던 왕과 정치인, 군인, 학자, 과학자 모두 아담이 있었기에 존재할 수 있었습니다. 인류가 성취할 수 있는 모든 것을 아담 한 사람 안에 집적해 놓은 분은 바로 전능하신 하나님이십니다. 할렐루야!

주님이 우리 인생을 계획하고 디자인하시면서 품으셨던 꿈도 마찬가지입니다. 아직은 그것이 무엇인지 모르지만, 적합한 환경과 조건이 갖춰지면 결국에는 발아하게 된다 이 말입니다. 하나님이 원하시는 조건만 맞으면, 그것이 충족되기만 한다면 원래의 우리 모습을 회복시키기 원하시는 그분의 꿈이 이루어질 것입니다.

메이드 인 하나님

이사야서에 이런 말씀이 있습니다.

> 파종하려고 가는 자가 어찌 쉬지 않고 갈기만 하겠느냐 자기 땅을 개간하며 고르게만 하겠느냐 지면을 이미 평평히 하였으면 소회향을 뿌리며 대회향을 뿌리며 소맥을 줄줄이 심으며 대맥을 정한 곳에 심으며 귀리를 그 가에 심지 아니하겠느냐 이는 그의 하나님이 그에게 적당한 방법을 보이사 가르치셨음이며 소회향은 도리깨로 떨지 아니하며 대회향에는 수레바퀴를 굴리지 아니하고 소회향은 작대기로 떨고 대회향은 막대기로 떨며 곡식은 부수는가, 아니라 늘 떨기만 하지 아니하고 그것에 수레바퀴를 굴리고 그것을 말굽으로 밟게 할지라도 부수지는 아니하나니 이도 만군의 여호와께로부터 난 것이라 그의 경영은 기묘하며 지혜는 광대하니라
> 사 28:24-29

하나님은 '파종'을 비유 삼아 이스라엘의 구원에 대해 말씀하십니다. 씨앗만 보고도 그것이 어떤 열매를 맺고 어떤 특성이 있는지 잘 아는 농부들의 지혜에 대해 말씀하십니다. 그래서 쌀을 원하는 사람은 벼를 심고, 사과를 원하는 사람은 사과씨를 심는다는 겁니다. 씨앗만 봐서는

어떤 열매가 열릴지 알 수 없는데도, 농부는 그 속에 무엇이 들어 있으며 어떻게 자라날지 훤히 꿰고 있습니다.

그뿐만이 아닙니다. 농부는 씨앗의 종류와 특성에 따라 다양한 방법으로 씨를 뿌릴 줄 압니다. 땅을 깊게 파서 묻기도 하고 물에 그냥 뿌리기도 합니다. 고랑을 파서 뿌리기도 하고 거름과 함께 묻기도 합니다. 익은 곡식을 타작하는 방법도 각양각색입니다. 성경은 이 모든 지혜가 하나님께로부터 왔다고 말합니다.

일개 농부에게도 자신에게 주어진 씨앗을 다루는 지혜가 있는데, 하물며 전능하신 하나님이 우리의 원형을 꽃 피울 방법을 모르시겠습니까? 각각의 다양한 씨앗을 다루는 방법을 알려 주시는 창조주 하나님이, 우리를 이끌어 그분이 꿈꾸고 계획하신 일을 성취하지 못하시겠습니까? 우리는 바로 이 때문에 하나님께 돌아가야 합니다. 그래야만 우리를 향한 그분의 뜻이 이뤄지고, 우리를 향한 그분의 꿈이 꽃을 피울 수 있다 이 말입니다.

세상이 아무리 "너는 이것도 못하고 저것도 못하잖아. 너 같은 녀석은 아무짝에도 쓸모없어. 네가 뭘 할 수 있겠어?"라고 몰아붙인다 해도, 우리는 절대 실패자가 아닙니다. 하나님을 아는 사람은 결코 실패자일 수 없습니다.

> 건축자가 버린 돌이 집 모퉁이의 머릿돌이 되었나니 이는 여호와께서 행하신 것이요 우리 눈에 기이한 바로다 시 118:22-23

버림받은 인생도 주님을 만나면, 하나님이 거하시는 아름다운 성전의 머릿돌로 멋지게 사용될 수 있습니다. 할렐루야!

이토록 엄청나게 놀라운 하나님의 꿈, 이것이 바로 복음입니다. 괜히 예수님이 십자가에서 핏값을 지불하셨겠습니까? 솔직히 말해, 저 같은 인간은 최하위 말단 천사 하나로도 충분히 대속할 수 있을 겁니다. 아니, 사실은 그것도 과분합니다. 그런데 어떻게 하나밖에 없는 하나님의 아들을, 아니 하나님 자신을 저를 위해 내주실 수 있다는 말입니까? 제 어디를 보고 그렇게 하신다는 말입니까? 전능하신 하나님이 별 볼 일 없는 저 때문에요? 이게 말이 된다고 생각하십니까?

긍정적 태도와 적극적 사고방식에 큰 점수를 줘서 제 자신을 좋게 봐 준다고 해도, 그래도 이건 답이 안 나오는 얘기입니다. 그렇다면 결론은 단 하나입니다. 그럼에도 하나님이 나를 존귀히 여기신다는 말입니다. 핏값까지 치르고 사실 만큼, 내 상상 이상으로 말입니다. 우리는 그렇게 어마어마한 존재로 지음 받았습니다. 할렐루야!

> 야곱아 너를 창조하신 여호와께서 지금 말씀하시느니라 이스라엘아 너를 지으신 이가 말씀하시느니라 너는 두려워하지 말라 내가 너를 구속하였고 내가 너를 지명하여 불렀나니 너는 내 것이라 네가 물 가운데로 지날 때에 내가 너와 함께할 것이라 강을 건널 때에 물이 너를 침몰하지 못할 것이며 네가 불 가운데로 지날 때에 타지도 아니할 것이요 불꽃이 너를 사르지도 못하리니 사 43:1-2

예전에 저는 제 태생을 원망했습니다. 망해 버린 술집 아들로 태어난 것이 너무 억울하고 분했습니다. 부잣집 아들로 태어나 머리까지 좋은 사람도 있는데, 나는 왜 이렇게 억세게도 재수 없는 인생인가 싶었습니다.

그런 제게 주님이 이렇게 말씀하셨습니다. "죄악으로 엉망진창 되고 슬픔과 좌절, 고통으로 얼룩진 인생이지만, 너는 나의 보배롭고 존귀한 아들이다. 내가 알 속에 있는 너를 꺼내어, 네가 상상도 해본 적 없는 꿈을 싹 틔우게 할 것이다."

주님은 깨지고 망가진 제 인생을 건지셨습니다. 천하고 보잘것없는 제 안에 세상에서 가장 귀한 보배를 담으셨습니다. 그 이후 제 영혼은 영광스러운 하나님의 형상으로 회복되기 시작했습니다. 그리고 은혜롭게도, 우리를 향한 주님의 아름다운 꿈과 계획을 세상에 알리는 일에 저를 사용하고 계십니다. 인간의 생각으로는 말이 안 되는 일입니다. 저처럼 가방끈 짧고 모자란 사람이 어찌 주님의 전도자로 사역할 수 있다는 말입니까? 신묘막측한 하나님의 은혜라고밖에는 설명할 수 없습니다. 이런 주님을 어떻게 사랑하지 않을 수 있겠습니까?

주님은 여러분에게도 찾아가십니다. 그리고 창조 전부터 계획하신 원형을 차근차근 이루실 것입니다. 당신 안에서 역사하시는 주님께 반응해 보시기 바랍니다.

찬송하리로다 하나님 곧 우리 주 예수 그리스도의 아버지께서 그리스도 안에서 하늘에 속한 모든 신령한 복을 우리에게 주시되 곧 창세 전에 그리스도 안에서 우리를 택하사 우리로 사랑 안에서 그 앞에 거룩하고 흠이 없게 하시려고 그 기쁘신 뜻대로 우리를 예정하사 예수 그리스도로 말미암아 자기의 아들들이 되게 하셨으니 이는 그가 사랑하시는 자 안에서 우리에게 거저 주시는 바 그의 은혜의 영광을 찬송하게 하려는 것이라 엡 1:3-6

시대와 세대를 넘어 수많은 사람이 "나는 누구인가?"라는 질문을 던져 왔습니다. 언뜻 보면 멋있게 느껴지지만, 사실 이는 근본부터 잘못된 질문입니다. 자기 자신으로부터 나온 사람은 아무도 없습니다. 세상에 나와 보니 '나'였던 거지, 자기가 원하는 외모와 재능, 성격을 선택해서 태어난 사람은 없다 이 말입니다.

어쨌든 모든 사람은 자신에 대한 특정한 상(象), '나는 이러이러한 사람이야'라는 자기 인식을 갖고 있습니다. 우리는 이 자기 인식을 진리로 철석같이 믿고, 목숨처럼 소중히 여기며 살아갑니다. 그래서 누군가가 이것을 무시하거나 짓밟으려고 하면, 강하게 반발하고 분노하며 어떻게 해서든 인정받기 위해 노력합니다. 자신이 원하고 생각하는 만큼 인정받으려는, 자아의 집요한 투쟁이 시작됩니다. 그렇지 않습니까?

앞서 얘기했듯, 어린 시절 저는 늘 욕을 들으며 자랐습니다. 아버지를 너무 무서워했기 때문에, 아버지가 절 부르시면 대답은커녕 목소리조차 잘 나오지 않았습니다. 그럴 때면 아버지는 "소 같은 자식, 소 같은 놈"이라며 야단치셨습니다. 저는 제가 정말 소 같은 놈인 줄 알았습니다. 마음 한구석으로는 '그래, 나는 소다. 그래도 나에게는 소 같은 뚝심이 있다!'며 스스로 위로하기도 했습니다만, 제 자존감은 완전히 짓밟혀 버린 상태였습니다. 저는 정말로 제가 소처럼 과묵하고 내성적인 줄 알았습니다. 제 안에 형성된 자기 인식을 철석같이 믿은 겁니다.

내성적인 제 모습이 상상이 되십니까? 집회에서 말씀을 전하는 제 모습을 전부로 여기시면 곤란합니다. 원래 저는 수줍음을 많이 타는 순수한, 아주 순수한 사람입니다. 집회 때 푼수 짓 하는 건 예수 믿고 나서 바뀐 모습이라 이겁니다. 제 말을 온전히 믿어 주시길 국민 여러분께 부탁드립니다!

이처럼 저는 심각한 자기 비하와 자학, 열등감에 시달렸습니다. 그러나 한편으로는 꼭 성공해서 제 존재 가치를 입증해 보이겠다는 열의에 불타기도 했습니다. 그렇게 살다가 예수님을 만나게 되었는데, 이름 모를 들꽃 한 송이에 관심이 가기 시작했습니다. 그때는 아무 생각 없이 들꽃을 들여다보았는데, 알고 보니 그게 바로 묵상이었습니다.

어쨌든 그렇게 하염없이 들꽃을 들여다보았는데, 갑자기 눈물이 핑 돌았습니다. 워낙 험한 인생을 살았기 때문에 꽃 같은 것도 감상할 여유나 기회가 없던 저의 지난 시절이 떠올랐기 때문입니다. 꽃이라고는 기껏해야 장미나 백합밖에 몰랐는데, 그런 꽃들을 바라보며 '나는 이런 꽃은 될 수 없겠지? 나는 잡초밖에 안 되는 인생이구나' 하고 생각했던 그 시절 말입니다.

예수님을 만난 이후 저는 길가의 들꽃도 달리 보게 되었습니다. 자세히 보면, 들꽃은 셀 수 없이 많은 꽃잎이 빼곡하게 겹쳐져 만들어진 꽃입니다. 백합보다 들꽃을 만드는 데 훨씬 더 손이 많이 가겠다는 생각이 들었습니다. 말하자면, 백합 천만 송이와도 바꿀 수 없을 만큼 놀라운 걸작인 셈입니다. 저는 늘 제 자신이 들꽃처럼 한심하다고 생각했는데 알고 보니 들꽃도 한 치의 모자람 없이 하나님께 지음 받은, 장미와 백합으로 결코 대신할 수 없는 아름답고 귀한 꽃이었습니다.

들꽃의 귀함을 깨닫는 순간, 제 안의 자기 인식이 바뀌기 시작했습니다. 아무리 잘나고 뛰어난 사람이 와도, 전 세계 인구를 다 모은다고 해도 저를 대신할 수 있는 존재가 어디에도 없음을 깨닫게 된 것입니다. 왜 이전의 저는 제가 세상에 단 하나뿐이라는 사실을 깨닫지 못했을까요. 들꽃을 통해 이 사실을 깨달으니, 정말 큰 은혜가 되었습니다.

주님은 저를 누구도 대신할 수 없는 존재로 완벽하게 지으시고, 온전히 사랑해 주셨습니다. 망해 버린 술집 아들로만 영원히 살다 죽을 줄 알았는데, 그게 아니었습니다.

분명히 저는 어느 날 갑자기 하늘에서 떨어졌거나 아메바처럼 어딘가에서 분리되어 나온 것이 아닙니다. 제게는 아버지가 있습니다. 나온 곳이 있게 마련입니다. 아버지 역시 할아버지에게서 나셨고, 할아버지는 증조할아버지에게서, 증조할아버지는 고조할아버지에게서 나셨습니다. 그렇게 올라가면 어디까지 갈까요? 아담까지 가 닿습니다. 그리고 그 위에 아담을 만드신 하나님이 계십니다.

분명히 저는 망해 버린 술집 아들로 태어났습니다. 그러나 제 아버지는 저를 이 땅에 보내기 위한 '통로'였고, 술집은 그저 '환경'이었을 뿐입니다. 제가 어떤 통로로 이 땅에 왔건 저는 분명히 '메이드 인 하나님'이더라 이 말입니다!

누가 만들었는가? 누구에게서 나왔는가? 인간의 가치는 바로 여기에서 나옵니다.

"저는 왕족의 혈통인 누구네 가문 몇 대손입니다"라며 어깨에 힘주는 사람은 무엇을 자랑하는 겁니까? 자기는 좋은 파이프에서 나왔다며 자랑하는 겁니다. 물론 파이프 중에는 질 좋은 것도 있고 불량품도 있을 겁니다. 금으로 된 것도 있고 구리로 된 것도 있고, 철로 만들어서 녹슬어 버린 것도 있습니다. 하지만 파이프는 어디까지나 통로일 뿐입니다. 거쳐 온 길에 지나지 않는다 이 말입니다.

혹시나 불쾌하시더라도 제 말을 계속 들어 주시기 바랍니다. 오물이 흘러나오는 파이프는 무엇입니까? 그렇습니다. 하수도입니다. 아무리 값비싼 황금으로 만든 파이프라고 해도, 더럽고 냄새나고 썩은 게 흘러나오면 하수도인 겁니다. 하지만 녹이 슬었어도 생수가 흘러나오면 무슨 파이프입니까? 생수 파이프입니다.

그러니까 혈통이나 집안 배경을 자랑하는 건 정말 우스운 겁니다. 말이 안 됩니다. 어떤 파이프인지가 무슨 소용이 있습니까. 그보다는 무엇이 흘러나오는지가 중요합니다. 아무리 초라하고 망가진 파이프라고 해도 그 속에서 하나님의 원형이 흘러나오면, 그분의 생명 파이프가 된다는 말입니다.

당신은 최고의 작품이다

태초부터 지금까지 이 땅에 존재한 모든 사람은 조상이나 가문이 아니라 하나님의 가슴에서 나온 존재들입니다. 우리는 모두 하나님의 작품, 그것도 걸작입니다(엡 2:10).

필요한 건 오직 하나, 때를 만나는 것뿐입니다. 알이 부화될 때를, 씨앗이 싹 틔울 때를 기다리는 것처럼 우리 역시 때를 기다려야 합니다. 하나님이 정해 두신 때가 차야 합니다. 그러려면 주님을 만나고 복음을 경험하며 십자가 앞에 서야 합니다. 그때 비로소 우리 안에 숨겨진 하나님의 원형이 풍성하게 꽃을 피우고 열매 맺어 그분의 영광으로 충만해질 것입니다.

하나님은 왜 사람을 창조하셨을까요? 사업을 하고 싶은데 일손이 모자라서, 머리 좋고 수완 좋은 고등동물을 하나 만드셨을 뿐입니까? 그렇지 않습니다. 주님은 하늘에 속한 모든 신령한 복을 주시려고 우리를 만드셨습니다.

하늘에 속한 모든 신령한 복을 주셨다는 말은 무슨 의미입니까? 주님이 갖고 계신 모든 복을 함께 나누고 누릴 존재로 우리를 선택하셨다는 겁니다. 복에 목마른 존재가 아니라 복으로 충만한 존재로 우리를 창조하셨다 이 말입니다. 할렐루야!

하나님은 아브라함에게 약속하셨습니다.

내가 너로 큰 민족을 이루고 네게 복을 주어 네 이름을 창대하게 하리니 너는 복이 될지라 너를 축복하는 자에게는 내가 복을 내리고 너를 저주하는 자에게는 내가 저주하리니 땅의 모든 족속이 너로 말미암아 복을 얻을 것이라 하신지라 창 12:2-3

하나님은 우리가 복된 존재라는 사실을 온 세상에 드러내겠다고 하셨습니다. 복에 목마른 존재가 아니라 복덩어리로 살아가라고 하십니다. 우리 존재 자체가 복이기 때문입니다.

구원의 역사도 우리를 복으로 충만한 존재로 되돌리신 작업입니다. 죄와 사망의 저주로 하나님의 원형을 잃어버리고 나서 우리는 복에 목말라 죽는 존재로 변질되었습니다. 존재 자체가 복이었던 원형을 생각해 보면, 정말 비참하게 망가진 겁니다. 이 모든 것을 되돌리기 위해 하나님은 바로 예수 그리스도의 십자가를 택하셨습니다. 그래서 십자가가 필요한 겁니다.

하나님이 사람을 지으신 또 다른 목적이자 가장 근본적인 복이 하나 더 있습니다. 하나님은 그분의 사랑 안에서 영원히 기뻐하며 주님과 교제하도록 우리를 지으셨습니다. 선악과 사건으로 타락하면서 우리는 마치 기억상실증에 걸린 것처럼 자신이 어떤 존재인지 잊어버렸습니다. 그러나 우리는 하나님과 인격적으로 관계하며 사귈 수 있는 특권을 가진 유일한 피조물입니다. 하나님은 그분과 영원한 사랑의 교제를 나눌 존재로 우리를 지으셨습니다. 웨스트민스터 소요리 문답에 나온 것처럼, 주님을 영원토록 즐거워하도록 지으신 것입니다.

우리를 이토록 완벽하게 지으신 주님이 필요한 모든 것을 채우시는 '여호와 이레'이심을 온전히 신뢰하며 "아멘"으로 화답하면, 억지로 쥐어짜는 신앙생활에서 졸업할 수 있습니다. 하나님을 위해 뭔가 해보겠다며 애쓰고 노력하지 않아도, 하나님이 태초부터 우리 안에 준비해 놓으신 그분의 영광과 능력과 복을 자연스럽게 충만히 드러내며 살 수 있습니다. 이러니 어떻게 주님을 즐거워하지 않을 수 있겠습니까?

주님만이 우리의 만족이 되시며, 주님만이 우리를 채우실 수 있습니다. 엄마를 간절히 기다리며 엄마와 함께 있는 것을 즐거워하는 젖먹이 아이처럼, 주님 한 분이면 충분합니다. 주님은 우리를 이렇게 행복한 사람들로 만들어 주셨습니다.

성경말씀에 주님과 우리의 관계가 여러 가지로 표현되어 있습니다. 주님은 포도나무이고 우리는 가지라고 합니다. 그래서 우리가 주님 안에, 주님이 우리 안에 계시면 풍성한 결실을 맺을 수 있습니다(요 15:1-5). 주님은 신랑이시고 우리는 그분의 신부입니다. 신랑은 신부에게 이렇게 고백합니다.

> 나의 사랑하는 자가 내게 말하여 이르기를 나의 사랑, 내 어여쁜 자야 일어나서 함께 가자 아 2:10

> 내 사랑하는 자는 내게 속하였고 나는 그에게 속하였도다 그가 백합화 가운데에서 양 떼를 먹이는구나 아 2:16

> 다시는 너를 버림받은 자라 부르지 아니하며 다시는 네 땅을 황무지라 부르지 아니하고 오직 너를 헵시바라 하며 네 땅을 쁄라라 하리니 이는 여호와께서 너를 기뻐하실 것이며 네 땅이 결혼한 것처럼 될 것임이라 마치 청년이 처녀와 결혼함 같이 네 아들들이 너를 취하겠고 신랑이 신부를 기뻐함 같이 네 하나님이 너를 기뻐하시리라 사 62:4-5

이것은 신이 할 수 있는 최고의 표현입니다. 어떻게 창조주가 자신이 만든 피조물에게 이런 고백을 할 수 있다는 말입니까? 도대체 세상 어떤 종교에 이런 신이 있겠습니까?

나무가 가지를 통해 열매를 맺듯, 주님은 우리를 통해 그분의 생명과 영광을 드러내기 원하십니다. 사과나무의 영광인 사과 열매가 가지를 통해 나타나는 것처럼, 하나님의 거룩한 영광도 우리 한 사람, 한 사람을 통해 드러날 것입니다. 그것은 남이 대신해 주거나 감당해 줄 수 없는, 각 사람만의 몫입니다. 전 세계 60억 인구를 죄다 뒤져 봐도 내 자리를 대신할 수 있는 사람은 없습니다. 60억 인구가 전부 몰려온다 해도 나를 대신할 수 없습니다.

신랑이 신부를 취함 같이, 주님은 우리를 그분의 유일하고 완전한 사랑의 대상으로 삼으셨습니다. 그렇게 우리는 각자 매우 영광스러운 존재입니다. 이 놀라운 꿈과 계획을 성취하기 위해 베푸신 것이 바로 십자가 구속의 역사이며, 예수 그리스도의 영광스러운 복음입니다.

사람이 의롭게 되는 것은 율법의 행위로써 말미암음이 아니요 오직 예수 그리스도를 믿음으로 말미암는 줄 알므로 우리도 그리스도 예수를 믿나니

이는 우리가 율법의 행위로서가 아니고 그리스도를 믿음으로써 의롭다 함을 얻으려 함이라 율법의 행위로써는 의롭다 함을 얻을 육체가 없느니라

만일 우리가 그리스도 안에서 의롭게 되려 하다가 우리도 죄인으로 드러나면 그리스도께서 죄를 짓게 하는 자냐 결코 그럴 수 없느니라

만일 내가 헐었던 것을 다시 세우면 내가 나를 범법한 자로 만드는 것이라

내가 율법으로 말미암아 율법에 대하여 죽었나니 이는 하나님에 대하여 살려 함이라

내가 그리스도와 함께 십자가에 못 박혔나니 그런즉 이제는 내가 사는 것이 아니요 오직 내 안에 그리스도께서 사시는 것이라 이제 내가 육체 가운데 사는 것은 나를 사랑하사 나를 위하여 자기 자신을 버리신 하나님의 아들을 믿는 믿음 안에서 사는 것이라

내가 하나님의 은혜를 폐하지 아니하노니 만일 의롭게 되는 것이 율법으로 말미암으면 그리스도께서 헛되이 죽으셨느니라

어리석도다 갈라디아 사람들아 예수 그리스도께서 십자가에 못 박히신 것이 너희 눈 앞에 밝히 보이거늘 누가 너희를 꾀더냐

내가 너희에게서 다만 이것을 알려 하노니 너희가 성령을 받은 것이 율법의 행위로냐 혹은 듣고 믿음으로냐

너희가 이같이 어리석으냐 성령으로 시작하였다가 이제는 육체로 마치겠느냐

너희가 이같이 많은 괴로움을 헛되이 받았느냐 과연 헛되냐

너희에게 성령을 주시고 너희 가운데서 능력을 행하시는 이의 일이 율법의 행위에서냐 혹은 듣고 믿음에서냐

아브라함이 하나님을 믿으매 그것을 그에게 의로 정하셨다 함과 같으니라

그런즉 믿음으로 말미암은 자들은 아브라함의 자손인 줄 알지어다

또 하나님이 이방을 믿음으로 말미암아 의로 정하실 것을 성경이 미리 알고 먼저 아브라함에게 복음을 전하되 모든 이방인이 너로 말미암아 복을 받으리라 하였느니라

그러므로 믿음으로 말미암은 자는 믿음이 있는 아브라함과 함께 복을 받느니라

무릇 율법 행위에 속한 자들은 저주 아래에 있는 자라 기록된 바 누구든지 율법책에 기록된 대로 모든 일을 항상 행하지 아니하는 자는 저주 아래에 있는 자라 하였음이라

또한 하나님 앞에서 아무도 율법으로 말미암아 의롭게 되지 못할 것이 분명하니 이는 의인은 믿음으로 살리라 하였음이라

율법은 믿음에서 난 것이 아니니 율법을 행하는 자는 그 가운데서 살리라 하였느니라

그리스도께서 우리를 위하여 저주를 받은 바 되사 율법의 저주에서 우리를 속량하셨으니

기록된 바 나무에 달린 자마다 저주 아래에 있는 자라 하였음이라

이는 그리스도 예수 안에서 아브라함의 복이 이방인에게 미치게 하고 또 우리로 하여금 믿음으로 말미암아 성령의 약속을 받게 하려 함이라

형제들아 내가 사람의 예대로 말하노니 사람의 언약이라도 정한 후에는 아무도 폐하거나 더하거나 하지 못하느니라

이 약속들은 아브라함과 그 자손에게 말씀하신 것인데 여럿을 가리켜 그 자손들이라 하지 아니하시고 오직 한 사람을 가리켜 네 자손이라 하셨으니 곧 그리스도라

| 6장 |

십자가 앞에 서 본 사람만이 복음을 안다

하나님을 새롭게 알아 가라

저는 은혜를 받으면 그것을 표현하고 드러내야 직성이 풀리는 사람입니다. 그것을 표현하지 않고는 도저히 그냥 못 넘어갑니다. 한번은 집회에 참석했다가 집에 아주 늦게 돌아왔는데, 역시나 아내를 흔들어 깨웠습니다. 자정이 넘은 시간이었지만, 이미 그런 일을 수도 없이 겪어 봤기 때문에 아내는 모든 것을 운명으로 받아들인다는 표정으로 일어나 저와 마주 앉았습니다.

저는 아내에게 이렇게 물었습니다. "당신은 나를 누구라 하느냐?"

이 말에 아내가 '무슨 말도 안 되는 소리를 하느냐'는 표정으로 저를 빤히 쳐다보았습니다. 한두 번 겪는 일이 아니니까 아내 입장에서는 무척이나 귀찮은 일이었을 겁니다. 아내는 "당신은 훌륭한 전도자이시죠"라고 말했습니다.

다른 때 같았으면 만족해서 넘어갔을 법한 대답이지만, 그날 제가 워낙 '센' 은혜를 받았기 때문인지 그 대답이 성에 차지 않았습니다. "그건 나도 알아. 나는 지금 남편으로서 내가 어떤 사람인지 묻는 거야."

그제야 잠이 확 깬 모양인지 아내는 자세를 고쳐 앉았습니다. 그러나 아내는 5분이 넘도록 잠잠했습니다.

"나에 대해 말할 수 있는 마지막 기회일지도 모르니, 솔직히 말해 봐. 앞으로 다시는 이런 질문 안 할지도 모르니까 지금 안 하면 평생 말할 기회를 얻지 못할지도 몰라."

아내는 한참을 고민하더니, 한숨을 내쉬며 입을 열었습니다. "남편인 당신에 대해 말하자면, 당신은 정말 무서운 사람이에요."

어떤 말이 나오든 다 들어 주리라 마음속으로 다짐했지만, 그 말은 정말 은혜가 되지 않았습니다.

저는 정말 말씀대로 살려고 노력해 왔습니다. 자랑이 아니라, 주변 사람들도 모두 그렇다고 인정해 줍니다. 겉으로 표현하지는 않았지만 세상에서 제가 가장 성경적인 남편이라고 생각하며 살았는데, 다른 사람도 아닌 아내가 저더러 무서운 사람이라고 하니 정신이 번쩍 들었습니다. 무엇보다도 그것은 곧 제가 성경적이지 않은 삶을 살고 있다는 이야기이므로, 정말 끔찍했습니다. 하지만 아내의 표정을 보니, 많은 고민 끝에 나온 말임을 느낄 수 있었습니다. 평소 꺼내지 못한 속내를 정직하게 보여 준 것이었습니다. 그래서 결혼한 이래 처음으로 저는 아내 앞에 무릎을 털썩 꿇었습니다. "성경적인 남편이 되지 못했다는 것만으로도 당신에게 큰 죄를 지었어. 용서해 줘."

저는 어지간한 일에는 뜻을 굽히지 않습니다. 그러나 '성경적이냐 아니냐'의 문제에 대해서만은 곧바로 무릎을 꿇습니다.

아내의 말 한마디에 눈앞이 아찔했습니다. 죄에 찌들대로 찌든 '죄인 장아찌'처럼 살다 주님을 만났고, 감당할 수 없는 복음의 영광을 경험했습니다. 그 감격에 매여서, 살아도 주를 위해 살고 죽어도 주를 위해 죽겠다는 일념 아래 무소유의 전도자로 살아왔습니다.

그런데 가족을 돌보는 일에는 그다지 많은 신경을 쓰지 못했습니다. 생각해 보니, 아내의 손을 따뜻하게 잡아 준 적이 단 한 번도 없었습니다. 어머니와 형수님이 일찍 남편을 여의고 주변에도 그런 여성도가 많았기 때문에, 부부가 둘 다 살아 있는 것만으로도 복이라고 생각했습니다. 그래서 '혼자 사는 사람들도 있는데, 둘이 손에 땀나게 붙잡고 돌아다니는 건 생각이 없는 짓이지. 아내가 살아 있다는 것만으로도 감사해야 한다. 우리는 주님의 마음을 품어야 할 사역자가 아닌가. 가진 사람이 못 가진 사람을 배려하고 품으며 함께 사는 것이야말로 주님의 마음을 품는 것이다'라고 생각하며 살았습니다.

더구나 저는 아내와 아이들이 남편이나 아버지인 제가 아닌, 주님만을 의지하며 살기를 바랐습니다. 그래서 따뜻한 위로나 격려와는 거리가 먼 삶을 살 수밖에 없었습니다. 저는 저희 가족이 언제 어디서든 하나님의 전사로 강하게 담대하게 살도록 훈련시키고 싶었습니다. 또한 그것이 제가 가진, 가족에 대한 사랑을 표현하는 방법이기도 했습니다. 물론 이것이 잘못되었다고 생각하지는 않지만, 제가 중요한 무언가를 빠뜨리고 있었음을 깨달았습니다. 주님이 우리를 전사로 뿐만 아니라 그분의 '신부'로도 부르셨다는 사실을 까맣게 잊었던 겁니다.

아내와의 대화를 통해 저는 감사하게도 제 자신을 다른 시각으로 바라보게 되었습니다. 그동안 제가 어떤 남편이며 어떤 아버지였는지도 진지하게 생각해 볼 수 있었습니다. 분명한 것은 그러한 모습은 제가 원하고 추구하는 것이 아니라는 사실이었습니다. 그 이후 저는 더 좋은 남편과 아버지가 되려고 노력하기 시작했습니다. 물론 받는 입장으로서는 아직도 아쉬운 부분이 많겠지만, 제 입장에서는 제가 꽤 많이 달라졌다고 생각합니다.

여러분은 다른 사람에게 어떤 평가를 받고 싶습니까? 앞에서 저는 사람에게 저마다 다른 자기 인식이 있고, 그에 따라 평가받기 원한다고 이야기했습니다. 그 내용은 각자 다르겠지만, 누구나 자신의 생각보다 더 낮게 대접받으면 상처받고 분노하며 힘들어합니다. 우리는 상대방이 자신을 어떻게 인식하는지 바르게 알아야 합니다. 누군가를 좋아한다고 하면서 실제와는 전혀 다른 모습으로 그를 인식하고 있다면, 진정으로 좋아하는 것이라 할 수 없습니다. 그의 진짜 모습을 발견하는 즉시 마음이 돌아설지도 모릅니다.

누군가를 안다고 말할 때에는, 상대가 어떤 사람인지 정확히 파악하고 그를 그 나름의 존재로 대할 수 있어야 합니다. 직접적이든 간접

적이든 내게 영향을 주는 존재라면 더욱 그래야 합니다. 특히 하나님께는 더더욱 그래야 합니다. 하나님을 올바르게 아는 것이 생명이기 때문입니다.

> 영생은 곧 유일하신 참 하나님과 그가 보내신 자 예수 그리스도를 아는 것이니이다 요 17:3

하지만 주님은 신학적 논증이나 합리적 사고의 결과물로 나온 사상이나 개념이 아닙니다. 그분은 지금도 살아서 역사하시는 인격입니다.

인격적 존재는 평면이 아니라 여러 가지 요소가 복합되어 작용하는 입체적 특징을 갖고 있습니다. 따라서 필요에 의해 잠깐 만났다가 헤어지는 정도의 경험으로는 상대를 '안다'고 말할 수 없습니다. 신상 정보를 파악하고 대화로 마음을 나눌 뿐만 아니라 함께 살아 봐야 정확하게 알 수 있습니다.

그런데 우리 주님은 어떤 분이십니까? 영이십니다. 육신이 되신 말씀, 곧 로고스이십니다. 성자 하나님이십니다. 한낱 피조물인 우리에게 자신을 계시해 주시려고 기꺼이 사람의 몸을 입고 성육신하신 예수 그리스도이십니다. 그런 분을 어떻게 신학적 소양이나 성경 지식으로 깨달을 수 있겠습니까? 머리로 그분을 알려는 것은 지극히 위험천만하고 천박한 발상입니다. 오해하지 마십시오. 제 말은 신학이나 성경 연구가 필요 없다는 것이 아닙니다. 인간의 논리와 사고만으로는 하나님이 어떤 분이신지 절대 알 수 없다는 말입니다.

쥐뿔도 없고 별것도 아닌 인간이, 속이 훤히 보이는 계산으로 철학이니 신학이니 거들먹거리며 하나님을 안다고 자랑하는 모습이 정말 우습지 않습니까? 용쓰며 견뎌 봐야 백 년도 못 사는 인간이 말입니다. 백 년을 넘겨 산다고 해도, 그때쯤 되면 제정신도 못 찾고 오락가락하는 주제에 영원하신 하나님을 안다는 말입니까? 자, 생각해 봅시다. 한 사람의 일생에서 너무 어린 갓난아기 시절을 빼고, 철이 없어 깊게 생각하지 못했을 때를 빼고, 자기가 좋아하는 것을 쫓아다니느라 헤맨 시간을 빼고, 자빠져 자는 시간 빼고, 밥이나 먹는 시간 빼고, 나이가 들어 힘이 없을 때를 빼고, 그 외 이것저것 다 빼고 나면 얼마만큼의 시간이 남습니까? 영원하신 하나님을, 그 짧은 인생으로 어떻게 온전히 알 수 있겠습니까? 어느 날 갑자기 지식이 하늘에서 뚝 떨어져 우리 머릿속에 콕 박히게 되는 것도 아닌데 말입니다.

그런데도 자신이 하나님에 대한 전문가인 것처럼, 하나님을 잘 안다는 면허증이라도 딴 것처럼 오만하게 구는 죄인이 많습니다. 이런 사람은 일단 밥을 많이 먹여야 합니다. 밥심으로라도 기운을 차리게 한 뒤에 주님 만나게 하면 자기가 알아서 뒤집어집니다.

하나님은 살아 계신 분이시며 실존하는 인격입니다. 그래서 조사나 연구로는 그분을 알 수 없습니다. 하나님이 자신을 계시하시지 않는 한, 우리는 그분을 알 수 없습니다. 하나님이 허락하지 않으시면, 우리 쪽에서 그분을 먼저 알 수 있는 길은 어디에도 없습니다.

하나님이 모든 것을 지으시되 때를 따라 아름답게 하셨고 또 사람들에게는 영원을 사모하는 마음을 주셨느니라 그러나 하나님이 하시는 일의 시종을 사람으로 측량할 수 없게 하셨도다 사람들이 사는 동안에 기뻐하며 선을 행하는 것보다 더 나은 것이 없는 줄을 내가 알았고 사람마다 먹고 마시는 것과 수고함으로 낙을 누리는 그것이 하나님의 선물인 줄도 또한 알았도다 하나님께서 행하시는 모든 것은 영원히 있을 것이라 그 위에 더 할 수도 없고 그것에서 덜 할 수도 없나니 하나님이 이같이 행하심은 사람들이 그의 앞에서 경외하게 하려 하심인 줄을 내가 알았도다 전 3:11-14

그러므로 하나님을 알고 싶다면, 살아 계신 주님 앞에 무릎 꿇고 엎드려 모세처럼 고백하는 수밖에 없습니다.

모세가 이르되 원하건대 주의 영광을 내게 보이소서 여호와께서 이르시되 내가 내 모든 선한 것을 네 앞으로 지나가게 하고 여호와의 이름을 네 앞에 선포하리라 나는 은혜 베풀 자에게 은혜를 베풀고 긍휼히 여길 자에게 긍휼을 베푸느니라 출 33:18-19

"주님, 피조물인 제가 어찌 하나님을 알 수 있겠습니까? 제 눈과 귀와 마음을 열어 주님이 어떤 분인지 알려 주소서."
주님이 우리 심령을 밝혀 주셔야만, 성령의 빛으로 깨닫게 하실 때에만 우리는 하나님을 알 수 있습니다.

성령을
의지하라

성경은 인격적 존재의 또 다른 특징에 대해 이렇게 이야기합니다.

> 사람의 일을 사람의 속에 있는 영 외에 누가 알리요… 고전 2:11

나 자신의 속마음은 내 영 외에는 누구도 알지 못합니다. 이 세상에서 나의 본심을 아는 사람은 오직 한 명, 나 자신뿐입니다. 따라서 자발적으로 마음을 열고 드러내지 않는 한, 그 누구도 상대의 인격적 존재를 알지 못합니다. 또 다른 인격적 존재이신 하나님도 그렇습니다.

> …이와 같이 하나님의 일도 하나님의 영 외에는 아무도 알지 못하느니라
> 고전 2:11

하나님의 영, 그분의 영원하신 성령만이 하나님의 마음을 아는 유일한 존재이십니다.

기록된바 하나님이 자기를 사랑하는 자들을 위하여 예비하신 모든 것은 눈으로 보지 못하고 귀로 듣지 못하고 사람의 마음으로 생각하지도 못하였다 함과 같으니라 오직 하나님이 성령으로 이것을 우리에게 보이셨으니 성령은 모든 것 곧 하나님의 깊은 것까지도 통달하시느니라 사람의 일을

사람의 속에 있는 영 외에 누가 알리요 이와 같이 하나님의 일도 하나님의 영 외에는 아무도 알지 못하느니라 우리가 세상의 영을 받지 아니하고 오직 하나님으로부터 온 영을 받았으니 이는 우리로 하여금 하나님께서 우리에게 은혜로 주신 것들을 알게 하려 하심이라 고전 2:9-12

하나님이 예비하신 복음은 우리의 사고와 상상력으로 풀어 이해할 수 있는 차원의 것이 아닙니다. 주님은 우리의 수준이 아니라 그분 자신의 수준으로 복음을 준비하셨습니다. 그래서 성령으로 말미암지 않고서는 결코 이해할 수 없습니다. 하지만 우리는 이토록 놀라운 복음을 형편없는 종교 나부랭이로 전락시켜, 소원 성취용 싸구려 주문 따위로 팔아먹었습니다. 그래서 영광스러운 복음을 실제로 경험해 본 사람이 적습니다. 경험했다는 사람조차도 십자가를 죄의식이나 죄책감을 해결해 주는 쓰레기 하치장 정도로 취급하기 일쑤입니다. 예수 그리스도에 대해서도 기껏해야 세계 4대 종교 중 하나인 기독교의 창시자, 또는 문제를 대신 해결해 주는 존재 정도로밖에는 알지 못합니다. 이렇게 기가 막힌 일이 또 어디 있겠습니까?

하나님은 그런 분이 아닙니다. 하나님은 우리를 사랑하기 때문에 그분의 소중한 독생자를 주셨습니다. 또한 우리가 받은 사랑과 은혜가 얼마나 크고 놀라운 것인지 알게 해주시려, 그분의 마음 깊은 곳까지 통달하시는 성령을 보내셨습니다. 그 진리의 성령이 친히 오셔서 성경 말씀을 풀어 주시면, 하나님을 알게 되고 믿게 되는 역사가 일어납니다. 우리는 스스로 그 무엇도 할 수 없습니다.

제아무리 진리의 말씀을 선포한다고 해도 성령의 역사 없이 설교자의 '말'만 전하면, 시끄러운 소음에 불과하게 됩니다. 제아무리 뛰어난 화술을 가진 사람이 달려들어 설득해도 하나님이 움직이지 않으시면, 그 말에 결코 설득당하지도 뒤집어지지도 않습니다. 우리를 낳아 준 부모 역시 우리 마음을 바꾸지 못합니다. 우리의 고집이 얼마나 고래 심줄처럼 질긴지 잘 알지 않습니까? 애당초 변화되기엔 틀려먹은 죄의 '장아찌'들입니다. 본질부터가 바뀔 수 없는 존재들입니다. 만약 인간이 자기 힘으로 조금이라도 자신을 변화시킬 수 있었다면, 인류의 역사는 지금과 완전히 달라졌을 것입니다. 교육, 이데올로기, 철학, 혁명…. 그러나 세상의 그 어떤 것으로도 죄인인 인간을 변화시킬 수 없습니다.

이토록 인간은 변화될 수 없는 비극적 존재입니다. 그런 인간의 유일한 소망은 예수 그리스도입니다. 그분은 우리의 마지막 소망이 되셔서, 우리 안에 놀라운 혁명을 일으키셨습니다. 그분은 십자가를 통해 우리 존재 자체를 모조리 바꾸셨습니다. 죄인인 우리를 의인되게 해주셨습니다. 지옥에 떨어져야 마땅한 존재인 우리를 거룩한 하나님의 자녀로 삼아 주셨습니다. 창기인 우리를 신부 삼으셨습니다. 추하고 더러운 세속적 존재인 우리를 거룩한 하늘 백성으로 변화시키셨습니다. 이 세상에서 가장 능력 있는 하나님의 복음은 우리 안에 놀라운 변화를 가져왔습니다. 누구도 꿈꾸지 못할, 아니 꿈꿀 수조차 없던 놀라운 역사를 가져왔습니다. 주님은 이 위대하고 영광스러운 복음을 우리에게 주셨습니다. 교회를 통해 이 모든 것을 우리에게 계시해 주셨습니다. 할렐루야!

성령이 주시는
지혜

이토록 놀라운 일을 행하신 예수 그리스도는 어떤 분이십니까? 주님은 크고 위대한 참 신이며, 참 인간이십니다. 또한 영원 전부터 하나님 아버지와 함께 계신 분입니다. 우리를 구원하려는 뜻을 이루기 위해 이 땅에 오신, 살아 계신 말씀입니다. 사람의 머리와 말로는 설명이나 이해가 불가능한 분입니다.

열두 명의 제자를 불러 모으신 예수님은, 3년 반 동안 그들과 함께 울고 웃고 먹고 마시며 생활하셨습니다. 삶을 통해 그분을 직접 보여 주시고 그 생명을 나눠 주셨습니다. 그것이 하나님을 알고 그분의 증인이 될 수 있는 유일한 길이었기 때문입니다. 단편적인 방법으로는, 하나님이 주신 가장 크고 위대한 복음인 예수 그리스도를 알 수 없습니다. 예수님은 자신에 대해 교과서적으로 가르치지 않으셨습니다. 일정 기간 교육을 하고 시험을 치르는 식으로 자신을 계시하지도 않으셨습니다. 예수님에 대해 알기에는 강의식 교육의 학습 효과가 높지 않습니다. 그 대신에 주님은 제자들을 직접 현장으로 데리고 다니셨습니다. 살아 계신 하나님이 제자들 삶의 한가운데에 들어오셔서, 보여 주고 느끼게 해주고 직접 행하게 하신 것입니다. 전하는 것에서 멈추지 않으시고 말씀 그 자체를 살아 내셨습니다. 말씀이 그들에게 실재가 되고 능력이 되도록, 진리 그 자체를 경험하도록 이끄셨습니다.

어느 덧 3년 반의 시간이 흘러 사역을 마무리할 시점이 되었습니다.

가이사랴 빌립보라는 곳에 도착하신 주님은 진지한 표정과 목소리로 제자들에게 이렇게 물으십니다.

> 사람들이 인자를 누구라 하느냐 마 16:13

이전까지는 단 한 번도 그런 적 없으셨던 분이 갑자기 자신에 대한 여론이 어떤지 물으십니다. "요즘 사람들은 기독교에 대해 뭐라 하느냐? 안 좋은 이야기들이 들려오는 것도 같던데?"
이런 식으로 자신에 대한 사람들의 생각을 물으셨습니다. 평소 이런 데에만 관심이 많던 제자들은 여기저기에서 주워들은 말을 신나게 쏟아 놓습니다.

> 이르되 더러는 세례 요한, 더러는 엘리야, 어떤 이는 예레미야나 선지자 중의 하나라 하나이다 마 16:14

제자들의 말을 종합해 볼 때, 당시 예수님은 유대 사회에서 최소한 세례 요한 정도의 선지자로 인정받고 계셨던 듯합니다. 유대인들에게 선지자로 인정받았다는 것은 존경받은 사람이 되었다는 뜻입니다. 선지자로 인정받으려면, 그 사람이 하늘로부터 보냄 받았다는 확증이 있어야 했습니다. 사람들에게 하늘로부터 온 선지자로 인정받았다는 것은 주님이 종교적으로나 사회적으로 좋은 평판을 얻고 계셨다는 의미입니다.

말하자면 "기독교는 사회에 유익을 끼치는 종교입니다. 교회에만 가면 사람들의 도덕 수준이 높아집니다. 교회에 다니면 시민 정신이 함양됩니다. 교회에 나갔더니 사람이 착해지고 집안도 행복해졌습니다. 교회 다니는 사람들은 정직하고 깨끗합니다. 기독교는 수준 높은 고등 종교입니다"라는 식의 평가인 셈입니다. 요즘은 그렇지 않지만, 지난 역사를 돌아보면 기독교는 이렇게 좋은 평가를 받아왔습니다.

잔뜩 흥분해서 떠들어 대는 제자들을 한참 동안 바라보시던 예수님은, 화제를 바꿔 이렇게 질문하십니다.

> 이르시되 너희는 나를 누구라 하느냐 마 16:15

여기에서 확실하게 짚고 넘어갈 것이 있습니다. 바로 복음은 아무나 알 수 있는 것이 아니라는 사실입니다.

세상은 자기들이 기독교를 잘 안다고 생각합니다. 그래서 여러 가지 잡다한 이야기로 기독교를 평가합니다. 미국은 국민 정서에 기독교가 기반으로 깔려 있는 나라입니다. 그래서 교회 출석과 상관없이 기독교에 익숙하고 거부감이 없습니다. 기독교의 '기' 자도 모르고 교회 문턱에도 못 들어가 본 사람들 중에도 데이비드(다윗), 폴(바울), 피터(베드로) 같은 성경 인물의 이름을 가진 이가 많고, 이를 아무렇지도 않게 여깁니다. 그러면서 자신이 기독교에 대해 알만큼은 알고 있다고 생각합니다. 또한 그중에서 한 번이라도 교회를 다녀 본 사람은 자신이 예수 그리스도를 안다고, 복음을 잘 안다고 생각합니다.

하지만 주님은 사람들의 그러한 생각에 개의치 않으십니다.

> 육에 속한 사람은 하나님의 성령의 일들을 받지 아니하나니 이는 그것들이 그에게는 어리석게 보임이요, 또 그는 그것들을 알 수도 없나니 그러한 일은 영적으로 분별되기 때문이라 고전 2:14

하나님은 영이시며, 진리도 영에 속했습니다. 그래서 육에 속한 사람은 그것을 알 도리가 없습니다. 당연한 일입니다.

예수님의 물음에 제자들은 왁자지껄 떠들었습니다. 여기저기서 대답이 터져 나왔습니다. "예레미야라고 하던데요", "엘리야라고도 했어요", "또 다른 선지자라고 부르는 사람들도 있어요." 그러나 "너희는 나를 누구라 하느냐?"라는 질문 앞에서는 다들 꿀 먹은 벙어리가 되어 버렸습니다. 그런데 이때, 베드로 형님이 나섰습니다. 그런데 형님 입에서 나온 대답은 평소 모습과는 전혀 어울리지 않는 것이었습니다.

원래 베드로 형님은 헛손질이 많은 사람입니다. 가슴은 뜨겁지만 아는 게 없고, 가만히 있으면 중간은 갈 텐데 꼭 먼저 서두르는 사람입니다. 그래서 늘 크게 망신당하고 부끄러워합니다. 주님의 제자가 무조건 완벽할 필요는 없음을 명확히 잘 보여 주는, 그래서 우리 가슴을 따뜻하게 해주는 그런 형님입니다.

그런데 그날만큼은 평소와 달랐습니다. 자기가 직접 생각한 것을 얘기할 때는 눈빛이 또렷하고 말도 분명하게 끝맺는데, 그날의 모습은 좀 달랐습니다. 그런데 더 희한한 것은 그럼에도 그 대답이 매우 정확하다는 사실이었습니다.

> 시몬 베드로가 대답하여 이르되 주는 그리스도시요 살아 계신 하나님의 아들이시니이다 마 16:16

그야말로 베드로 형님의 최초 '홈런'이었습니다. 나무랄 데가 없는 대답을 한 겁니다. 그러나 좀 이상하지 않습니까? 이 형님이 할 만한 대답이 아닌 데다, 겉으로 보기에도 뭔가 남의 말을 전하는 듯했습니다. 아니나 다를까, 형님의 대답에 예수님이 이렇게 반응하십니다.

> 바요나 시몬아 네가 복이 있도다 이를 네게 알게 한 이는 혈육이 아니요 하늘에 계신 내 아버지시니라 마 16:17

이 말은 곧 베드로 형님이 제정신으로 그렇게 대답한 것이 아니라 하늘 아버지께서 알려 주셔서 그렇게 대답했다는 말입니다. 성령께서 대답하게 해주셨다는 겁니다. 그러니까 자신이 잘 모르는 이야기를 할 수 있었던 겁니다.

온전히 성령을 의지하라

그 증거는 다음 장면에서 곧바로 찾아볼 수 있습니다. 대개 보면, 자기 생각이 아니라 어디서 주워들은 말을 전할 때는 더 볼 것도 없이 곧바로 그다음에 고스란히 들통 나게 되어 있습니다.

특히 학교 다닐 때 커닝하는 녀석들이 그렇습니다. 이런 이야기를 들은 적이 있습니다. 성적이 늘 하위권에 머무는 녀석이 있었는데, 한 번은 등수가 엄청나게 올랐답니다. 무슨 바람이 불었는지 공부를 열심히 해서 얻은 성적이라면 아주 좋을 텐데, 가만히 보니까 일등 하는 친구 옆에 앉아서 시험을 본 것이었습니다. 분명 커닝이 맞는데 심증만 있을 뿐 물증을 찾을 수 없자, 선생님은 그 녀석을 따로 불렀습니다.

"네가 이번에 정말 열심히 공부했더구나. 성적이 아주 잘 나왔어. 해가 서쪽에서 뜨려나 봐. 특히 수학 20번 문제는 전교에서 단 세 명만 정답을 맞혔을 정도로 매우 어려웠는데, 네가 그걸 풀었다니 정말 놀랍고 신기하구나. 혹시 이 문제를 지금 다시 한 번 풀어 볼 수 있겠니?"

자, 그 뒷이야기는 여러분의 상상에 맡기겠습니다.

커닝을 하더라도 좀 생각해 가면서, 사정을 봐 가면서 적당히 해야지 않습니까? 어떻게 일등 하는 녀석의 답안지를 일점일획까지 틀림없이 고스란히 베껴 버린답니까. 커닝도 수준 있게 해야 한다 이 말입니다. 만년 꼴찌가 일등과 똑같은 성적을 냈으니 들통 날 수밖에요. 실력이라는 것이 꾸준히 쌓는 것이지, 하루아침에 어디서 뚝 떨어지는 게 아니지 않습니까. 답을 맞혔는데 그 답을 얻는 과정을 모른다면, 남의 것을 그대로 베꼈다는 소리밖에 안 됩니다.

우리도 교회의 세례 문답이나 성경공부 시간에 "주는 그리스도시며 살아 계신 하나님의 아들이십니다"라는 고백을 할 때가 있습니다.

누구나 이 대답을 정확히 잘합니다. 그러면 저는 다시 이렇게 묻습니다.

"그 말은 당신과 어떤 관계가 있습니까? 그 말은 당신에게 어떤 의미입니까?"

이때는 선뜻 대답을 못합니다. 커닝한 아이처럼 머리를 긁적이며 땀을 삐질삐질 흘리다 이렇게 말할 뿐입니다. "잘 모르겠어요."

"그러면 여태까지 교회 다니는 동안 뭐하신 겁니까?"

"밥을 많이 주기에 꾸역꾸역 먹기만 했는데요."

25년 이상, 저는 오직 주님이 시키시는 대로 어디든지 달려가서 복음을 전하며 살았습니다. 두 발로 서 있을 수만 있으면 어떤 상황에서든 거부하지 않고 주님 말씀을 전했습니다. 그러는 가운데 셀 수 없이 많고 다양한 사람을 만나 볼 수 있었습니다. 다른 것이 아닌 오직 복음을 통해 만났고, 예수님과 제자들처럼 공동생활을 해 왔습니다. 그 덕분인지, 사람에 대해서만큼은 어지간히 잘 압니다. 한마디로 '사람 전문가'가 된 겁니다.

그래서 지금은 상대방의 말을 듣고 행동을 보면, 그가 어떤 사람인지 대강 그림이 그려집니다. 입으로 하는 고백과 실제의 삶이 얼마나 다를 수 있는지를 수없이 봐 왔으니 당연히 그럴 수밖에요.

주님은 그리스도이시며 살아 계신 하나님의 아들이라고 하는 고백은 온전히 맞는 답이 아닙니다. 내면으로부터 깨달아져서 고백한 것이어야 합니다. 천하에 둘도 없는 진리의 말씀을 얘기한다고 해도, 그 자신의 생명과 인생을 통해 얻은 고백이 아니라면 아무런 소용이 없습니다. 문제는 이렇게 정신 줄을 놓아 버린 성도, 아무 생각 없이 신앙생활하는 교인이 한둘이 아니라는 사실입니다.

'그리스도'라는 헬라어 단어의 뜻은 '구원자'입니다. 히브리어로는 '메시아'입니다. 유대인들이 조상 대대로 기다려 왔으며, 지금도 기다리는 존재가 바로 메시아입니다. 그런데 가만 보면, 구원자에도 여러 가지 종류가 있습니다. 급하게 돈이 필요한 사람에게는 돈을 빌려 준 은행이, 물에 빠진 사람에게는 그를 건져 준 구조대원이, 죽을병에 걸린 사람에게는 병 고치는 의사가 구원자입니다. 즉, 내가 처한 현재 문제에서 구해 주는 존재가 구원자라는 말입니다.

사람이 처한 가장 심각하고 본질적인 문제는, 자신이 지금 어떤 구덩이에 빠져 있으며 어떻게 빠져 나와야 하는지 모른다는 데 있습니다. 우리가 어떤 존재이며 지금 어떤 상태에 있고, 무엇에서 건져져야 하는지 정확하게 아는 분은 오직 하나님뿐이십니다. 그분이 진정으로 우리의 구원자 되십니다.

우리는 항상 끝없는 내면의 목마름으로 헐떡입니다. 그래서 갈증을 해소할 수 있는 것을 찾아 헤맵니다. '이걸 사면 해결될까? 저걸 가지면 평안해질까? 이걸 해보면 더 나은 사람으로 변화될까? 저 사람과 함께라면 행복해질 수 있을까?' 평생 이런 생각에 사로잡혀서, 보고 듣고 느끼고 손에 잡히는 것에만 매달립니다. 사랑에 목을 매고, 돈을 버는 일에 미치고, 온갖 쾌락에 빠져듭니다. 그러나 달라지는 것은 전혀 없습니다. 그런 것들로는 우리의 갈망을 채울 수 없기 때문입니다. 문제에서 벗어나려면, "나는 누구지? 지금 어떤 구덩이에 빠져 있는 거지? 어떻게 해야 여기서 나갈 수 있지?"라는 질문에 답할 수 있어야 합니다.

그러면 절반은 빠져나온 것이나 다름없습니다. 그러나 인간의 비극은 이러한 문제조차도 인식하지 못하는 것입니다.

수천 년 동안 외곬으로 메시아를 부르짖으며 기다려 온 이스라엘 민족을 바라보십시오. 예수님이 이미 오셨는데도 여전히 다른 메시아를 기다리고 있습니다.

"예수는 메시아가 아니야. 이천 년 전에 로마 제국으로부터 비참하게 사형 당한 예수 따위가 어떻게 택함 받은 이스라엘의 구원자가 될 수 있겠어? 말도 안 되는 소리야! 우리를 어떻게 보고 그런 소리를 지껄이는 거야? 나사렛 예수? 그 무식한 자가 메시아라고? 우리는 그 따위 시시한 구원자를 기다린 적이 없단 말이야!"

지금도 이 정도로 강하게 거부하는데, 그들의 조상은 어땠겠습니까? 심지어 그들은 예수님을 직접 십자가에 못 박아 죽였습니다. 당시 그토록 패역하고 완고한 세대였습니다. 그런 시대에서 살았으니, 베드로 형님은 "예수님이 그리스도이십니다"라는 완벽한 고백을 해 놓고도 그게 무슨 뜻인지 전혀 몰랐습니다. 주님이 어떤 분인지 잘 몰랐던 겁니다. 그제야 비로소 주님은 베드로 형님이 했던 고백의 핵심인 그리스도의 비밀을 열어 보여 주십니다.

그 이전까지 주님은 그런 이야기를 하신 적이 거의 없었습니다. 그분의 때가 찰 때까지 기다리신 겁니다. 그리고 드디어 때가 되었고, 십자가의 비밀을 알려 주십니다. "그래, 베드로야. 정말 말 잘했다. 내가 그리스도라고? 맞다. 나는 너희를 구원하려 온 그리스도다. 그런데 내가 너희를 무엇에서 어떻게 구원할지도 아느냐?"

그러고는 제자들의 생각과는 정반대되는 이야기를 덧붙이십니다. "나는 며칠 뒤 예루살렘에 올라가 십자가에 못 박혀 죽을 것이다."

이런 말도 안 되는 소리가 어디 있습니까? 구원자라면서 십자가에 못 박혀 죽을 것이라니 말입니다. 자기 몸 하나 지키지 못하는 존재가 누구를 구원한다는 말입니까? 상식적으로 납득하기 어려운 말이 아닐 수 없습니다. 어떻게 구원자가 십자가에 못 박힐 수 있다는 말입니까? 게다가 이 말도 안 되는 일이 모두 하나님의 뜻이라뇨?

커닝 수준이긴 하지만 정답을 맞혔던 베드로 형님은 그때까지 흥분 상태였습니다. 제자 생활 3년 만에 모처럼 홈런을 쳤으니 신이 날 수밖에 없었을 겁니다. 그런 상태에서 주님이 죽음을 들먹이시니, 베드로 형님이 팔을 딱 걷어붙이며 이렇게 말합니다. "주여! 어찌 그런 약한 말씀을 하십니까? 마음을 강하게 하고 담대히 하십시오. 주님 곁에는 늘 저 수제자 베드로가 있습니다. 저도 나름대로 치열한 인생을 살았습니다. 어떤 놈들이 덤벼도 이길 수 있다는 말입니다. 무슨 일이 있어도 주님의 털 끝 하나 다치지 않도록 제가 지켜드릴 테니, 걱정 붙들어 매십시오!"

누군가 당신에게 이렇게 말한다면, 어떻겠습니까? 감동이자 고마움 그 자체이지 않겠습니까? 그러나 주님은 이번에도 우리 눈에 심히 비상식적으로 반응하십니다.

예수께서 돌이키시며 베드로에게 이르시되 사탄아 내 뒤로 물러가라 너는 나를 넘어지게 하는 자로다 네가 하나님의 일을 생각하지 아니하고 도리

어 사람의 일을 생각하는도다 하시고 마 16:23

잘한다며 칭찬하실 때는 언제고, 기분 좋아서 주책 떤다고 호되게 질책하십니다. "네 이놈! 너는 지금 하나님이 아니라 사람이 원하는 그리스도를 생각하고 있다! 베드로를 미혹한 더러운 사탄아! 당장 물러가라! 그리고 사탄의 꼬임에 맞장구친 베드로 너 역시 더는 떠들지 말고 조용히 뒤로 빠져 있어라!"

최고의 칭찬과 최악의 책망이 한 사람에게 쏟아졌습니다. 주님은 왜 이토록 심하게 베드로를 다그치셨을까요?

분명히 베드로의 고백은 훌륭했습니다. 그래서 주님은 그 위에 교회를 세우고 천국 열쇠를 주겠다고 약속하셨습니다. 그러나 그의 고백은 온전한 고백이 아니었습니다. 그는 그리스도가 어떤 구원자인지 전혀 모르고 있었습니다. 남의 답안지를 그대로 베낀 것이 고스란히 탄로 난 겁니다.

복음의 깊은
진리 속으로 들어가라

이는 비단 베드로 형님에게만 해당되는 문제가 아닙니다. 성령이 알려 주지 않으시면, 주님이 어떤 분이고 어떤 그리스도이신지 누구도 알지 못합니다. 이것이 바로 복음의 신비입니다.

하나님은 우리 자신보다 더 간절히, 우리가 복음을 깨닫게 되길 간절히 바라십니다. 철부지 어린아이든 일자무식이든 상관없이 주님이 원하시는 심령으로 준비되기만 하면, 누구나 다 위대하고 완전하며 영원한 복음을 알아들을 수 있습니다. 누구든지 주의 이름을 부르는 사람은 반드시 구원을 얻습니다. 할렐루야!

그러므로 그 심령이 정직하고 가난하며 목마른 사람은 누구나 주님 앞으로 나아갈 수 있습니다. 어떤 처지나 형편에 놓여 있는가, 어떤 과거를 가졌는가, 지금 상태가 얼마나 망가져 있는가, 얼마나 무거운 짐을 지고 있는가 등에 상관없이 누구나 주님 앞으로 나아갈 수 있습니다.

> 수고하고 무거운 짐 진 자들아 다 내게로 오라 내가 너희를 쉬게 하리라 나는 마음이 온유하고 겸손하니 나의 멍에를 메고 내게 배우라 그리하면 너희 마음이 쉼을 얻으리니 이는 내 멍에는 쉽고 내 짐은 가벼움이라 하시니라 마 11:28-30

누구든지 주님께 나아오면 구원을 받습니다. 이것은 어마어마한 은혜로 값없이 베풀어 주시는 구원입니다. 여기서 '값없다'는 말은 '싸구려'라는 의미가 아닙니다. 값을 매길 수 없을 만큼 귀하다는 말입니다. 주님이 십자가에서 이루신 것은, 믿는 시늉이나 하면서 영접기도 한 번 따라하면 끝나는 구원이 아닙니다. 제멋대로 살다가 문득 찝찝한 기분이 들 때만 찾아가서, 과거와 현재, 미래의 모든 죄까지도 사해 준다는 약속을 재확인한 뒤에 마음 편히 집으로 돌아가는 그런 구원도 아닙니다. 죄책감이나 처리하는 쓰레기 하치장 따위가 아니라는 말입니다.

주님은 영원히 찬양받기 합당하신 분이며, 모든 이름 위에 뛰어난 살아 계신 하나님이십니다. 지금도 온 땅을 다스리며 주재하시는 생명의 주인이자 통치자이십니다. 하늘과 땅에 있는 모든 것이 무릎 꿇고 경배하기에 합당한 분이십니다. 그런 분이 복음을 값없이 주셨습니다. 이 말은 그저 '공짜'로 나눠 준다는 뜻이 아닙니다. 우리는 그러한 은혜를 받을 자격이 없습니다. 도움을 받을 가치도 없습니다. 그런 우리에게 부어지는 복이기 때문에, 도저히 값을 치르거나 매길 수 없다는 말입니다. 그래서 '은혜를 받았다'는 말은, 몹시 감동한 나머지 눈물을 흘리거나 흥분했음을 의미하지 않습니다. 눈곱만큼의 자격도 없는 사람에게 하나님의 어마어마한 호의와 선물이 일방적으로 주어졌다는 의미입니다. 그 은혜로 말미암아, 우리는 십자가 복음의 신비를 만나고 경험하게 되었습니다.

부탁을 해도 우리가 하고, 궁리를 해도 우리가 해야 마땅합니다. 그러나 그 누구도 부탁하지 않았습니다. 아니, 무엇이 필요한지조차도 몰라서 요청하지 못했습니다. 그렇게 생각조차 못하는 우리를 먼저 사랑하신 하나님이, 인간의 머리로는 상상할 수 없을 정도로 어마어마하고 완전한 복음을 선물로 주신 것입니다.

저는 우리에게 복음이 주어졌다는 사실만으로도 가슴이 뛰고 손이 떨립니다. 이런 은혜가 없었다면 우리가 어떻게 되었을지, 생각만 해도 너무 아찔하고 끔찍합니다. 복음이 없었다면, 주님이 십자가를 지지 않으셨다면 우리는 어떻게 되었을까요? 저같이 끔찍한 인생은 어떻게 되었을까요? 그래서 저는 복음을 외칠 때마다 감격하고, 들을 때마다 영혼이 되살아나며, 기쁨이 샘솟고 신바람이 날 수밖에 없습니다.

다시 한 번 말하지만 복음은 세례 문답이나 전도용 교리가 아닙니다. 죄책감 처리반이나 문제 해결사 따위도 아닙니다. 복음은 바로 하나님의 넘치는 영광과 능력과 축복입니다.

베드로는 십자가의 진짜 비밀을 전혀 몰랐습니다. 그저 앵무새처럼 말만 따라했습니다. 그런데 놀라운 사실이 있습니다. 무슨 뜻인지 모르고 한 고백이라도 진리를 선포한 것이라면, 성령이 그 속뜻까지 깨닫게 해주신다는 사실입니다. 잘 모르고 따라갔어도 정확한 진리를 들었다면, 무조건 따라가 보니 어느 순간 바른 길에 들어서 있었다면 그것 또한 복입니다. 그와 반대로, 제 딴에는 옳은 것을 찾으려고 밥도 안 먹고 온 신경을 집중해서 갔더라도 그것이 전혀 엉뚱한 길이라면 큰일 나는 겁니다.

솔직히 우리가 언제부터 주님에 대해 다 알고 만났습니까? '소경 문고리 잡듯' 어쩌다 뭔가 하나 붙잡았는데, 그게 주님 만나는 복 넝쿨이지 않았습니까? 시간이 있다고, 마음이 있다고 전부 다 복된 자리로 나아오는 것은 아닙니다.

인생은 머리로 신경 써 가면서 사는 게 아닙니다. 주님이 은혜로 붙들어 주셔야 합니다. 하나님의 설명할 수 없는 은혜로 사는 겁니다. 교회에 다니게 된 것도 큰 은혜이지만, 교회 건물에만 머물지 말고 하늘나라까지 가시기 바랍니다. 좋은 교회에서 좋은 목사님을 만나는 것도 큰 복이지만, 목사님을 통해서 예수님도 만나시기 바랍니다. 마음의 위로를 얻는 정도에 불과하다고 해도 십자가를 경험하는 것은 아예 안

하는 것보다 감사한 일입니다. 하지만 거기서 멈추지 말고 십자가 생명의 깊은 진리 속으로 들어가시기를 축복합니다.

신앙의 기초는 오직 십자가

하나님이 만드신 모든 것은 분명한 원리와 원칙에 따라 조직되고 운영됩니다. 자연계에 자연의 법칙이 있듯, 영적 세계에도 영적인 법칙이 있습니다. 이런 원칙을 무시하고 행동하면, 그에 따른 결과를 고스란히 맛보게 됩니다. 다들 이 점을 잘 압니다. 그래서 엄청난 바보나 정신 줄을 놓고 사는 사람이 아닌 이상, 영적인 법칙을 거스르려 하지 않습니다. 예를 들어, 건축 공사를 할 때는 제일 먼저 터와 기초를 견고하게 닦아야 합니다. 그러고 나서 집을 지어야 합니다. 아무리 시공 기일이 모자라도 "대충 살펴보니 여기는 지반이 튼튼한 것 같습니다. 적당히 땅만 파서 빨리 집을 지어야겠습니다"라고 말하는 건축가는 없습니다. 정밀 조사했다 치고, 튼튼하다 치고 집을 지을 수는 없습니다.

하지만 현실에서는 그런 정신 나간 짓을 하는 건축가가 많나 봅니다. 부실하게 지어지는 건물들이 한국에 얼마나 많습니까? 반면에 미국은 건축 과정 하나하나를 중시합니다. 미국은 건축 허가를 받은 뒤에도 각 과정을 마칠 때마다 관할 부서에 검사를 받아야 합니다. 기초 공사가 잘되었어도 공사가 설계도대로 되었는지 검사받지 않으면, 다음 단계를 진행할 수 없습니다. 한국도 그렇게 해야 건물이 붕괴되는 일이 없을 텐데 말입니다. 건축이라는 분야만을 보더라도, 검증도 없이 '괜찮을 거야'라는 가정만으로 집을 지을 수 없음을 잘 알 수 있습니다. 목구멍까지 들어찬 욕심 때문에 싸구려 자재로 대충 급하게 지은 집은 제대로 서 있을 수 없습니다. 괜찮을 거라고 열심히 자기 세뇌를 해봐도 소용이 없습니다. 무너질 집은 반드시 무너집니다.

씨앗은 땅에 뿌려져 썩어야만 열매 맺습니다. 이것이 하나님이 정하신 자연 법칙입니다. 이 법칙을 무시하는 건 미친 짓입니다. 땅에 뿌리지도 않은 씨앗이 싹을 틔우길 기다리는 것은 아주 흉악하게 미친 짓입니다. 자연의 법칙은 그 누구도 거스를 수 없습니다.

복음에 대해서도 마찬가지입니다. 믿는다 '치고' 그 위에 믿음이라는 집을 지으려고 하거나 예수님이 내 구주라고 '치고' 그 위에 신앙을 쌓는 것은 참된 신앙이 아닙니다. 천하에 없는 귀한 걸 갖다 놓아도, 실재가 되지 않은 기초는 금방 무너질 수밖에 없습니다.

처음 한동안은 괜찮아 보일 수도 있습니다. 성경 지식을 쌓고, 세례 받은 경험을 쌓고, 교회 다닌 연수를 쌓고, 직분을 쌓고, 여러 가지 영적 체험까지 쌓으면 분명 훌륭한 그리스도인으로 보일 겁니다. 하지만 그래도 맨 처음 슬쩍 넘어간 기초, 믿었다 '치고' 쌓아올린 기초는 여전히 부실한 상태 그대로일 수밖에 없습니다. 그러다 언젠가 자기 힘으로는 감당할 수 없는 한계에 부딪히게 되면 어떻게 되겠습니까? 참 생명이 아니고서는 견딜 수 없는 풍랑을 만나게 되면 어떤 일이 벌어지겠습니까?

비가 내리고 창수가 나고 바람이 불어 그 집에 부딪치매 무너져 그 무너짐이 심하니라 마 7:27

주님은 모래 위에 집을 짓는 사람과 반석 위에 집을 짓는 사람을 비교하여 말씀하십니다(마 7:24-27). 어느 쪽의 집을 짓기가 더 쉬운지, 더 빨리 지을 수 있는지를 따져서는 안 됩니다. 중요한 것은 '무엇이 더 집의 기초로 삼을 만큼 튼튼하고 견고한가'입니다. 신앙의 집 역시 견고하고 변함없는 주님의 십자가 복음 위에 세워져야 합니다.

십자가의 마음을 품으라

놀라운 사실은, 이렇게 믿는 셈 '치고' 교회 다니며 신앙생활하는 사람이 많다는 것입니다. 이런 사람은 기독교에 대해서는 많이 알고 있습니다. 그러나 그 핵심이자 본질이며 원리인 십자가에 대해서는 잘 알지 못합니다. 성경 이야기나 교리, 교계 정보 같은 것에 대해서는 여기저기서 보고 주워들어서 많이 알고 있지만, 가장 중요한 본질이자 핵심인 십자가에 대해서는 아무런 감동이 없는 겁니다. 집을 지을 때도 기초 공사를 탄탄히 하는 법인데, 한 사람의 인생을 좌지우지하는 신앙의 집을 이토록 어처구니없게 대충 짓는다는 말입니다. 안타깝게도, 오늘날의 한국 교회에는 이런 그리스도인이 무수히 많습니다.

이천 년 전, 이 땅에 육체를 입고 찾아오신 주님은 자신이 감당해야 할 사역의 핵심을 결코 잃어버리지 않으셨습니다. 병자를 고치고 기적을 일으키고 굶주린 자들을 먹이고 죄에 대해 상담하고 죽은 자를 살리는 등 다양한 일을 하셨지만, 그 초점은 단 한 번도 놓치지 않으셨습니다. 병을 치료하는 데 우선순위를 두어서, 진료소를 차리거나 왕진을 다니지 않으셨습니다. 어디서 무얼 하든 그저 그분의 길을 향해 한 걸음씩 나아가셨습니다.

사복음서에는 주님이 늘 습관처럼 하시는 말씀이 공통적으로 기록되어 있습니다. 그것은 "아직 때가 이르지 않았다, 때가 오고 있다"는 말씀입니다. 여기서 '때'란 주님이 십자가에 못 박혀 돌아가실 때입니다(요 13:1, 17:1). 이처럼 주님의 모든 관심은 십자가에 있었습니다. 언제 어디서든 그분의 삶은 십자가를 중심으로, 십자가를 향해 움직이고 있었습니다.

이렇게 주님은 십자가를 모든 것의 중심으로 삼으셨습니다. 그렇다면 그분을 구주로 영접한 우리 역시 십자가를 삶의 중심으로 삼아야 하지 않겠습니까. 지식과 신앙과 마음의 중심에 십자가가 견고하게 서 있어야 하지 않겠습니까. 그러나 많은 사람이 그렇지 않습니다. 그들의 말을 들어 보면, 십자가와 별로 상관없이 신앙생활하고 있습니다. 십자가에 대한 언급 없이 그저 성령에 대해서만 이야기하고, 십자가가 빠진 능력에 대해 이야기하고, 십자가 없는 믿음에 대해 이야기합니다.

이천 년 전 유대인들 또한 그랬습니다. 그들은 예수님을 직접 만났습니다. 그분의 인기에 놀랐으며, 그분이 행하시는 기적에 감동받았습니다. 권세 있는 말씀에 도전도 받았습니다. 하지만 그 모든 것은 그저 하나의 종교적 해프닝으로 치부되고 말았습니다. 그 대표적인 예가 바로 오병이어 기적에서 사람들이 보인 반응입니다.

주님이 행하셨던 대부분의 기적에는 수혜자와 구경꾼이 따로 있습니다. 맹인이 눈을 떴을 때, 사람들은 그저 구경만 했습니다. 고작해야 "어, 맹인이 눈을 떴네?"라며 반응했을 뿐입니다. 하지만 오병이어의 기적은 달랐습니다.

수많은 사람이 주님을 따라 먼 길을 걸어왔습니다. 그들은 지치고 굶주려 있었습니다. 성경에는 남자 오천 명에 대해서만 기록되어 있지만, 당시의 사회적 배경을 생각해 봤을 때 여자와 아이까지 포함하여 최소한 1만 5천에서 2만 명이 넘는 군중이 모였을 겁니다.

이렇게 많은 사람이 하나도 빠짐없이, 물고기와 떡을 배 터지게 먹었습니다. 그 증거는 남은 열두 광주리에 있습니다. 먹겠다는 사람이 있는데도 음식이 남았을 리가 없습니다. 더 먹으라고 해도 먹지 못해 남긴 것이 열두 광주리나 된다는 말입니다. 그러니까 이 기적은 수혜자와 구경꾼이 나누어져 있는 것이 아니라, 현장에 있던 모든 사람이 경험한 기적입니다. 덕분에 공생애 3년 중에서 이때만큼 예수님의 인기가 치솟은 적이 없었습니다. 매우 흥분한 군중은 당장이라도 예수님을 왕으로 모시자고 외치기 시작했습니다. "예수님을 왕으로 삼자! 기다릴 게 뭐 있어? 지금 당장 왕으로 모시자!"

제자 형님들도 같이 설치면서, 여기저기에서 자기 사람을 모았을 겁니다. 형님들의 야심이 얼마나 대단한지는 아시죠? 그분들은 예수님이 십자가에 못 박히시기 전날, 예수님이 자신들의 발을 씻겨 주시던 그 자리에서 누가 더 크냐며 싸운 분들입니다. 자신의 스승이 십자가에 달려 죽는 전날 밤에 말입니다. 생각할수록 정말 짜증나는 선배님들입니다. 어디 가서 선뜻 자랑하기가 쉽지 않습니다. 그야말로 주님 말씀을 몹시 안 듣는 제자들이었습니다!

어쨌든 오병이어의 기적을 베푸신 날에도 큰 난리가 났을 겁니다. 예상컨대 아마도 베드로 형님이 가장 설쳤을 겁니다. 최대한 많은 사람을 긁어모아 놓고서 선교 운동했을 겁니다. "저분이 왕이 되시면, 가장 바로 옆자리에 앉을 사람이 접니다! 그러니 저를 밀어주십시오, 여러분!" 이에 사람들은 베드로 형님의 이름을 연호했을 겁니다. 아니, 사실은 열두 제자가 전부 그랬을 겁니다. 조용한 성격이었다는 안드레아 도마 형님까지도 사람들 앞에서 일장 연설을 했을지 모릅니다.

그 모든 상황을 가만히 보시던 예수님은 안 되겠다 싶으셨을 겁니다. 그대로 두면 무슨 일이라도 날 것 같아서, 정신 줄 놓고 주책 떠는 제자들을 얼른 모아 배에 태워 다른 동네로 보내 버리셨습니다. 제자들은 발을 동동 구르며 "안 됩니다, 주님! 지금 정말 중요한 타이밍이에요"라고 빌었지만, 주님은 "빨리 가라! 당장!"이라고 호통 치며 쫓아 버리셨습니다. 그러고 나서 열광하는 군중도 모두 해산시키셨습니다. 이처럼 오병이어의 기적은 현장에 있던 모든 사람이 열광한, 대단한 기적이었습니다.

예수님께 등 떠밀려서 겨우 집에 돌아오기는 했지만, 보고도 믿기지 않는 놀라운 기적을 직접 체험한 사람들이 그 밤에 잠이 왔겠습니까? 결국 꼭두새벽부터 일어나 동네 사람들까지 다 깨워 예수님 앞으로 다시 몰려왔습니다. 어제의 몇 배나 되는 무리였습니다. 이게 바로 부흥입니다. 쫓아 보내도 더 많은 숫자로 다시 돌아오는 것이 부흥 아닙니까.

그런데 문제는 주님과 우리의 정서가 전혀 다르다는 겁니다. 부흥이 일어났는데도 주님은 전혀 기뻐하지 않으셨습니다. 모처럼 훈훈한 분위기가 무르익고 있는데, 오히려 찬물을 확 끼얹으십니다.

> 예수께서 대답하여 이르시되 내가 진실로 진실로 너희에게 이르노니 너희가 나를 찾는 것은 표적을 본 까닭이 아니요 떡을 먹고 배부른 까닭이로다 썩을 양식을 위하여 일하지 말고 영생하도록 있는 양식을 위하여 하라 이 양식은 인자가 너희에게 주리니 인자는 아버지 하나님께서 인치신 자니라
> 요 6:26-27

이렇게 알 수 없는 말을 하며 분위기를 깨 버리시니까, 열광해서 몰려든 군중이 욕을 하며 돌아갔습니다. 열두 제자를 제외한 다른 제자들 중에서도 상당수가 돌아섰습니다. 그렇게 다들 가 버리고 난 뒤, 예수님이 열두 제자에게 이렇게 물으십니다.

> 예수께서 열두 제자에게 이르시되 너희도 가려느냐 요 6:67

예수님은 숫자 놀음에 대해 언제나 관심이 없으셨습니다. 사람들의 수보다는 그 중심을 보셨습니다. 수많은 사람이 예수님께 몰려들었지만, 그들은 영혼을 구원하는 메시아가 아니라 배고플 때 떡과 생선을 먹여

주는 메시아만을 보고 열광했습니다. 지금처럼 이천 년 전에도 사람들은 자신의 필요를 채워 줄 메시아를 바랐고, 원하는 것을 채워 주지 않으면 뒤도 돌아보지 않고 떠나갔습니다.

세상에서 가장 비싼 '예수님짜리'

오늘날도 많은 사람이 교회에 나옵니다. 이것은 참으로 놀라운 하나님의 자비와 은혜입니다. 그중 많은 사람이 가난이나 질병, 정서적 고통, 사랑받고 싶은 욕구나 용납받고 싶은 욕구 등의 다양한 필요 때문에 교회에 나옵니다. 물론 저는 이런 것이 잘못이라고 생각하지는 않습니다. 하나님은 우리의 필요를 채우시는 분이시며, 그런 문제들이 하나님 앞으로 나아가게 하는 매개체 역할을 한다고 생각하기 때문입니다.

하지만 그러한 필요를 채운다고 복 받은 인생이라 할 수 있을까요? 그 필요만 채우면 정말 행복해질까요? 돈 문제만 해결되면 평안해질까요? 병만 나으면 다 괜찮아질까요? 예수님께 몰려든 군중은 당면한 문제만 바라보았습니다. 그 이상의 것에 아무런 관심이 없었습니다. 빵과 생선을 배부르게 얻어먹으면 그만이었습니다. 어마어마한 복음이 되어 오신 그리스도에 대해서는 관심이 없고, 그저 빵 한 조각에 울고 웃는 인생이 되고 만 겁니다.

오래전에 깊은 산골에는 '화전민'이라 불리는 사람들이 있었습니다. 세상을 무서워한 그들은 사람의 발길이 닿지 않는 곳을 일부러 찾아 들어가, 그곳에서 농사를 지으며 살았습니다. 어느 날 한 사람이 밭에서 일을 하고 있었는데, 산 위를 지나가던 비행기에서 갑자기 보따리 하나가 뚝 떨어졌습니다. 보따리를 풀어 보니, 만 원짜리 지폐가 한 가득 들어 있었습니다. 정말 완전히 횡재한 겁니다.

그런데 문제가 하나 있었습니다. 세상과 떨어져 산 지 워낙 오래된 탓에, 그 사람은 그게 돈인지 몰랐습니다. 그는 이 물건을 어디에 써야 할지 고민이 되었습니다. 화장실 휴지로 사용하기에는 너무 뻣뻣한 종이를 대체 어디에 써야 할지 생각이 나지 않았습니다. 그러다 우연히 불쏘시개로 써 봤는데, 기름을 먹인 종이라 그런지 불이 아주 잘 붙었습니다. 결국 그는 지폐를 전부 불쏘시개로 사용했습니다. 아까우십니까? 오히려 아무 데도 못 쓰고 버리는 것보다는 그렇게라도 하는 게 낫지 않을까요? 그런데 만약 여러분의 가족 중 한 분이 이런 짓을 한다면 어떻게 하시겠습니까? 당장 못하게 붙들면서 통곡하지 않겠습니까? "아이고, 이러지 마세요. 어쩌다 이렇게까지 망가지셨어요?"

신앙생활도 그렇습니다. 아예 교회에 안 나오는 것보다는 빵이라도 얻어먹으려고, 병이라도 고치려고 나오는 게 훨씬 낫습니다. 하지만 하나님이 우리에게 주신 복음이 어떤 복음입니까? 하나님은 자신의 독생자도 아끼지 않고 십자가에 못 박아 죽이실 만큼, 어마어마하게 큰 사랑을 우리에게 주셨습니다. 사실 이게 말이 되는 얘기입니까? 천사를 대신 보내거나 세상에 존재하는 것 중에서 하나를 골라도 됐을 겁니다. 그 외 다른 방법도 많았을 겁니다. 지혜가 많으신 하나님이 그것 하나 생각해 내지 못하시겠습니까? 그런데도 천지의 주재이신 하나님이 어떻게 그런 선택을 하신다는 말입니까? 왜 굳이 그 방법을 사용하셔야 했다는 말입니까? 우리 같은 죄인 때문에 자신의 아들을 십자가에 못 박아 죽이신다니요?

양심에 비추어 한번 생각해 보십시오. 뭔가 찝찝하고 마음에 걸리는 것이 없습니까? '대체 나라는 인간이 얼마나 심각하고 끔찍한 죄인이기에 하나님 아들의 핏값까지 필요했던 걸까?' 하는 생각이 들지 않으십니까? 주님의 영광스러운 복음을 두 눈으로 직접 보고서도 그저 빵이나 바라는 한심한 인간들이라면 그냥 배 터지게 먹고 죽으라고 빵 공장이나 세워 주시면 그만일 텐데, 십자가가 웬 말입니까! 정신 치료가 필요했다면 그저 심리학자들이나 많이 모아 주시면 됐을 텐데, 어떻게 십자가 복음을 베푸셨느냐는 말입니다. 그런데 우리는 어떻습니까? 그 대단한 이야기를 어떻게 받아들이고 있습니까? 터럭만큼의 양심이라도 있다면, '대강 믿고 대강 사는 예수쟁이'는 결코 있을 수 없습니다! 그 크신 사랑을 생각해 보십시오. 얼마나 사랑했으면, 하나뿐인 아들을 죽일 수 있겠습니까? 흉악한 살인범을 살리려고 하나뿐인 제 자식까지 죽이는 사람이 어디 있습니까? 정신병자가 아니고서야 어떻게 그런 미친 짓을 할 수 있겠습니까?

그렇다면 우리는 이 크신 사랑을 어떻게 받아들여야 하겠습니까? 더럽고 냄새나고 자기 자신도 사랑할 수 없는 죄인인 나를 매우 사랑해서, 어떤 방법으로든 구원하고 싶어서 하나뿐인 아들을 아낌없이 십자가에 못 박았다는 이야기를 어떻게 받아들여야 하겠습니까? 만약 '대체 내가 얼마나 흉악한 죄인이기에, 나를 얼마나 사랑하시기에 예수님을 십자가에 못 박으셨단 말인가!' 하고 한 번이라도 고민해 봤다면, 우리는 지금까지 살아온 것처럼 살 수 없을 겁니다. 그만큼 우리는 소중한 존재입니다. 우리는 '예수님짜리'입니다. 우리가 어떤 물건을 말할 때, 십 원짜리라고 하는 것은 십 원을 주고 샀기 때문입니다. 오억 원을 주고 샀으니까 오억 원짜리입니다. 나를 위해 하나님이 아들 예수님을 값으로 치르고 사셨다면, 우리는 예수님짜리입니다. 모든 사람이 나를 비난하고 무시해도, 그래서 엄청난 자기 비하에 빠져 있더라도 내가 예수님짜리라는 사실은 변하지 않습니다. 다른 건 몰라도 이 사실 하나와 정직하게 제대로 부딪혀 본다면, 이것만으로도 우리 인생은 홀랑 뒤집히고도 남습니다. 이것이 바로 십자가 복음의 능력입니다.

그러나 안타깝게도 우리는 너무 강퍅한, 저주받은 죄인입니다. 아무것도 아닌 일에는 그렇게 많은 눈물을 쏟으면서, 하나님의 어마어마한 사랑 앞에서는 눈물은커녕 아무런 감동을 느끼지 못합니다. 불륜에 음란과 폭력이 난무하는 TV 드라마나 영화, 삼류소설을 볼 때는 그렇게도 눈물바람을 하면서, 십자가의 보혈을 찬양할 때는 눈물 한 방울 흘리지 않습니다. 평생 그렇게 살다 돌아가실 분이 정말 징글징글하게도 많습니다. 남녀의 사랑 이야기를 들을 때는 가슴이 뛰고 웃음이 나오고 눈물도 흘리면서, 십자가 앞에서만은 그저 무덤덤하다는 게 말이 됩니까? "저는 평소에 잘 안 울어요. 눈물을 잘 안 흘리는 체질이거든요"라고 변명만 하시겠습니까? 맞습니다. 그런 체질입니다. 이런 분들은 아주 정확하게 지옥 체질입니다. 더 연구해 볼 것도 없습니다. 그러니 이런 분들은 나중에 지옥 가게 되더라도 놀라지 말고 두려워 마십시다.

지옥에 간다니, 생각만 해도 끔찍하고 가슴 철렁하십니까? 그러나 십자가 앞에 한 번도 제대로 서 보지 않았다면, 그 누구든 지옥에 갈 수밖에 없습니다. 목사, 아니 목사 할아버지라고 해도 소용없습니다. 아주 큰 직분을 갖고 있다 해도 그렇습니다. 천국은 그렇게 쉽게 허락되는 곳이 아닙니다.

나더러 주여 주여 하는 자마다 다 천국에 들어갈 것이 아니요 다만 하늘에 계신 내 아버지의 뜻대로 행하는 자라야 들어가리라 그날에 많은 사람이 나더러 이르되 주여 주여 우리가 주의 이름으로 선지자 노릇 하며 주의 이름으로 귀신을 쫓아내며 주의 이름으로 많은 권능을 행하지 아니하였나이까 하리니 그때에 내가 그들에게 밝히 말하되 내가 너희를 도무지 알지 못하니 불법을 행하는 자들아 내게서 떠나가라 하리라 마 7:21-23

마지막 때, 주님을 부르는 자라고 해서 무조건 천국에 들어가는 것은 아니라고 주님이 말씀하셨습니다. 제자들이 한 말이 아닙니다. 주님이 직접 하신 말씀입니다. 얼마나 두렵고 끔찍한 일입니까?

그러므로 우리는 신앙을 꼭 지켜야 합니다. 다른 사람에게 사기를 당해도 언젠가는 회복할 수 있습니다. 사람에게 사기를 당하면 사람만 잃으면 되고, 부도를 맞으면 돈만 잃으면 됩니다. 하지만 신앙에서 사기를 당하면 큰일 납니다. 신앙이 부도 맞으면, 그대로 영영 끝장나는 겁니다. 그러므로 신앙에 대해서만큼은 속아도 안 되고 대충 믿어서도 안 됩니다.

지금 여러분의 신앙은 어떻습니까? 여러분의 믿음은 어떤 기초 위에 세워져 있습니까? 여러분에게 복음은 어떤 의미입니까? 주님을 믿으려고 열심히 애쓰면서 노력하다 결국 지쳐 나가떨어지기를 반복하고 있지는 않습니까?

이제, 가난하고 정직한 심령으로 주님의 십자가 앞에 서십시오. 믿으려고 애쓰지 않아도 됩니다. 그 내용만 제대로 깨달으면, 자연스럽게 믿을 수밖에 없습니다. 그저 주님의 놀라운 복음, 그 영광과 소망을 보여 달라고 하나님께 간구하시면 됩니다. 주님의 십자가 외에 다른 길은 없기 때문입니다.

오직 예수 그리스도를 믿음으로 말미암는 줄 알므로 우리도 그리스도 예수를 믿나니 이는 우리가 율법의 행위로써가 아니고 그리스도를 믿음으로써 의롭다 함을 얻으려 함이라 율법의 행위로써는 의롭다 할 육체가 없느니라

만일 우리가 그리스도 안에서 의롭게 되려 하다가 죄인으로 드러나면 그리스도께서 죄를 짓게 하는 자냐 결코 그럴 수 없느니라

만일 내가 헐었던 것을 다시 세우면 내가 나를 범법한 자로 만드는 것이라

내가 율법으로 말미암아 율법에 대하여 죽었나니 이는 하나님에 대하여 살려 함이라

내가 그리스도와 함께 십자가에 못 박혔나니 그런즉 이제는 내가 사는 것이 아니요 오직 내 안에 그리스도께서 사시는 것이라 이제 내가 육체 가운데 사는 것은 나를 사랑하사 나를 위하여 자기 자신을 버리신 하나님의 아들을 믿는 믿음 안에서 사는 것이라

내가 하나님의 은혜를 폐하지 아니하노니 만일 의롭게 되는 것이 율법으로 말미암으면 그리스도께서 헛되이 죽으셨느니라

갈라디아 사람들아 누가 너희를 꾀더냐 예수 그리스도께서 십자가에 못 박히신 것이 너희 눈 앞에 밝히 보이거늘

내가 너희에게서 다만 이것을 알려 하노니 너희가 성령을 받은 것이 율법의 행위로냐 혹은 듣고 믿음으로냐

너희가 이같이 어리석으냐 성령으로 시작하였다가 이제는 육체로 마치겠느냐

너희가 이같이 많은 괴로움을 헛되이 받았느냐 과연 헛되냐

너희에게 성령을 주시고 너희 가운데서 능력을 행하시는 이의 일이 율법의 행위에서냐 혹은 듣고 믿음에서냐

아브라함이 하나님을 믿으매 그것을 그에게 의로 정하셨다 함과 같으니라

그런즉 믿음으로 말미암은 자들은 아브라함의 자손인 줄 알지어다

또 하나님이 이방을 믿음으로 말미암아 의로 정하실 것을 성경이 미리 알고 먼저 아브라함에게 복음을 전하되 모든 이방인이 너로 말미암아 복을 받으리라 하였느니라

그러므로 믿음으로 말미암은 자는 믿음이 있는 아브라함과 함께 복을 받느니라

무릇 율법 행위에 속한 자들은 저주 아래에 있나니 기록된 바 누구든지 율법 책에 기록된 대로 모든 일을 항상 행하지 아니하는 자는 저주 아래에 있는 자라 하였음이라

또한 하나님 앞에서 아무도 율법으로 말미암아 의롭게 되지 못할 것이 분명하니 이는 의인은 믿음으로 살리라 하였음이라

율법은 믿음에서 난 것이 아니니 율법을 행하는 자는 그 가운데서 살리라 하였느니라

그리스도께서 우리를 위하여 저주를 받은 바 되사 율법의 저주에서 우리를 속량하셨으니 기록된 바 나무에 달린 자마다 저주 아래에 있는 자라 하였음이라

이는 그리스도 예수 안에서 아브라함의 복이 이방인에게 미치게 하고 또 우리로 하여금 믿음으로 말미암아 성령의 약속을 받게 하려 함이라

형제들아 내가 사람의 예대로 말하노니 사람의 언약이라도 정한 후에는 아무도 폐하거나 더하거나 하지 못하느니라

이 약속들은 아브라함과 그 자손에게 말씀하신 것인데 여럿을 가리켜 그 자손들이라 하지 아니하시고 오직 한 사람을 가리켜 네 자손이라 하셨으니 곧 그리스도라

| 7장 |

나는 죽고 그리스도가 사는 것이 복음이다

어떤 형제의 이야기

갑작스러운 부모님의 죽음을 겪게 된 한 형제가 있었습니다. 일가친척도 없던 그들은 세상에 덜렁 남겨지게 되었습니다. 열 살이 채 안 되는 어린 나이에 가장이 되어 버린 형은, 자기보다 어린 동생 때문에 눈물을 꾹 참고 어른처럼 행동해야 했습니다. 아직도 엄마 품에 안겨 응석이나 부릴 나이에 고아가 된 동생이 측은했던 형은 동생을 위해서라면 자신의 슬픔쯤은 꾹 참을 수 있다고 생각했습니다.

찬밥 한 덩어리라도 얻으면 동생을 먼저 먹였고, 헌 옷이라도 얻으면 그나마 좀 더 좋은 옷을 동생에게 입혔습니다. 밤이 되면 엄마를 찾으며 울먹이고 보채는 동생을 끌어안고 재운 적이 한두 번이 아니었습니다. 열 살짜리 아이가 짊어지기에는 너무 무거운 삶이었습니다.

몇 년 뒤, 버거운 현실에 지쳐 버린 형은 우연한 기회에 교회에 나가게 되었습니다. 하나님의 기가 막힌 은혜 덕분이었습니다. 그곳에서 형은 아빠와 엄마에게서 받을 수 있는 것보다 더 크고 놀라운 예수님의 사랑을 만났습니다. 형은 자신을 짓누르던 삶의 짐을 예수님의 발앞에 모두 내려놓았습니다. 그 순간부터 그는 완전히 다른 사람이 되었습니다. 주일이 되면 동생의 손을 붙잡고 교회에 나와 기쁘게 예배드렸습니다. 상황은 아무것도 달라지지 않았지만, 그의 마음은 늘 즐거움으로 충만했습니다.

하지만 서로 닮은 형제라도 속까지 닮은 것은 아니었나 봅니다. 점점 신앙이 성장한 형과는 달리, 십대가 되어 사춘기를 맞은 동생은 이제 교회에 나가지 않을 거라며 반항하기 시작했습니다. 어렸을 때는 형에게 이끌려 억지로 교회에 나갔지만, 이제는 자기도 클 만큼 컸다는 겁니다. "하나님이 우릴 사랑한다고? 우리를 사랑하는데 고아를 만들어? 그렇게 사랑해서 우릴 이렇게 가난하게 만든 거야?"

그렇게 교회와 점점 멀어지기 시작한 동생은 결국 질이 나쁜 친구들과 어울리면서 폭력과 범죄에 물든 삶을 살게 되었습니다. 거침없이 죄를 지으며, 끝도 없는 타락의 길에 빠져들었습니다. 형은 그런 동생이 너무 안타까웠지만, 다 성장한 동생을 막기란 쉽지 않았습니다. 그저 안타까운 마음으로 절박하게 기도할 뿐이었습니다. 안타까움이 깊어질수록 동생을 위해 드리는 기도의 시간도 점점 길어졌습니다.

그러던 어느 날이었습니다. 그날도 형은 자정이 넘도록 집에 들어오지 않는 동생을 기다리며 안타까운 마음으로 기도하고 있었습니다. 그런데 갑자기 누군가가 문을 왈칵 열어젖히며 집안으로 뛰어들었습니다. 그 사람은 다름 아닌 동생이었는데, 상태가 평소와는 전혀 달랐습니다. 잔뜩 헝클어진 머리에 온몸은 피투성이였고, 얼굴은 하얗게 질려 있었습니다. 형은 온몸을 와들와들 떨고 있는 동생의 모습을 걱정스럽게 쳐다보았습니다. 큰 일이 난 게 분명했습니다. 이윽고 동생이 입을 열었는데, 정말 청천벽력 같은 말을 했습니다. 동생은 "형, 이제 나 어쩌지? 내가 사람을 죽였어. 나 이제 어떻게 해야 돼? 내가 살인을 했다고!"라며 울부짖었습니다.

불량배들과 어울려 온갖 나쁜 짓을 일삼으며 돌아다니더니, 그 혈기에 못 이겨 결국에는 사람까지 죽이고 만 것입니다. 더구나 술김에 한 짓이라, 아주 잔인하기까지 했습니다. 일을 저지르고 보니 막상 갈 데가 없고, 그래서 기껏 도망친다고 들어온 게 집이었던 겁니다.

"형, 이제 나 어떻게 해야 돼?"

형도 어찌해야 할지 몰라 우왕좌왕했습니다. 한참 만에 정신을 차린 형은 어떻게든 상황을 수습해야겠다는 생각에, 동생에게 피 묻은 옷을 벗으라고 했습니다. 그러고는 바닥에 떨어진 핏물을 걸레로 닦고, 벽장 속에 동생을 숨겼습니다. 그리고 나서 돌아보니, 바닥에 어지러이 널려 있는 동생의 피 묻은 옷이 눈에 들어왔습니다. 그 옷가지들을 한참 동안 바라보던 형은 조용히 주님께 기도드린 뒤, 그 옷을 주섬주섬

걸치기 시작했습니다. 옷을 다 갈아입고 나서 옷매무새를 가다듬고 있는데, 사람들의 거친 발소리가 들려왔습니다. 동생을 잡으러 온 사람들 같았습니다. 아니나 다를까 서너 명의 경찰이 문을 박차며 들어오더니, 형을 쓰러뜨리고는 다짜고짜 주먹으로 때리고 발로 걷어차며 짓밟기 시작했습니다.

"이 녀석, 네가 사람 죽였지?"

"이 옷을 보십시오. 이보다 더 확실한 증거가 어디 있습니까?"

어찌나 두드려 맞았던지 형은 정신을 잃을 지경이었습니다. 경찰들은 형을 낚아채듯 끌고 갔습니다. 워낙 잔인한 사건이었기 때문에 범인을 강력하게 처벌해야 한다는 여론이 들끓었고, 그 때문에 수사부터 재판에 이르는 모든 과정이 신속하게 진행되었습니다.

취조를 받을 때마다 형은 모든 질문에 같은 대답만을 반복했습니다.

"너 그때 누구랑 같이 있었어?"

"예, 저는 이 죄에 대한 벌을 받아야 마땅합니다."

"왜 죽였어?"

"예, 제가 이 죄에 대한 벌을 받겠습니다."

"이거 진짜 네가 한 짓 맞아?"

"예, 제가 이 죄에 대한 벌을 받겠습니다."

수사관들은 범인이 범죄를 순순히 자백한다고 해석했고, 결국 형에게 사형 선고가 내려졌습니다.

그런데 이상한 일이 일어났습니다. 형이 수감되어 있던 감옥의 사람들이 이상하다며 수군거리기 시작한 겁니다. 그는 분명 사람을 잔인하게 죽여 사형 선고까지 받은 일급 흉악범이었습니다. 그러나 다들 그를 직접 보면, 살인범 같지 않다는 느낌을 받았습니다. 그는 시간만 나면 찬송을 부르거나 기도할 뿐이었습니다. 다른 죄수들과 달리 자신의 범행을 부인하거나 변명하지 않고, 오히려 그에 대해서는 단 한마디도 하지 않았습니다.

사형 집행을 며칠 앞둔 어느 날, 이 희한한 죄수가 교도소장에게 면담을 요청했습니다. 교도소장은 곧 죽을 사람의 소원을 거절하면 안 되겠다는 생각에 형을 만나주었습니다.

"부탁할 거라도 있는가? 어디 한번 말해 보게."

"예, 저 편지 한 통만 쓰게 해주십시오."

편지지와 봉투를 건네주자, 형은 다 쓴 편지를 봉투에 넣고 주소를 쓴 뒤 풀로 봉했습니다.

"소장님, 저는 하나님을 경외하는 사람입니다. 이제 곧 죽을 사형수의 부탁을 좀 더 들어주실 수 있겠습니까?"

"한번 말해 보게. 들어 본 뒤에 결정하겠네."

"먼저, 이 편지를 아무도 보지 못하게 해주십시오."

교도소장은 풀칠한 봉투 입구에 자신의 도장을 찍어 봉인했습니다.

"부탁이 하나 더 있습니다. 제가 죽고 나면, 이 봉투에 적힌 주소로 편지를 보내 주십시오."

교도소장은 그렇게 하겠노라고 약속했습니다.

이윽고 사형을 집행하는 날이 되었습니다. 형은 이제 곧 하늘의 하나님, 사랑하는 주님을 만난다는 생각에 가슴이 설레었습니다. 그런데 한편으로 동생의 모습이 떠올라 마음이 아팠습니다. 어려서 부모를 잃고 늘 자신의 품에 안겨서 잠이 들던 불쌍한 동생, 자신의 모든 것을 쏟아 사랑한 그 동생이 지금도 죄책감과 두려움에 떨고 있을 것 같아 마음이 아팠습니다. 마지막까지 간절한 기도로 동생의 영혼을 주님께 올려드린 형은, 결국 사형이 집행되어 사랑하는 주님의 품으로 갔습니다.

사형 집행을 참관한 교도소장은 그날 내내, 형의 마지막 모습이 자꾸 떠올라 일이 손에 잡히지 않았습니다. '대체 내가 왜 이러지? 지금까지 정말 많은 사형 집행을 봐 왔는데, 왜 유독 그 죄수에 대해서는 이렇게 찜찜하고 불편한 느낌이 드는 걸까?' 그러다 문득, 형이 남긴 편지가 떠올랐습니다. 교도소장은 부하 직원에게 봉투에 적힌 주소로 편지를 전달하라고 얘기했습니다. 그 주소를 찾아가 보니, 사람이 사는 집이라고 하기 어려울 정도로 폐허가 된 흉가가 나타났습니다.

대문을 두드렸지만 아무런 대답이 없었습니다. 발길로 차고 큰 소리로 부르는데도 아무런 인기척이 없었습니다. 포기하고 그냥 돌아서려고 하자, 그제야 웬 남자가 다 부서진 문을 열고 나왔습니다. 그런데 그 몰골은 정말 놀랍기 그지없었습니다. 도저히 사람이라 할 수 없는, 귀신같은 몰골이었습니다. 긴 머리는 마구 헝클어져 있고, 얼굴은 햇빛을 아주 오랫동안 못 본 듯 창백했습니다. 시체 같은 형상의 사람이 부들부들 떨며 다가오자, 겁에 질린 부하 직원은 편지를 마당에 던져 버리고는 냅다 줄행랑을 쳤습니다. 그 귀신같은 형상은 무엇이었을까요? 그날, 일급 살인죄를 뒤집어쓰고 사형 당한 남자의 동생이었습니다. 자기를 잡으러 온 것인 줄 알고는 모든 것을 체념하고 나온 것이었습니다.

그러나 동생이 고개를 들어 보니, 사람은 간데없고 마당에 편지 하나가 떨어져 있었습니다. 무심코 집어 드니, 낯익은 필체가 눈에 띄었습니다. 살인을 저지르고 나서 몇 달이 흐르는 동안, 동생은 계속 벽장 속에 숨어 지냈습니다. 온몸의 피가 마르는 듯한, 처절하고 끔찍한 시간이었습니다. 그러한 고통의 시간을 보내다가 형의 편지를 받게 되자, 동생은 몹시 반가웠습니다. 지옥 문턱에서 살아 돌아온 듯한 기분이었습니다.

집으로 다시 들어가 문을 걸어 잠근 동생은 봉투를 뜯어 편지를 펼쳐 보았습니다.

"사랑하는 동생에게."

정말 형의 편지가 맞았습니다. 동생은 급히 다음 문장을 읽었습니다.

"사랑하는 동생아, 나는 네 죄의 옷을 입고 너 대신 죽는다."

처음에는 그 말이 무슨 뜻인지 이해되지 않았습니다.

'내 죄의 옷을 입고서 나 대신 죽는다고? 대체 무슨 말이지?'

동생은 그 문장을 읽고 또 읽었습니다. 그리고 세 번째 읽을 때에야 비로소 그 의미를 깨달을 수 있었습니다.

"나는 네 죄의 옷을 입고 너 대신 죽는다."

동생은 미친 듯이 비명을 지르며 울부짖기 시작했습니다.

"안 돼! 안 돼! 형, 안 돼! 나 때문에 죽으면 안 돼. 그럴 수 없어. 그러면 안 돼!"

문을 박차고 거리로 뛰쳐나온 동생은 어디로 가서 무엇을 해야 할지 생각해 볼 겨를도 없이, 편지를 움켜쥔 채 미친 듯이 온 도시를 뛰어다녔습니다. 몰골은 귀신 같았고, 얼굴은 눈물과 콧물이 범벅돼 있었습니다. 그렇게 큰 소리로 정신없이 형을 부르던 동생은 어느새 형의 사형 집행이 일어났던 교도소에 이르렀습니다.

교도소 앞에서 동생은 형의 이름을 미친 듯 부르짖었습니다. 웬 이상한 놈이 자꾸 소란을 피우자, 경비를 서는 간수가 그 모습을 유심히 지켜보았습니다. 울면서 떠드는 통에 무슨 말을 하는 건지 정확히 알 수는 없었지만, 오늘 사형 당한 그 이상한 죄수의 이름이 자꾸 들려왔습니다. 그 소식을 전해들은 교도소장이 동생을 붙잡아 앉혀 놓고는 자초지종을 물었습니다. 동생이 하도 횡설수설하는 바람에 알아듣기가 쉽지 않았습니다. 그러나 가만히 들어 보니, 그 이야기는 교도소장이 알아서도 안 되고 들어서도 안 될 말이었습니다.

동생은 오늘 죽은 사형수가 자신의 형인데 그는 결코 살인을 저지르지 않았으며, 사실 그 죄는 모두 자신이 지은 거라고 말했습니다. 그리고 곧이어 교도소장은 모든 것을 깨닫게 되었습니다. 죄인이 왜 그토록 살인자 같아 보이지 않았는지, 그의 죽음이 왜 그토록 신경 쓰였는지에 대한 궁금증을 모두 풀게 된 것입니다. 그러나 이제 와서, 그 이야기는 오히려 알면 안 되는 것이었습니다. 그가 지금 해야 할 일은 동생이 더는 그 사건에 관해 떠들지 못하게 하는 것뿐이었습니다. "이봐요. 그만 조용히 해요. 그만 떠들라고요! 이제 이 사건은 당신과 아무 상관이 없어요. 그 죄는 이미 심판이 끝났다고요. 그러니 이제 그만 여기서 나가세요. 당장 꺼지란 말입니다!"

그제야 동생은 이미 형이 사형 당했음을 알게 되었습니다. 감당할 수 없는 충격이 몰려왔습니다. 어찌할 바를 몰라 미친 듯이 헤매던 동생은 한밤중이 되어서야 가까스로 집에 돌아왔습니다. 이제 다시 형을 만날 수 없다니, 동생은 그 사실을 믿기 어려웠습니다. 동생은 이제야 알게 되었습니다. 형 없이는 자기 인생이 아무것도 아니라는 사실을 말입니다. 곁에 있을 때는 전혀 알지 못했던 그 사실을 말입니다. 자신은 형을 떠나서는 살 수 없음을 이제야 깨달은 것입니다. 하지만 너무 늦었습니다. 이제 형은 이 세상 사람이 아닙니다.

"형, 나 이제 어떻게 해? 형을 다시 만나려면 어떻게 해야 할까?"

그러다 문득, 형이 평생 믿었던 하나님이 생각났습니다. 분명 형이 천국에 올라갔을 거라는 확신이 들었습니다. 형을 따라 주일학교를 다닐 때, 하나님은 천국에 계시고 그곳에 가려면 어떻게 살아야 하는지 들었던 기억이 났습니다. 자기처럼 흉악한 살인자는 천국으로 들어갈 수 없다는 사실도 말입니다.

동생은 형을 다시 만나고 싶었습니다. 그래서 평생 한 번도 스스로 해본 적이 없던 기도를 하기 시작했습니다. 이미 자신은 천국에 들어갈 수 없는 몸이라는 생각이 들었지만, 매우 간절히 형을 만나고 싶었기 때문에 기도가 절로 나왔습니다.

"형이 믿고 사랑하던 하나님, 저는 지옥에 떨어져야 할 흉악한 놈입니다. 저도 제가 지옥에 가야 마땅하다고 생각합니다. 하지만 지옥 가기 전에 딱 한 번만이라도 형을 다시 만날 수 있게 해주시면 안 될까요? 제가 천국에 갈 수 있는 자격이 전혀 없다는 건 매우 잘 압니다. 하지만 잠깐이라도 좋으니 천국에 들어가서 형을 만나게 해주세요."

그러나 사실 동생의 이 간절한 바람은, 오히려 주님이 더 바라시는 일이었을 겁니다. 주님은 늘 이런 기도를 기다려 오셨습니다. 그러니 그 기도에 응답하지 않으실 리가 없었습니다. 그날 밤, 동생은 십자가 은혜를 받아들였습니다. 그 일은 전혀 어렵지 않았습니다. 십자가가 무엇인지, 이미 형을 통해 경험했기 때문이었습니다. 형이 죽을 때 자신도 함께 죽었다는 사실을 깨달은 그는, 이튿날 전혀 다른 사람으로 아침을 맞이했습니다.

형의 유품을 찾아봤지만, 남아 있던 거라고는 낡은 옷 몇 벌이 전부였습니다. 오직 동생만을 위해 살아온 형이니 그럴 수밖에 없었습니다. 동생은 형의 편지를 꺼내 들었습니다. 어제 온종일 손에 꼭 쥔 채 돌아다닌 탓에 편지는 땀에 찌들어 있었습니다. 동생은 잔뜩 구겨진 그 편지를 다시 펼쳐 읽었습니다. 어제는 너무 큰 충격을 받은 탓에 맨 처음 한 줄만 읽고 말았는데, 오늘에야 그다음 내용을 보게 되었습니다.

"이제부터 넌 나의 옷을 입고 나처럼 살아다오."

형은 동생을 대신하여 죽었습니다. 그러므로 형의 죽음은 곧 동생의 죽음이었습니다. 형이 아니라 동생이 죽은 거나 마찬가지였습니다.

그날 아침, 동생은 자신의 모든 물건을 마당에 모아 놓고는 다 태워버렸습니다. 동생은 형의 옷가지를 걸쳤습니다. 그러고 나서 형이 하던 모든 일을 그대로 따라 하기 시작했습니다. 주일이 되면, 형의 옷을 입은 동생은 형이 다니던 교회로 갔습니다. 평소에 형이 앉던 자리에 앉아 형처럼 감격하며 찬양했고, 형처럼 주님을 섬기며 봉사하다 돌아왔습니다. 집에서도 형처럼 생활했습니다. 일을 할 때면 형의 낡은 작업

복을 입고서, 정직하고 성실하게 임했습니다. 주변 사람들은, 분명 동생이 맞는데 말과 행동이 형과 똑같다며 놀라워했습니다.

그러던 어느 날, 전에 어울려 지내던 불량배들이 동생을 찾아와 집적댔습니다. "이 자식, 너 정말 명이 긴 놈이구나? 재수 있는 놈이다, 너."

"그래, 그 정도 했으면 충분하지 않냐? 사람이 즐기면서 살아야지. 이제 그만 우리랑 같이 가자."

친구들은 동생의 옷자락을 잡아끌며 예전의 삶으로 돌아가자고 유혹했습니다. 그러나 동생은 단칼에 거절하며 이렇게 말했습니다. "이 옷의 주인은 그런 짓을 한 적이 없어. 이 옷의 주인은 그런 데 간 적이 없어. 이 옷의 주인은 그렇게 말한 적이 없어."

병든 옛 자아를 십자가에 못 박고

주님은 악한 사탄의 권세 속에서 우리를 건지십니다. 그러한 사실의 명확한 역사적 증거는 바로 출애굽 사건입니다. 당시 애굽의 통치자였던 바로는 '내 백성을 내보내라'는 하나님의 명령을 단호하게 거부합니다.

사탄은 도둑질하고 죽이고 멸망시키는 것을 목적으로 삼고 살아가는 존재입니다. 그는 우리가 지옥에 떨어지는 그날까지 계속 활동할 것입니다. 끝까지 집요하게 물고 늘어지면서 우리를 죄와 사망에 빠뜨리려 애쓸 것입니다. 물론 사탄은 이미 골고다 언덕에서 주님으로부터 완벽한 KO패를 당했습니다. 그럼에도 그는 하나님의 구원받은 백성을 어떻게든 넘어뜨리려 애씁니다. 우는 사자처럼 극성을 부립니다. 그래서 주님은 출애굽 사건을 통해, 사탄을 대적하는 원리를 보여 주십니다.

이스라엘 백성을 출애굽시키려고, 하나님은 열 가지의 엄청난 재앙을 내리셨습니다. 사실, 아홉 번째 재앙까지 겪었을 때 애굽은 이미 거덜 난 상태였습니다. 그럼에도 바로의 마음이 몹시 완악했기 때문에, 그는 하나님 앞에 끝까지 무릎을 꿇지 않았습니다. 이렇게 사탄은 모든 걸 잃고 멸망당하는 마지막 순간까지도 교회와 성도를 향해 이를 갈며 자신의 본분을 다할 것입니다. 사탄은 결코 무릎 꿇지 않습니다. 그런 일은 있을 수 없습니다. 사탄은 끝까지 사탄으로 발악하다가, 결국 사탄으로 지옥에 떨어질 것입니다.

이토록 끈질기고 악질적인 사탄은 바로 '죄'라는 무기로 성도를 쥐고 흔듭니다. 죄와 사탄은 공동 운명체입니다. 그러므로 모든 사람은 죄의 문제를 반드시 해결해야 합니다. 죄를 사랑하고 그것에 흠뻑 빠져 살아가면, 죄를 버리지 않고 그대로 품고 있으면, 죄에 대한 자신의 입장을 분명히 정하지 않은 채 어영부영하고 있으면, 언젠가는 사탄과 함께 지옥으로 떨어질 수도 있습니다. 그렇다면 사탄과 뒤엉키며 저질러 온 우리의 죄를 무엇으로 해결할 수 있습니까? 죄에서 자유케 되는 길은, 죄에서 우리를 자유케 할 수 있는 길은 보혈의 능력, 예수 그리스도의 십자가 보혈뿐입니다.

십자가는 죽음입니다. 그 위에 매달린 것은 모두 죽어야 합니다. 하지만 우리는 십자가를 먼발치에서만 바라봅니다. 그래서 십자가를 예수님의 것으로, 예수님이 달려 죽으신 십자가로만 생각합니다. 이게 무슨 말도 안 되는 소리입니까? 예수님 홀로 십자가에 달려 죽으시면 안 됩니다. 그러면 큰일 납니다. 주님의 십자가에 저와 여러분의 병든 옛 자아도 함께 못 박혀 죽어야 합니다.

> 내가 그리스도와 함께 십자가에 못 박혔나니 그런즉 이제는 내가 사는 것이 아니요 오직 내 안에 그리스도께서 사시는 것이라 이제 내가 육체 가운데 사는 것은 나를 사랑하사 나를 위하여 자기 자신을 버리신 하나님의 아들을 믿는 믿음 안에서 사는 것이라 갈 2:20

주님의 십자가에는 예수님만 못 박히신 것이 아닙니다. 나도 같이 못 박혀 죽었습니다. 갈라디아서 2장 20절 말씀은 이 진리를 선포하고 있는 겁니다. 나도 주님과 함께 죽었다 이 말입니다. 성령이 준비해 놓으신 하나님과의 완전한 동행을 경험하고 싶다면, 반드시 십자가를 통과해야 합니다.

애굽을 거덜 낸 아홉 번의 재앙 앞에서도 바로는 고집을 꺾지 않았습니다. 그는 가장 치명적이고 비극적인 재앙이 남아 있다는 것을 몰랐습니다. 결국에는 그 앞에 무릎을 꿇고 이스라엘 백성을 모두 놓아 주게 될 거라는 사실을 꿈에도 생각하지 못했습니다. 그것은 유월절 밤에 일어난 '모든 처음 난 것'의 죽음이었습니다(출 12:12).

여러분은 유월절이 무엇인지 아십니까? 유월 달에 있는 공휴일이라는 소리가 아니라, '유월'(逾越)한 날, 즉 '그냥 넘어간'(passover) 날이라는 말입니다. 출애굽기에 기록된 유월절 사건은 예수 그리스도의 십자가를 가감 없이 정확하게 보여 줍니다.

그 옛날 바로가 그랬던 것처럼 사탄은 다른 것을 다 잃어도 우리는 결코 놓아 주지 않습니다. 자신을 쳐서 말씀에 복종하고, 부자 관원처럼 모든 율법을 지켜 천당 문 앞에까지 이르렀다 해도 사탄은 결코 우리를 놓지 않습니다. 사탄의 손아귀에서 벗어날 수 있는 길은 죽음 외에는 없습니다. 죄로부터 자유케 되는 길은 죄에 대해 죽는 것뿐이고, 사탄으로부터 자유케 되는 길은 사탄에 대해 죽는 것뿐이라는 말입니다. 죽어야만 살 수 있습니다. 이것이 진리입니다.

하지만 우리는 자기 노력으로, 자기가 대가를 치르고 이 자유를 얻을 수 있다고 생각합니다. 이 시점부터 사람들은 착각에 빠지기 시작합니다. 율법주의자의 전제가 바로 이것입니다. 세상 그 어느 누구보다 율법을 잘 지킨다 해도 아무 소용이 없습니다. 가능성 제로, 즉 절대 불가능하다 이 말입니다.

하나님은 바로의 배후에 있는 사탄이 이스라엘 백성을 절대로 내놓지 않을 거라는 사실을 알고 계셨습니다. 이스라엘 백성이 바로의 손아귀에서 자유케 되는 길은 단 하나, 그에게 힘을 부여하는 권세를 깨뜨리는 것뿐이었습니다. 그를 붙들고 있는 손을 끊어 버려야 했습니다. 죄의 권세를 깨뜨려야 죄에서 자유로워지고, 죽음의 권세를 깨뜨려야 죽음에서 건져 낼 수 있습니다.

이스라엘 백성을 붙잡고 놓아 주지 않는 바로의 권세를 깨뜨리려고 주님은 마지막 열 번째 재앙, 유월절의 밤을 준비하셨습니다. 그리고 그의 권세를 깨뜨릴 수 있는 유일한 카드인 '심판'을 꺼내어 드셨습니다.

모든 사람 앞에 놓인
주님의 공의로운 심판

그런데 한 가지 문제가 있었습니다. 우리 같은 사람이라면 모를까, 철저하게 거룩하고 공의로우신 하나님은 불공평하거나 편파적인 심판을 하셔서는 안 됩니다. 하나님은 자신의 본성과 성품에 어긋나는 일은 하지 않으시는 분입니다. 하나님의 심판은 언제 어디서나 거룩하고 공의로워야 합니다.

문제는 하나님이 심판하기로 작정하신 애굽 땅 안에 이스라엘 백성이 함께 살고 있다는 것입니다. 공의로우신 하나님이 인정사정 안 보고 공의롭게 심판하신다면, 이스라엘 백성 역시 그 심판에서 살아남기가 어려웠을 겁니다. 아마 단 한 사람도 살아남을 수 없었을 겁니다. 애굽 사람이나 이스라엘 사람이나 똑같습니다. 전부 죄인입니다.

바로 여기에서 딜레마가 생깁니다. 심판은 해야 되는데, 심판해 버리면 이스라엘 백성까지 다 죽는다는 말입니다. 이스라엘을 구원하려 심판하는 것이니, 다른 방법을 찾아야 합니다.

예를 들어, 우리는 암에 걸렸다고 하면 당장 죽을 것처럼 무서워합니다. 하지만 암세포를 죽일 방법이 없어서 치료가 힘든 건 아닙니다. 암세포는 얼마든지 죽일 수 있다고 합니다. 그러나 문제는 이 못된 암세포가 건강한 세포에 딱 붙어 있다는 겁니다. 그런 상태에서 암세포를 죽이면, 약의 독성이 멀쩡한 다른 세포에도 피해를 주어 죽게 한다고 합니다.

암 환자들은 암세포가 '전이'되는 걸 가장 두려워합니다. 암세포가 자기 마음대로 이리저리 퍼져 나간다는데, 어떻게 두려워하지 않을 수 있겠습니까. 암을 잡아 죽일 약은 얼마든지 있지만, 그렇게 되면 우리 몸에 필요한 다른 세포까지 죽여 버리게 되니 어찌할 수가 없는 것입니다. 그래서 암이 무섭다고 하는 거죠.

암으로 투병 중인 부인을 둔 의사가 있었습니다. 그러나 이미 암세포가 걷잡을 수 없이 퍼진 상태였기 때문에, 손 한번 제대로 써 보지 못한 채 아내는 세상을 떠나고 말았습니다. 사랑하는 아내를 잃은 충격에 의사는 며칠 동안 식음을 끊은 채 고통스러워했습니다. 아내를 죽게 내버려 두었다는 자책감과 암에 대한 분노까지 끌어안고 괴로워하던 의사는 세상의 모든 암세포를 박멸하겠다는 비장한 결심을 합니다. 모든 것을 정리한 그는 암 세포를 없애는 연구에만 매달렸습니다. 암세포 박멸에 대한 생각으로 가득 차 다른 것은 전혀 보이지 않았습니다.

궁하면 통한다는 말도 있듯이, 연구를 시작한 지 얼마 되지 않아 좋은 아이디어가 떠올랐습니다. "그래! 바로 이거야!"

전이가 되지 않도록 암세포를 확실하게 죽이는 방법을 생각해 낸 겁니다. 의사는 죽음을 앞둔 말기암 환자를 찾아갔습니다. 그는 확실한 치료법을 발견했으니, 실험 대상이 되어 달라고 부탁했습니다. 어차피 죽을 목숨이니 지푸라기라도 잡아 보겠다는 심정으로 환자는 의사의 청을 수락했습니다. 새로운 치료법을 시술하기로 한 날, 의사는 환자를 눕혀 놓고 청산가리를 주사했습니다. 그리고 잠시 후 암에 걸린 부위를 샅샅이 조사해 봤더니 모든 암세포가 죽어 있었습니다. 모조리 다 죽어 있었습니다. 환자가 완전히 사망했다는 것을 빼면, 완벽한 암 치료였습니다. 물론 이런 일이 현실에서는 일어나지 않을 테지만, 하나님도 이와 비슷한 딜레마를 안고 계셨습니다.

저는 차라리 죄가 보이는 존재였으면 좋겠습니다. 우리 눈에 보이는 부분에 붙어 있으면 정말 좋을 것 같습니다. 손이나 눈에 죄가 붙어 있으면, 성경말씀대로 손을 확 찍어 버리거나 눈을 뽑아 버리면 되지 않겠습니까? 눈 하나로 천국에 들어가는 것이, 두 눈을 뜨고 지옥에 가는 것보다 나으니까요. 오해하지 마십시오. 진짜로 그렇게 하자는 게 아니라 그 정도로 죄가 끔찍한 놈이라는 말입니다. 그런 마음으로 죄를 두려워하고 미워하자는 겁니다. 그러니 제 말을 정신 똑바로 차리고 들어 주시라 이 말입니다.

하지만 죄는 보이지 않는 우리 생명 가운데 들어와서 나의 일부가 됩니다. 죄와 내가 분리되지 않는 한 몸이 된다는 말입니다. 죄가 곧 나, 내가 곧 죄가 된 것입니다. 하나님이 심판하셔야 죄와 죽음에서 해방되는데, 막상 심판을 하려니 다 죽게 생겼다 이 말입니다. 심판 외에는 바로의 손에서 이스라엘을 끄집어낼 길이 없고, 밀고 나가려니 옆집 사는 이스라엘까지 공의의 심판에 죽겠고, 그냥 놔 두면 바로가 이스라엘을 놔줄 리 없고…. 도대체 어떻게 하란 말입니까? 바로 이것이 딜레마입니다. 아무리 하나님이라고 해도 어떻게 이런 기가 막힌 딜레마에서 우리를 건져 내실 수 있을까요? 이런 상황에서 어떻게 구원을 이룰 수 있겠습니까?

하나님은 철저하게 거룩하신 분입니다. 그걸 포기하실 수는 없습니다. 하나님은 반드시 거룩하셔야 하고, 죄는 반드시 심판을 받아야 합니다. 그런데 어떻게 '내가 곧 죄고 죄가 곧 나'라는 문제를 해결할 수 있을까요?

구원의 역사는 하나님의 신비요 비밀입니다. 도저히 해결할 수 없을 것 같던 심판의 딜레마를 단번에 넘어선 하나님의 비밀은 바로 '십자가의 도'입니다.

유월절 밤, 주님은 모세를 통해 이스라엘 백성에게 복음을 전해 주십니다. "오늘밤 하나님이 바로와 애굽에게 마지막 재앙을 내리실 것이다. 바로의 장자로부터 짐승의 첫 새끼까지, 첫 번째로 태어난 모든 것에게 심판을 행하실 것이다. 이 심판 앞에서는 바로도 더 이상 버티지 못하고 우리를 놓을 수밖에 없을 것이다. 하지만 하나님의 심판은 공의롭기 때문에 그 앞에서는 우리도 살아남을 수 없다. 그러므로 너희에게 하나님의 심판에서 살아남을 유일한 복음을 알려 주겠다."

그 누구도 하나님의 공의로운 심판을 피해 갈 수 없습니다. 죄에서 용서받는다는 말도 심판받지 않고 넘어간다는 의미가 아닙니다. 모든 사람은 반드시 심판받게 되어 있습니다.

이미 주님이 당신의 죄를 치르셨다

이때 주님이 이스라엘 백성에게 뭐라고 말씀하십니까?

너희는 이스라엘 온 회중에게 말하여 이르라 이 달 열흘에 너희 각자가 어린 양을 잡을지니 각 가족대로 그 식구를 위하여 어린 양을 취하되 그 어린 양에 대하여 식구가 너무 적으면 그 집의 이웃과 함께 사람 수를 따라서 하나를 잡고 각 사람이 먹을 수 있는 분량에 따라서 너희 어린 양을 계산할 것이며 너희 어린 양은 흠 없고 일 년 된 수컷으로 하되 양이나 염소 중에서 취하고 이 달 열나흗날까지 간직하였다가 해 질 때에 이스라엘 회중이 그 양을 잡고 그 피를 양을 먹을 집 좌우 문설주와 인방에 바르고 그 밤에 그 고기를 불에 구워 무교병과 쓴 나물과 아울러 먹되 날것으로나 물에 삶아서 먹지 말고 머리와 다리와 내장을 다 불에 구워 먹고 아침까지 남겨 두지 말며 아침까지 남은 것은 곧 불사르라 너희는 그것을 이렇게 먹을지니 허리에 띠를 띠고 발에 신을 신고 손에 지팡이를 잡고 급히 먹으라 이것이 여호와의 유월절이니라 내가 그 밤에 애굽 땅에 두루 다니며 사람이나 짐승을 막론하고 애굽 땅에 있는 모든 처음 난 것을 다 치고 애굽의 모든 신을 내가 심판하리라 나는 여호와라 내가 애굽 땅을 칠 때에 그 피가 너희가 사는 집에 있어서 너희를 위하여 표적이 될지라 내가 피를 볼 때에 너희를 넘어가리니 재앙이 너희에게 내려 멸하지 아니하리라 출 12:3-13

"애굽 전역에 공의의 심판이 임할 것이다. 그러나 내 말에 순종한 사람은 살게 될 것이다. 나의 심판이 임하기 전에 너희가 너희 자신에게 심판을 행하라. 먼저 한 점 흠 없는 양을 너희 식구 수만큼 준비해라. 흠이 있는 양은 절대 안 된다. 자기 죄로 죽는 존재가 남의 죄를 대신할 수 없기 때문이다. 양이 다 준비되면, 모두 잡아라."

흠이 없는 것으로 흠 있는 것을 대신하고, 죄 없는 자로 죄인을 대신하는 것을 대속이라고 말합니다. 예를 들면, 도저히 빚을 갚을 수가 없어서 앞이 막막할 때, 나도 모르는 누군가가 내 이름과 자격으로 모든 빚을 갚아 주는 것입니다. 그리고 모든 빚이 청산되었다는 증서를 내게 보내 주는 겁니다. 그것이 내 것이라는 것을 믿고 사용하면, 내가 빚을 갚은 것과 똑같은 효력이 발생하게 되는 겁니다.

'대신 값을 치르고 속해 냈다' 하는 식으로 말입니다.

모든 죄인은 하나님의 공의에 따라 심판을 받아야 하며, 우리도 결코 예외일 수 없습니다. 하지만 주님은 나를 직접 심판하지 않으시려고 나를 대신할 누군가, 나와 달리 죄가 없는 대속의 제물을 준비하셨습니다. 그 위에 내 이름표와 죄의 명단을 걸어 놓고, 내가 받아야 할 벌을 그대로 받게 하셨습니다. 그로 인해 하나님의 공의가 채워지고, 내가 당해야 할 모든 심판이 완벽하게 이루어집니다. 그렇다면 나는 뭘 해야 할까요? 빚도 갚고 처벌도 받았으니 이제 가만히 있으면 되는 것 아니냐고요?

대속의 은혜를 받은 사람이 해야 할 일은, 이 사실을 믿고 받아들이는 것입니다. 자신을 제물과 동일시하고, 그가 겪은 일을 자신의 경험으로 여기는 겁니다. 그가 채찍에 맞았다면 나도 맞은 것이고, 그가 죽음을 당했다면 나도 죽은 것입니다. 주님은 이것을 우리의 의로 여기십니다. 그가 빚을 갚을 때 나도 현장에 참여했다고 믿어야만, "네 죄가 해결되었다!"는 하나님의 선포와 함께 심판으로부터 살아남을 수 있습니다. 하나님은 이스라엘 백성에게 이런 믿음으로 양을 잡으라고 말씀하셨습니다. 양을 잡은 뒤에는 그 피를 문설주와 바깥문에 바르고, 허리에 띠를 띠고 떠날 준비를 마친 상태에서 죽은 양의 고기를 먹어야 합니다.

이렇게 함으로써 사실상 이스라엘의 심판은 끝났습니다. 양과 함께 이스라엘 백성 전체가 죽은 것입니다. 애굽의 노예이자 죄의 노예였던 이스라엘에게 하나님의 공의로운 심판이 집행되었습니다.

이스라엘 백성의 죄를 대신 뒤집어쓰고 그들 대신 죽은 양, 나의 죄를 대신 지고 나 대신 죽은 양은 누구를 상징합니까? 그분은 영원하신 하나님의 어린양 예수 그리스도이십니다. 죄 없고 완전하신 그분이 나와 같은 수준으로 내려오셔서, 내가 지고 있는 죄의 빚을 처음부터 끝까지 완벽하게 갚아 주셨습니다. 할렐루야!

예수 그리스도의 대속은 십자가에 못 박혀 죽으신 것만을 이야기하는 것이 아닙니다. 여러분은 언제부터 존재했습니까? 엄마 배 속에서부터입니다. 그래서 예수님은 어른이 아니라 마리아 배 속의 태아로 세상에 오셨고, 우리와 똑같은 환경과 조건에서 태어나셨습니다. 우리와 같은 인생을 살다가 우리가 못 박혀야 할 십자가에 대신 달리셨고, 우리를 위해 사망을 이기고 부활 승천하셨습니다. 모든 일을 다 내 이름과 자격으로 겪었기 때문에, 주님이 당하신 일을 나도 직접 경험한 것으로 인정해 주신다 이 말입니다.

그렇다면 우리가 할 일은 오직 하나뿐입니다. 하나님이 그렇게 인정해 주신다는 것을 믿음으로 받아들이는 겁니다. 예수님이 이루신 모든 것이 내게 이루어졌음을 믿음으로 받아들이는 겁니다. 주님의 죽음도 믿음으로 받아들이고, 그분의 부활도 믿음으로 받아들여야 합니다. 할렐루야!

그렇게 하면 하나님도 공의로운 심판을 완성하시고 나도 구원받을 수 있습니다. 그래야만 불공평이나 부정 없이 완전한 심판과 대속이 이루어집니다.

이렇게 해서 유월절 밤에 하나님 공의의 심판이 애굽 전역을 휩쓸고 지나갔습니다. 양의 피를 바르지 않은 모든 집에서, 첫 번째로 태어난 모든 것이 전부 죽어 나갔습니다. 통곡과 비명소리가 천지를 뒤덮고 죽음이 온 땅을 내리덮을 때, 그 속에서 부활을 경험하고 살아난 게 바로 이스라엘이다 이 말입니다.

이때 그들이 복음을 올바르게 이해했다면, 양을 잡으면서 그 의미를 깨달았을까요? '이 양이 나 대신 죽는 거구나. 사실은 내가 죽는 거구나. 내가 심판을 받는 거구나.'

우리 만물의 주인이신 하나님이, 창조자요 생명의 주관자인 주님이 자기가 지은 피조물이자 죄인인 마리아의 자궁 속에 착상이 되어 세포분열을 일으키며 잉태되셨습니다. 태어나기도 전부터 주님은 사람들에게 손가락질받으셨습니다. 처녀가 아기를 가졌다며, 어머니 배 속에 계실 때부터 사람들이 그분을 사생아 취급했기 때문입니다. 그분은 우리처럼 탯줄을 달고 이 땅에 태어나셨고, 우리처럼 젖을 먹고 말을 배우며 자라나셨습니다. 우리와 똑같은 사람이 되기 위해 율법 아래에서 율법을 지키고, 타락한 죄인이 받아야 할 모든 가난과 거절, 외로움과 고통을 당하셨습니다. 그리고 다시 부활하셔서 하늘에 오르셨습니다.

이 모든 것을 내 이름과 자격으로 이루셨기 때문에, 그분이 하신 것을 내가 했다고 말할 수 있는 겁니다.

내가 그리스도와 함께 십자가에 못 박혔나니 그런즉 이제는 내가 사는 것이 아니요 오직 내 안에 그리스도께서 사시는 것이라 이제 내가 육체 가운데 사는 것은 나를 사랑하사 나를 위하여 자기 자신을 버리신 하나님의 아들을 믿는 믿음 안에서 사는 것이라 갈 2:20

그렇다면 나도 주님이 행하신 일을 온전히 받아들여야 하지 않겠습니까? 주님의 죽음이 내 죽음이라는 사실을 받아들이고, 그토록 끈덕지게 붙잡고 늘어졌던 옛 자아를 십자가 죽음에 내주십시오. 그러면 즉시 마음속에 예수 그리스도가 찾아오셔서, 생명으로 거하실 것입니다.

마음으로 십자가를 받아들이라

성령은 십자가 사건이 내 삶에서 이루어졌음을 깨달아 회개하게 하시고, 이 진리를 믿음으로 고백하게 하십니다. 이때 주님은 백 퍼센트의 온전한 믿음을 요구하십니다.

예를 들어, 내가 열 명에게 빚을 졌다고 칩시다. 남의 소를 잃어버리고, 집을 빌렸다가 가구를 부수고, 매일 외상으로 술을 퍼마시는 등 다양하게 빚을 졌습니다. 이런 경우 각각의 빚을 고스란히 갚아 주어야 합니다. 그런데 누군가가 나 대신 일일이 빚을 갚아 주고 탕감해 줬다고 해봅시다. 물론 이 모든 일은 이루 말할 수 없이 감사한 것입니다만, 도대체 이 사람이 어떻게 해서 빚을 갚아 준 것인지 좀 알아야 하지 않습니까? "내가 다 갚았으니까 괜찮아"라는 말만 듣고 그냥 넘어갈 수는 없으니까요.

복음도 마찬가지입니다. 그리스도의 십자가를 믿는 것은 마음 수련이나 정신 통일이 아닌 진리를 깨닫고 받아들이는 것입니다. 무턱대고 쫓아가거나 애써서 되는 게 아니라, 그 내용이 무엇이며 내게 무슨 일이 일어났는지 정확하게 알아야 믿을 수 있습니다. 도대체 십자가에서 무슨 일이 벌어졌는지, 그게 나와 무슨 상관이 있는지 알아야 할 것이 아닙니까? 내가 어떤 빚을 지고 있으며, 주님이 나 대신 그 빚을 어떻게 갚으셨는지 알아야 믿을 수 있지 않겠습니까? 복음이 내 존재와 삶을 어떻게 바꿔 놓았는지 알고 믿어야 할 것 아니냐 이 말입니다.

주님이 요구하시는 믿음은 무조건 덥석 믿는 것이 아닙니다. 정신을 똑바로 차려서 복음의 내용을 깨달아야 합니다. 누구도 거부할 수 없는 진리이기에 자신의 전 존재와 생명으로 화합해야 합니다. 그것이 온전한 믿음입니다. 살아 있는 믿음이란 자기가 무엇을, 왜 믿는지 정확하게 깨닫고 온 마음으로 받아들이는 것입니다.

유월절 그 심판의 밤이 지나고 난 뒤, 이스라엘 백성은 모세와 함께 애굽을 떠나 광야로 나아갔습니다. 그곳에서 주님은 이스라엘 백성에게 하나님을 어떻게 예배해야 하는지 알려 주십니다. 이것이 바로 구약의 제사 제도입니다. 특히 레위기는 온통 제사 이야기로만 되어 있습니다. 여기에서 하나님은 제물을 드려야 하는 상황에서부터 제물을 고르는 기준, 담당자, 제물 잡는 법, 제사 순서 등을 아주 상세하게 설명해 주셨습니다. 하지만 이스라엘의 제사는 거의 제물로 바칠 짐승을 죽여서 불태우는 것입니다. 전부 태워 버리는 겁니다. 아니, 그러면 처음부터 그냥 통째로 태워 버리라고 간단히 말씀하시면 되지 않습니까? 그토록 간단한 것을 왜 머리에 안수하고, 가죽을 벗기고, 각을 뜨고, 내장을 꺼내고, 물로 씻고 복잡하게 해야 하나 이 말입니다. 게다가 한 번만 자세히 말씀하시면 되지, 뭣하러 종이 아깝게 비슷한 제사 방법들을 계속 반복해서 설명하시는 건지 저는 정말 이해가 안 됩니다.

사실 기독교인이라고 하면서 평생 단 한 번도 성경 일독을 못하고 죽는 사람이 적지 않습니다. 그렇게 말씀 좀 읽으라고 권면을 해도 읽지 않는데, 동일한 얘기를 써 놓고 또 써 놓고 또 써 놓은 이유가 무엇일까요. 웬만한 사람들은 어떻게 해서든 출애굽까지는 잘 읽습니다. 창세기와 출애굽기는 그나마 역사적인 이야기라 괜찮은데, 문제는 그 뒤에 등장하는 레위기입니다. 양 잡는 이야기, 소 잡는 이야기만 무한 반복하니까, 이게 너무 어려운 겁니다. 그래서 레위기라는 '구렁텅이'에 홀랑 빠져 헤어 나오지 못하는 바람에, 한 번의 성경 일독도 제대로 하지 못한다는 우스갯소리도 있습니다. 어차피 다 태워 버릴 건데, 왜 이렇게 구체적으로 자세히 설명하셨을까? 참 궁금했습니다.

그러던 어느 날, 저는 제사 제도에 담긴 주님의 뜻과 마음을 깨닫게 해주는 사건을 경험하게 되었습니다.

죽음을 통한
어린 양의 온전한 순종

예전에 중앙아시아 지역에서 기독교 지도자를 대상으로 복음을 나눈 적이 있었습니다. 제가 섬기는 순회선교단에서 진행하는 복음학교라는 시간이었습니다. 5박 6일 동안 합숙하며 새벽부터 밤늦게까지 오직 복음만 나누었습니다. 이때는 한국어로 말하면 러시아어로 옮기고, 다시 위구르어로 옮기고, 한 번 더 카작어로 옮기는 3단계 통역으로 진행했습니다.

말이 안 통한다는 생각에 저는 더 심하게 난리를 피웠습니다. 의미 전달이 잘 안 되니까 높은 톤의 큰 목소리에 손짓 발짓까지 동원해서 설명한 겁니다. 나중에 집회 동영상을 찍어 놓은 걸 보니, 제가 봐도 좀 무서울 정도였습니다. 저인들 세련되게 말하는 매너 강사가 되고픈 마음이 없겠습니까만, 저는 아직 '강사의 강의도 매우 세련됐고, 청중 역시 세련되게 들었다. 그러나 끝까지 아무 일도 일어나지 않았다'와 같은 상황을 견딜 수가 없습니다.

그렇게 5박 6일 동안, 평소보다 서너 배 더 힘들게 복음을 나눴습니다. 마지막 날이 되어 모든 강의를 마치고 강단에서 내려오려는데, 현지 목사님들이 잠깐 기다려 달라고 말했습니다. 무슨 일인가 싶어 지켜보니, 밖에 있던 사람들이 왁자지껄 떠들면서 양을 한 마리 끌고 들어오고 있었습니다. 그들은 제게 이렇게 말했습니다. "이 양은 선물로 드리는 것이니, 한국으로 가져가십시오."

그곳까지 가는 비행기 표도 간신히 얻어서 갔는데, 그렇게 커다란 양을 어떻게 데려올지 막막했습니다. 무슨 이런 선물을 다 하는지 얼떨떨하기도 했고, 한국에 가져온다 하더라도 어떻게 키울지 답답했습니다. 정말 별의별 생각이 다 들었습니다. 마음만 받겠다고 아무리 사양을 해도, 선물로 주겠다며 막무가내로 건네니 정말 난감했습니다. 결국 저는 고맙게 잘 받겠다는 인사를 할 수밖에 없었습니다.

그런데 나중에 알고 보니, 양을 선물한 데에는 주최측의 음모(?)가 도사리고 있었습니다. 저는 날마다 복음을 전하며 돌아다니는 사람이지만, 양은 뒤꽁무니조차 본 적이 없었습니다. 더구나 한국에서 양을 기르는 곳은 몇 군데가 되지 않았으니까요. 그런데 복음을 설명하다 보면, 양의 습성이나 양을 제물로 잡는 모습에 대해 나눠야 했습니다. 경험하지도 못한 걸 나누려는 제 모습이 그분들 눈에는 좀 힘들게 비쳤나 봅니다. 그래서 그들은 양을 잡는 모습을 제게 직접 보여 주고 싶어서 양을 선물했던 겁니다.

이틀 뒤, 선교사들과 현지 목회자들이 모여서 양을 잡는 과정을 시연해 주었습니다. 중앙아시아에서는 열 살이 되면 남자아이들도 양을 잡는 법을 배웁니다. 그래서 대부분의 남자는 아주 능숙하게 양을 잡습니다. 가장 먼저 하는 일은 과수원 같은 벌판에 구덩이를 파고, 양의 다리를 묶는 것입니다.

짐승은 본능에 충실합니다. 그래서 생명의 위협을 느끼면, 반항하며 발악합니다. 살아 있기 때문에 그런 겁니다. 그래서 닭 한 마리만 잡아도 온 동네가 떠나가는 법입니다. '돼지 먹따는 소리'라는 말도 도축에서 유래된 것입니다. 돼지를 잡으려고 목을 딸 때, 생명의 위협을 느낀 돼지는 고래고래 소리를 질러 댑니다. 그 소리가 어찌나 큰지 동네 사람 모두 어느 집에서 돼지를 잡고 있는지 알 정도입니다. 그래서 돼지는 몰래 잡아먹기 힘든 가축입니다. 들통이 나기 때문에 이웃과 나눠 먹을 수밖에 없다는 말입니다.

이렇게 짐승이라도 생명의 위협 앞에서는 절대 가만히 있지 않는 법인데, 양이란 짐승은 조금 다릅니다. 아무리 자기 발이 묶여도 얌전합니다. 주인이 자신을 어떻게 하려는지 대강 느낄 수 있을 텐데 말입니다. 그러나 양은 죽으려고 태어난 놈처럼, 아무런 반항을 하지 않습니다. 정말 이상하고 희한한 모습입니다.

그렇게 준비가 끝나면, 칼 한 자루만 가지고서 익숙한 솜씨로 양을 잡기 시작합니다. 그 광경을 보는 제 머릿속에 깨달음이 왔습니다. 성화 중에는 모리아 산에서 하나님께 이삭을 바치는 아브라함의 모습을 그린 것이 있습니다. 그 장면에서 아브라함은 커다란 손으로 이삭의 턱을 붙잡고 죽이려는 자세를 취하고 있습니다. 그런데 양을 잡는 모습이 그 그림의 모습과 똑같았습니다. 그때부터 예수님이 떠오르면서 한 성경말씀이 생각났는데, 제 마음이 매우 무거워졌습니다. 앞에 있는 양이 자꾸만 예수님과 겹쳐 보였기 때문입니다.

> 그가 곤욕을 당하여 괴로울 때에도 그의 입을 열지 아니하였음이여 마치 도수장으로 끌려가는 어린 양과 털 깎는 자 앞에서 잠잠한 양같이 그의 입을 열지 아니하였도다 사 53:7

도살장에 끌려가는 어린 양처럼, 털 깎는 자 앞에 잠잠한 양처럼 주님은 그 어떤 신음이나 변명 없이 십자가의 길을 묵묵히 걸어가셨습니다. 그런 주님의 모습이 떠오르니, 목이 멨습니다.

양의 목을 베고 나면, 파 놓은 구덩이에 피를 빼냅니다. 그 순간에도 양은 아무런 미동을 하지 않습니다. 신음조차 하지 않습니다. 죽음을 받아들이며 가만히 누워 있을 뿐입니다. 피를 모두 뺀 다음에는 우리가 레위기에서 읽은 내용이 고스란히 재연되었습니다. 먼저 가죽을 홀렁 벗겨서 바닥 삼아 땅바닥에 깐 뒤에 각을 뜹니다. 각을 뜨려면 근육의 구조가 어떻게 되어 있는지 잘 알아야 한답니다. 근육 구조를 따라서 잘라 내야 하기 때문이죠. 그런 다음 거꾸로 매달아 놓고 몸속의 내장과 콩팥, 기름들을 전부 끄집어냅니다. 이런 순서로 척척 진행하는데, 단 몇분 만에 커다란 양 한 마리가 완벽하게 해체되었습니다.

양을 잡는 모습을 제 눈으로 지켜보면서, 우리의 속죄양으로 십자가에 달려 죽으신 예수 그리스도를 떠올릴 수밖에 없었습니다. 솔직히 저는 '죽음'하면, 그저 단순하게 목숨 하나 바치면 끝나는 것으로 생각했었습니다. 하지만 죽음이라는 것은, 생명의 불꽃이 꺼지는 것과 함께 그의 삶 전체가 없어지는 것까지 포함합니다.

그러므로 '내가 죽어야 한다'는 말은 단순히 목숨만 끊어지는 것을 넘어 이런 의미가 됩니다. 거짓과 죄악으로 똘똘 뭉쳐서 생긴 위선의 가면, 하나님 아는 것을 대적하여 높아진 모든 사상과 가치관이라는 가죽을 벗겨 내고, 세상의 경험과 더러운 죄의 힘이라는 근육의 각을 뜨고, 세포 속까지 죄로 찌들어 있는, 내가 곧 죄요 죄가 곧 나인 죄인 장아찌를 온전히 불에 태워 버리는 것입니다.

"어차피 태울 거면 그냥 통째로 태워 버리자"라고 쉽게 말할 수 있는 게 아닙니다. 그냥 죽으면 되는 것이 아닙니다. 해체라는 과정을 통해 완벽한 죽음을 이뤄야 하는 겁니다. 우리도 십자가에서 그렇게 죽어야 합니다. 생명에 이르는 회개란 바로 이런 것입니다.

예수님은 결코 대충 머리 굴리고 대강 계산해서 덜렁 십자가에 달려 돌아가시지 않았습니다. 뼛속부터 철저하게 내가 되신 주님은, 한 걸음씩 차례대로 죄인 장아찌가 갚아야 할 모든 율법의 의무를 완벽히 치르셨습니다. 그 완전한 죽음 덕분에, 우리가 치러야 할 모든 죄가 우리에게서 완전히 사라져 버렸습니다. 그 완전한 십자가 덕분에, 우리가 받아야 할 모든 심판이 완벽하게 치러졌습니다. 그리고 주님의 죽으심에 완벽하게 연합한 자에게는 부활의 생명이 효력을 발휘하게 됩니다.

그러므로 나라는 존재 자체가 그분의 죽음과 화합할 수 있어야 합니다. 죄에 찌들고 병들어서 주님 앞에 순복할 수 없던 그 자아가 철저히 죽어야 합니다. 주님 앞에 무릎 꿇고 믿음으로 그 죽음에 응답해야 합니다. "그렇습니다, 주님! 저는 이미 죽었습니다. 주님이 십자가에 달리실 때 저도 같이 죽었습니다."

이렇게 고백할 수 있을 때, 완벽한 죽음과 함께 예수님의 생명으로 '나는 죽고 예수님이 사시는 삶'을 살게 될 것입니다. 그리스도 예수의 사람은 모든 정욕을 자신의 육체와 함께 십자가에 못 박았습니다. 할렐루야!

그러므로 우리가 그의 죽으심과 합하여 세례를 받음으로 그와 함께 장사되었나니 이는 아버지의 영광으로 말미암아 그리스도를 죽은 자 가운데서 살리심과 같이 우리로 또한 새 생명 가운데서 행하게 하려 함이라 만일 우리가 그의 죽으심과 같은 모양으로 연합한 자가 되었으면 또한 그의 부활과 같은 모양으로 연합한 자도 되리라 우리가 알거니와 우리의 옛 사람이 예수와 함께 십자가에 못 박힌 것은 죄의 몸이 죽어 다시는 우리가 죄에게 종노릇하지 아니하려 함이니 롬 6:4-6

십자가에서 이루신 주님의 그 완전한 사랑과 은혜로, 하나님과 온전히 동행할 수 있는 길이 우리에게 열렸습니다. 주님의 십자가에서 온전히 죽고 내 안에 계신 주님의 자격으로 살아갈 때, 거룩한 성령이 오셔서 우리를 하나님의 성전으로 삼으십니다.

성전은 거룩하고 정결해야 합니다. 죄나 더러움이 터럭정도밖에 되지 않아도, 거룩하신 성령이 거하실 수는 없습니다. 하나님의 성전이 된다는 것은 거룩하신 예수님께나 가능한 일입니다. 호흡이 코에 있는 육체, 죽으면 한 줌 흙으로 돌아갈 존재, 여전히 죄와 연약함의 가능성을 안고 있는 우리입니다. 그러므로 율법적인 노력이나 사람의 최선으로는 죄를 해결할 수 없습니다. 그래서 우리는 십자가 보혈의 능력을 힘입어야 합니다. 늘 연약하고 어린아이 같은 우리지만, 주님이 우리 생명의 진정한 주인이요 주체가 되시면 모든 것을 이겨 내고 그분이 원하시는 성화의 길을 걷게 된다 이 말입니다. 할렐루야!

오직 예수 그리스도를 믿음으로 말미암는 줄 앎으로 우리도 그리스도 예수를 믿나니 이는 우리가 율법의 행위로써가 아니고 그리스도를 믿음으로써 의롭다 함을 얻으려 함이라 율법의 행위로써는 의롭다 할 육체가 없느니라

만일 우리가 그리스도 안에서 의롭게 되려 하다가 죄인으로 드러나면 그리스도께서 죄를 짓게 하는 자냐 결코 그럴 수 없느니라

만일 내가 헐었던 것을 다시 세우면 내가 나를 범법한 자로 만드는 것이라

내가 율법으로 말미암아 율법에 대하여 죽었나니 이는 하나님에 대하여 살려 함이라

내가 그리스도와 함께 십자가에 못 박혔나니 그런즉 이제는 내가 사는 것이 아니요 오직 내 안에 그리스도께서 사시는 것이라 이제 내가 육체 가운데 사는 것은 나를 사랑하사 나를 위하여 자기 자신을 버리신 하나님의 아들을 믿는 믿음 안에서 사는 것이라

내가 하나님의 은혜를 폐하지 아니하노니 만일 의롭게 되는 것이 율법으로 말미암으면 그리스도께서 헛되이 죽으셨느니라

갈라디아 사람들아 누가 너희를 꾀더냐 예수 그리스도께서 십자가에 못 박히신 것이 너희 눈 앞에 밝히 보이거늘

내가 너희에게서 다만 이것을 알려 하노니 너희가 성령을 받은 것이 율법의 행위로냐 혹은 듣고 믿음으로냐

너희가 이같이 어리석으냐 성령으로 시작하였다가 이제는 육체로 마치겠느냐

너희가 이같이 많은 괴로움을 헛되이 받았느냐 과연 헛되냐

너희에게 성령을 주시고 너희 가운데서 능력을 행하시는 이의 일이 율법의 행위에서냐 혹은 듣고 믿음에서냐

아브라함이 하나님을 믿으매 그것을 그에게 의로 정하셨다 함과 같으니라

그런즉 믿음으로 말미암은 자들은 아브라함의 자손인 줄 알지어다

또 하나님이 이방을 믿음으로 말미암아 의로 정하실 것을 성경이 미리 알고 먼저 아브라함에게 복음을 전하되 모든 이방인이 너로 말미암아 복을 받으리라 하였느니라

그러므로 믿음으로 말미암은 자는 믿음이 있는 아브라함과 함께 복을 받느니라

무릇 율법 행위에 속한 자들은 저주 아래에 있나니 기록된 바 누구든지 율법 책에 기록된 대로 모든 일을 항상 행하지 아니하는 자는 저주 아래에 있는 자라 하였음이라

또한 하나님 앞에서 아무도 율법으로 말미암아 의롭게 되지 못할 것이 분명하니 이는 의인은 믿음으로 살리라 하였음이라

율법은 믿음에서 난 것이 아니니 율법을 행하는 자는 그 가운데서 살리라 하였느니라

그리스도께서 우리를 위하여 저주를 받은 바 되사 율법의 저주에서 우리를 속량하셨으니 기록된 바 나무에 달린 자마다 저주 아래에 있는 자라 하였음이라

이는 그리스도 예수 안에서 아브라함의 복이 이방인에게 미치게 하고 또 우리로 하여금 믿음으로 말미암아 성령의 약속을 받게 하려 함이라

형제들아 내가 사람의 예대로 말하노니 사람의 언약이라도 정한 후에는 아무도 폐하거나 더하거나 하지 못하느니라

이 약속들은 아브라함과 그 자손에게 말씀하신 것인데 여럿을 가리켜 그 자손들이라 하지 아니하시고 오직 한 사람을 가리켜 네 자손이라 하셨으니 곧 그리스도라

| 8장 |

십자가의 완전한 복음 앞에 서다

복음이 가장 중요하다

어떤 명제이든 간에 그것이 진리인지 알아보려면, 먼저 전체적인 그림을 볼 수 있어야 합니다. 퍼즐을 맞출 때 완성된 상태의 그림이 없다면, 제멋대로 상상하다가 결국 엉뚱한 그림으로 맞출 수도 있습니다. 전체적인 그림을 봐야만, 어떤 조각을 어느 자리에 놓을 것인지 알 수 있습니다. 복음을 이해하는 것도 이와 비슷합니다. 원본 그림을 보지 못하면 자기 논리에 따라 성경구절을 골라 짜 맞추게 됩니다. 자기 머릿속에서 나온 논리이기 때문에 나름 일리도 있고 그럴듯하게 여겨집니다.

하지만 그것은 여기저기서 주워들은 정보 조각 중에서 일리 있다고 느껴지는 것들만 갖다가 모아 놓은 겁니다. 복음을 세례 문답용 정도로만 생각하고, 복음이 뭐 별 거냐는 소리나 하고, 복음에 관해 들어 본 사람이 많기 때문에 뭔가 새로운 것이 필요하다고 하는 이유는 모두 이 때문입니다.

게다가 '구슬이 서 말이라도 꿰어야 보배'라는 속담처럼, 복음에 대한 정보가 아무리 많아도 그것이 우선순위와 강조점과 순서에 맞게 배치되지 않으면 온전한 능력을 발휘할 수 없습니다. 아무리 귀한 복음의 내용도 뒤죽박죽 섞여 있으면 어떠한 효과도 가져오지 못한다는 말입니다. 이것을 정확하게 알고 있는 사탄은 혼미케 하는 영을 통해 복음의 진리를 뒤섞어 버렸습니다. 사도 바울도 이것을 몸소 경험했습니다.

> 이는 가만히 들어온 거짓 형제들 때문이라 그들이 가만히 들어온 것은 그리스도 예수 안에서 우리가 가진 자유를 엿보고 우리를 종으로 삼고자 함이로되 그들에게 우리가 한시도 복종하지 아니하였으니 이는 복음의 진리가 항상 너희 가운데 있게 하려 함이라 갈 2:4-5

하나님의 권능과 사도 바울의 산고 끝에 교회가 생겨났습니다. 그러나 사탄은 곧바로 진리와 진리가 아닌 것을 뒤섞어 놓았습니다. 주님도 가라지 비유를 통해 이와 비슷한 이야기를 하셨습니다.

예수께서 그들 앞에 또 비유를 들어 이르시되 천국은 좋은 씨를 제 밭에 뿌린 사람과 같으니 사람들이 잘 때에 그 원수가 와서 곡식 가운데 가라지를 덧뿌리고 갔더니 마 13:24-25

웬 나쁜 놈이 남의 밭에 와서 온통 가라지를 뿌려 놓았답니다. 좋은 씨와 가라지가 뒤섞여 버린 겁니다.

올바른 문장의 단어들을 뒤죽박죽 섞어서 완전히 다른 문장으로 만들어 놓으면, 그 의미를 파악할 수 없습니다. 진리 역시 그러합니다. 진리는 본래부터 순수한 것입니다. 결코 바뀔 수 없는 순수함 그 자체이기 때문에, 뭔가 다른 것을 섞어 놓으면 더는 진리로 존재할 수 없게 됩니다.

평생 혹은 수십 년 동안 신앙생활을 해 오면서 수없이 들어온 복음이라 다 아는 것 같은데, 막상 뚜껑을 열어 보면 캄캄한 한밤중인 성도가 많습니다. 사탄은 혼미케 하는 영을 통해 우리의 영혼을 더욱더 어지럽히고 복잡하게 합니다. 복음을 전혀 누리지 못하게 하거나 '복음 더하기 또 다른 무엇'을 찾게 만듭니다. 복음이 완전하지 않고 충분하지 않으며 만족스럽지 않다는 이야기입니다.

어떤 선교사님의 가정에서 일어난 일을 소개할까 합니다. 남편은 밖에 나가 사역하면서 그것을 통해 나름대로 영적, 정서적 공급을 받을 수 있었지만, 아내는 낯선 타국에서 살림하고 자녀 돌보는 것 외에는 특별히 삶의 의미를 찾을 수 없었답니다. 남편은 사역에만 파묻혀 있고, 아내는 주변에 교제할 만한 사람이 전혀 없었습니다. 마음속의 응어리를 풀지 못하고 쌓아 두기만 하던 아내는 급기야 우울증까지 앓게 되었습니다.

유명 강사가 인도하는 부흥회에 참석해 봐도 변화가 없고, 기도를 열심히 해도 풀리지 않았습니다. 나중에는 신앙으로 해결이 안 될 듯해 정신과 의사를 모셔다 놓고 상담을 받았답니다. 그리고 결국 정신과 의사와의 상담을 통해 큰 은혜를 받고 가슴속 응어리가 확 풀어지는 경험을 했답니다. 이 이야기에 여러분은 어떤 생각이 드십니까?

기도를 해도 풀리지 않았는데 정신과 의사와의 상담을 통해 풀릴 수 있었다니, 이게 웬 자다가 봉창 두드리는 소리입니까? 만약 그게 정말 진리라면, 선교사들은 다 철수시키고 차라리 정신과 의사를 파송해야 하지 않겠습니까? 그렇게 사서 고생하면서 십자가를 전할 이유가 어디 있느냐는 말입니다. 정신과 의사만도 못한 복음을 뭐하러 전한다는 말입니까.

도대체 복음을 뭐라고 생각하기에 정신과 의사의 상담이 더 낫다고 하느냐 이 말입니다. 정신과 의사가 복음의 도움을 받아야지, 복음이 정신과 의사에게 도움을 받으면 되겠습니까? 물론 정신과 의사가 담당해야 할 부분도 있습니다. 저는 지금 그것을 부인하는 게 아닙니다. 제가 흥분하게 되는 것은 복음이 정신과 의사와 비교 대상이 되고, 그보다 못한 것으로 취급된다는 점입니다. 고작 불완전하고 모자란 복음, 세례 문답용 복음, 서류 보관용 복음, 맥 빠진 복음 따위 때문에 전능하신 창조주 하나님의 하나밖에 없는 아들 예수님이 십자가에 매달려 죽으셨다는 말입니까? 아니면 주님이 우리에게 거짓말하신 걸까요? 아니오, 이건 말도 안 되는 귀신의 장난입니다. 성도를 혼미하게 하는 귀신 놀음에 넘어간 겁니다.

복음을 말로만 떠들어 댄다고 해서, 온전한 복음을 아는 것은 아닙니다. 이것을 반드시 기억하십시오. 인간인 우리가 대체 무얼 얼마나 안다고 복음을 말할 수 있겠습니까? 오죽하면 성경에서도 이것을 천국의 비밀, 하늘나라의 비밀이라고 기록하고 있겠습니까?(마 13:11; 눅 8:10; 고전 4:1; 엡 3:3) 성경에서 '비밀'이라는 단어는 꼭 필요한 곳에만 사용되었습니다. 그런데 그 단어가 바로 복음을 표현할 때 쓰였습니다.

> 유대인은 표적을 구하고 헬라인은 지혜를 찾으나 우리는 십자가에 못 박힌 그리스도를 전하니 유대인에게는 거리끼는 것이요 이방인에게는 미련한 것이로되 오직 부르심을 받은 자들에게는 유대인이나 헬라인이나 그리스도는 하나님의 능력이요 하나님의 지혜니라 고전 1:22-24

복음을 제대로 알아야 합니다. 복음은 리포트나 논문 쓰듯이 짜깁기해서 알게 되는 것이 아닙니다. 목숨을 걸고 전심으로 온 생명 다해 부딪혀야만 알 수 있습니다. 지금부터 영원에 이르기까지 모든 삶과 영역 가운데 실재가 되는 엄청난 소식이기 때문에 그렇습니다.

십자가는 생명이다

내 집 한 채 마련하려고 해도 10-20년 동안 두 눈 부릅뜨고 큰 대가를 무릅쓰면서 알뜰살뜰 모아야 되지 않습니까? 세상의 집에 대해서는 그렇게 열심이면서 어떻게 영원한 하늘나라의 집을 얻고 영생을 얻는 데에는 그토록 무관심한 걸까요? 다른 일에는 그렇게 머리가 빨리 돌아가고 열정적인 사람이 십자가에 대해서는 왜 그토록 어리석고 무덤덤하냐 이 말입니다. 다른 것에 대해서는 엄청 까다롭게 따지고 자기 것을 꼬박꼬박 챙기는 사람이, 어떻게 신앙에 대해, 십자가 복음의 본질에 대해서는 날마다 새롭게 거듭나는 건망증 환자가 될 수 있느냐는 말입니다!

바보도 그런 바보가 없습니다. 논리적으로 말이 안 되는 정말 희한한 일입니다. 이건 분명 영적인 문제이고, 귀신의 장난입니다.

오병이어의 기적에서 살펴봤던 것처럼 수많은 무리가 주님 앞으로 나아왔지만, 대부분은 그분의 손끝에서 나오는 기적과 복 보따리 몇 개에 목숨 걸다가 결국 왔던 길로 되돌아갔습니다. 남은 사람은 무식하고 철없는 열두 제자 형님뿐이었습니다.

예수님이 열 명의 문둥병자를 고쳐 주신 사건도 이와 비슷합니다.

예수께서 예루살렘으로 가실 때에 사마리아와 갈릴리 사이로 지나가시다가 한 마을에 들어가시니 나병환자 열 명이 예수를 만나 멀리 서서 소리를 높여 이르되 예수 선생님이여 우리를 불쌍히 여기소서 하거늘 보시고 이르시되 가서 제사장들에게 너희 몸을 보이라 하셨더니 그들이 가다가 깨끗함을 받은지라 눅 17:11-14

예수님께 병을 고쳐 달라고 외쳤던 이들 모두 고침 받았습니다. 하지만 병이 낫자마자, 아홉 명은 제 갈 길로 가 버렸습니다. 이걸 어떻게 이해해야 할까요? 당시로서는 저주받은 불치병이었던 문둥병이 낫는 기적도 놀랍지만, 문둥병을 치유하신 분이 더 놀라운 것 아닙니까?

> 그중의 한 사람이 자기가 나은 것을 보고 큰 소리로 하나님께 영광을 돌리며 돌아와 예수의 발아래에 엎드리어 감사하니 그는 사마리아 사람이라 예수께서 대답하여 이르시되 열 사람이 다 깨끗함을 받지 아니하였느냐 그 아홉은 어디 있느냐 이 이방인 외에는 하나님께 영광을 돌리러 돌아온 자가 없느냐 하시고 그에게 이르시되 일어나 가라 네 믿음이 너를 구원하였느니라 하시더라 눅 17:15-19

적어도 그 사마리아 사람은 문둥병이 나은 것보다는 문둥병을 고칠 수 있는 주님에 대해 놀라워했습니다. 그분이 대체 누구이십니까? 대체 누구이신데 용하다는 의사도 어쩌지 못하는 병을 말씀으로만 고치실 수 있다는 말입니까? 그래서 그는 냉큼 돌아와, 주님의 발 앞에 엎드려 감사드렸습니다.

몇 푼어치도 안 되는 죽을 몸뚱이를 건강하게 고친 것이 기적이라면, 죽음을 넘어 영생을 얻는 일은 얼마나 더 놀라운 기적입니까? 돌아서면 사라지는 이 세상의 위로도 고맙고 감사한데, 임마누엘 하나님과 영원히 동행하는 기쁨을 누릴 수 있다면 이건 얼마나 더 놀라운 일이겠습니까?

제발 마음의 눈이 밝아져서 주님이 우리에게 주신 복음이 어떤 것인지 볼 수 있었으면 좋겠습니다. 이토록 놀랍고 엄청난 복음을 주셨는데, 고작 떡 한 조각 얻고 병 고침 받고 돌아서는 불쌍하고 불행한 사람이 너무 많다는 사실이 저는 정말 안타깝습니다.

예수님은 오병이어의 기적에 열광해서 가버나움까지 쫓아온, 즉 떡 조각을 바라며 주님을 따르는 무리에게 그분 자신이 생명의 떡이라고 말씀해 주십니다.

> 예수께서 대답하여 이르시되 내가 진실로 진실로 너희에게 이르노니 너희가 나를 찾는 것은 표적을 본 까닭이 아니요 떡을 먹고 배부른 까닭이로다 썩을 양식을 위하여 일하지 말고 영생하도록 있는 양식을 위하여 하라 이 양식은 인자가 너희에게 주리니 인자는 아버지 하나님께서 인치신 자니라 그들이 묻되 우리가 어떻게 하여야 하나님의 일을 하오리이까 예수께서 대답하여 이르시되 하나님께서 보내신 이를 믿는 것이 하나님의 일이니라 하시니 그들이 묻되 그러면 우리가 보고 당신을 믿도록 행하시는 표적이 무엇이니이까, 하시는 일이 무엇이니이까 기록된바 하늘에서 그들에게 떡을 주어 먹게 하였다 함과 같이 우리 조상들은 광야에서 만나를 먹었나이다 예수께서 이르시되 내가 진실로 진실로 너희에게 이르노니 모세가 너희에게 하늘로부터 떡을 준 것이 아니라 내 아버지께서 너희에게 하늘로부터 참 떡을 주시나니 하나님의 떡은 하늘에서 내려 세상에 생명을 주는 것이니라 그들이 이르되 주여 이 떡을 항상 우리에게 주소서 예수께서 이르시되 나는 생명의 떡이니 내게 오는 자는 결코 주리지 아니할 터이요 나를 믿는 자는 영원히 목마르지 아니하리라 요 6:26-35

주님은 그분의 손에서 빚어지는 기적으로 내면의 갈망을 채우려고 하는 사람들에게 이렇게 말씀하십니다. "밥을 먹고 돌아서면 또다시 배고프지 않더냐? 너희의 굶주림은 떡이 있고 없고가 아니라 존재 자체가 안고 있는 문제 때문이다. 너희 조상도 하늘의 만나를 40년이나 받아먹었음에도, 결국 불신앙 때문에 광야에서 죽지 않았느냐."

문제는 떡이 아니라는 겁니다. 사람에게 필요한 구원은 의식주의 문제를 해결하는 따위가 아니라, 그의 존재 자체가 앓고 있는 내면의 질병을 치유하는 것이라는 말씀입니다.

"나는 너희에게 떡만 먹이려 온 것이 아니라 나 자신을 생명의 떡으로 내어 주려, 즉 내 생명을 주려고 왔다. 내게 있는 보따리, 내가 가진 그 무엇이 아니라 나 자신을 통째로 주기 위해서 왔다."

생명의 떡으로 우리에게 오신 예수 그리스도, 이것이 바로 복음입니다. 그리고 복음으로 오신 주님이 우리에게 내미신 것이 바로 십자가입니다. 다른 어떤 것을 주신 게 아닙니다. 주님은 우리에게 십자가를 주셨습니다. 떡을 얻어먹은 뒤부터 계속해서 떡만 요구하던 무리에게는 생명의 양식이신 십자가의 그리스도를 주셨고, 높은 자리를 구하며 다투던 제자들에게는 자신을 내어 주는 십자가 섬김의 그리스도를 말씀하셨습니다. 세상적인 메시아를 구하는 이스라엘 사람들에게는 십자가의 초라한 그리스도를 전하셨고, 자신의 신앙고백 위에 교회가 세워진다는 성취의 기쁨에 들떠 있던 베드로에게는 죽어야 살 수 있는 십자가의 길을 선포하셨습니다.

헬라인은 어리석고 미련하다며 십자가의 도를 무시합니다. 유대인은 초라하고 하찮다며 십자가의 도를 거절합니다. 그러나 주님은 교회에 오직 십자가의 도만을 붙들고 전하라고 명령하셨습니다. 왜 일부러 십자가를 지려하느냐며 힐문하는 빌라도에게, 아버지를 사랑하기에 스스로 십자가를 선택하셨음을 선언하셨습니다. 하나님께 등을 졌기 때문에 멸망하게 될 세상과 우리를 향한 상상할 수 없는 사랑으로 말미암아 하나님은 우리에게 십자가에 못 박힌 독생자 예수 그리스도를 내미셨습니다.

오직 예수님께만 영혼의 초점을 맞추라

언제부터인가 많은 지식인과 철학자, 신학자들이 '십자가를 쏙 뺀' 기독교를 주장하며 가르치고 있습니다. 그러나 십자가 없는 기독교, 십자가 없는 복음은 결코 있을 수 없습니다. 신학자가 아니라 신학자 할아버지가 와도, 십자가 복음에 담긴 하나님의 뜻은 일점일획도 건드릴 수 없습니다.

> 예수께서 이르시되 내가 곧 길이요 진리요 생명이니 나로 말미암지 않고는 아버지께로 올 자가 없느니라 요 14:6

주님이 아닌 다른 무엇으로는 결코 하나님 아버지께 나아갈 수 없습니다. 그러니 정신 똑바로 차리고 살아야 합니다. 예수 그리스도 외에는 하나님께 나아갈 길이 없습니다.

> 다른 이로써는 구원을 받을 수 없나니 천하 사람 중에 구원을 받을 만한 다른 이름을 우리에게 주신 일이 없음이라 하였더라 행 4:12

예수 그리스도 외에 다른 구원은 없습니다. 결코 없습니다. 그래서 어떤 사람은 예수 그리스도를 부인하는 대신 '정치가 예수, 사회운동가 예수, 문화예술가 예수, 자선사업가 예수, 종교인 예수'라며 엉뚱한 이름을 붙여 복음을 변질시킵니다. 이런 주장들을 가만히 살펴보면, 대부분 자기가 하고 싶은 이야기를 할 뿐 그 안에 십자가는 없습니다. 그러나 십자가는 결코 본질을 왜곡시킬 수 없는 기막힌 지혜입니다. 그래서 십자가 갖고는 말장난을 할 수가 없습니다. 그들이 원하는 예수를 만들어 내려면, 반드시 십자가를 빼 버려야 하는 겁니다.

주님은 우리가 어떤 말장난에도 농락당하지 않도록, 어린아이나 일자무식의 사람이라도 양심적으로만 읽으면 절대 딴소리하지 못하도록, 십자가만을 철저히 그 중심에 놓는 복음을 정확하고 분명하게 성경에 기록해 놓으셨습니다.

> 십자가의 도가 멸망하는 자들에게는 미련한 것이요 구원을 받는 우리에게는 하나님의 능력이라 고전 1:18

유대인은 표적을 구하고 헬라인은 지혜를 찾으나 우리는 십자가에 못 박한 그리스도를 전하니 유대인에게는 거리끼는 것이요 이방인에게는 미련한 것이로되 오직 부르심을 받은 자들에게는 유대인이나 헬라인이나 그리스도는 하나님의 능력이요 하나님의 지혜니라 고전 1:22-24

사도 바울도 오직 십자가 위에서 죽으시고 부활하신 주님만 전하겠다고 외칩니다. 복음을 전하면서 십자가를 빠뜨릴 수 없고, 성령을 말하면서 십자가를 빠뜨릴 수 없고, 기도를 말하면서 십자가를 빠뜨릴 수 없다는 겁니다. 기독교의 중심, 그 한복판에는 사탄이 결코 농락할 수 없는 십자가가 서 있다 이 말입니다.

유대인들은 "내가 그리스도다"라고 말한 것 때문에 예수님을 죽였습니다. 그런데 이 사람들은 모두 모태신앙입니다. 예배를 운명으로 알고 성경을 끌어안고 사는, 날이면 날마다 "주여! 주여!" 하고 부르짖는 사람들입니다. 그런 이들이 "너 따위는 그리스도가 될 수 없어!"라고 비난하면서, 여호와의 이름으로 거짓말을 하고 로마 총독의 손까지 빌어 예수님을 십자가에 못 박아 죽인 겁니다. 이게 전부 말씀을 붙들고 한 행동입니다. 거룩한 성전에서 하나님께 열심히 예배하는 자들이 한 짓이라는 말입니다. 그리고 지금도 이런 일은 얼마든지 일어날 수 있습니다.

그러므로 하나님을 믿는지 안 믿는지는, 십자가에 달린 그리스도를 대하는 마음과 태도를 보면 정확하게 알 수 있습니다. 천하에 없는 신령한 체험을 하고, 능력 있고 은혜로운 말을 청산유수처럼 늘어놓는다 해도, 그 삶의 중심에 십자가가 서 있지 않다면 모두 거짓말입니다. 눈 앞에 펼쳐지는 사건이나 상황이 성령의 역사인지 귀신의 장난인지도, 십자가가 그 중심에 있는가만 확인하면 분별할 수 있습니다. 전혀 혼란스러워할 필요가 없습니다.

> 사랑하는 자들아 영을 다 믿지 말고 오직 영들이 하나님께 속하였나 분별하라 많은 거짓 선지자가 세상에 나왔음이라 이로써 너희가 하나님의 영을 알지니 곧 예수 그리스도께서 육체로 오신 것을 시인하는 영마다 하나님께 속한 것이요 예수를 시인하지 아니하는 영마다 하나님께 속한 것이 아니니 이것이 곧 적그리스도의 영이니라 오리라 한 말을 너희가 들었거니와 지금 벌써 세상에 있느니라 요일 4:1-3

초월적인 능력이라고 해서 무조건 믿으면 안 됩니다. 사탄도 광명의 천사로 가장하여 나타날 수 있으며, 할 수 있는 한 최선을 다해 진리를 흉내 내고 모방하려 듭니다(고후 11:14-15). 거짓의 아비이자 거짓말의 앞잡이인 사탄은 예수 그리스도의 이름을 도용하고, 마지막 때에는 적그리스도로 나타나 성도와 세상을 미혹할 것입니다. 한쪽에서는 드러내 놓고 예수님을 저주하는 자들이 일어나게 될 것이고, 반대쪽에서는 거짓 그리스도가 나타날 것입니다. 그러므로 어떤 말을 듣고 무슨 이적을 보든 간에 흔들리지 말고 십자가의 그리스도만을 붙잡으시기 바랍니다.

오직 십자가뿐

영이라고 다 믿어서는 안 됩니다. 미혹당하지 않도록 주의하십시오. 초월적이라고 해서 무조건 하나님께로부터 온 것은 아닙니다. 십자가의 그리스도 외에는 부러워하지도 궁금해하지도 마십시오. 그 밖의 것은 모두 귀신 장난입니다. 두 번 생각할 것도 없이 정확하게 귀신 장난입니다. 그러니 걱정하지 마십시오.

아시는 분은 아시겠지만 저도 '불 파' 출신입니다. '보수 정통 진리 말씀' 중심인 교회에서 신앙생활을 시작했지만, 너무 '불 관리'에 소홀했던 바람에, 저 혼자서 이른바 '뜨겁다는' 기도원을 여기저기 부지런히 쫓아다녔습니다. 그게 1970-1980년대에 있었던 일입니다.

손바닥에 피가 날 정도로 손뼉 치고 기도해야 성령이 오신다는 이야기를 들었을 때는 정말 죽어라 박수를 쳤습니다. 하지만 어딘가에 긁히거나 베이지 않는 이상, 피는 절대로 나지 않았습니다. 가슴과 등이 뜨거워지면 성령이 오신다는 얘기를 듣고서는, 목이 완전히 쉴 때까지 소리를 지르면서 떼굴떼굴 굴러다닌 적도 있습니다. 그러나 그저 땀이 나서 가슴이 따뜻해질 뿐이었습니다. 저는 정말 그렇게 '이러다 죽겠구나' 하는 생각이 들만큼 다양하게 요란을 떨며 여기저기 쫓아다녔습니다. 그러면서 별별 사람을 다 만나 봤습니다. 성령이 직접 말씀해 주셨다고 하면서 요상한 짓거리를 하는 것도 많이 봤습니다. 시간이 흐른 뒤 그들의 결말이 어떠했는지도 지켜보았습니다. 그 모든 것을 살펴본 뒤에 제가 내린 결론은, '십자가의 도 외에는 부러워할 것도 없고 궁금해할 것도 없다'는 것이었습니다. 하나님은 자연계뿐 아니라 그것을 초월하는 영적 세계까지 지으신 분입니다. 그러므로 어떤 것에도 한눈팔지 말고 철저하게 모든 것의 중심에 십자가를 세우시기 바랍니다.

초대교회에서 십자가의 도는 그것을 받아들인 사람의 삶을 통째로 바꿔 놓았습니다. 사도들과 초대교회 성도들은 한 가지만 빼놓고는 모든 부분에서 사람들의 칭송을 받았습니다. 늘 예수 그리스도라는 결론을 갖고 살았기 때문에, 그들은 세상 누구보다 양심적이고 모범적인 삶을 살았습니다. 죄인 '장아찌'였던 내가 주님과 함께 죽었고 지금은 내가 아니라 주님이 사시는데, 구태여 도덕과 윤리를 논할 필요가 있겠습니까? 성경말씀은 인류 역사상 가장 뛰어난 윤리이자 가장 높은 차원의 도덕입니다. 감히 따를 수 없을 만큼 수준이 높은 나머지, 우리의 기가 꺾인다는 게 문제일 뿐입니다. 내용 면에서는 정말 최고의 도덕이자 예법이며 교훈입니다. 마태복음 5장부터 시작되는 산상수훈을 아십니까? 읽는 그 순간 곧바로 좌절감이 밀려옵니다. 그대로 따라 살기에는 수준이 너무 높으니까요.

자, 누가 여러분에게 "거 참, 되게 촌스럽게 생겼네"라고 말하면서 따귀를 올려붙이면 어떻게 해야 할까요? "끝까지 쫓아가서 그놈의 코를 확 물어뜯어라"라고 얘기한다면, 적어도 우리네 정서로 이해하기가 너무 쉬울 것입니다. 그러면 기독교인이 되기도 쉽지 않겠습니까? 그러나 성경말씀은 우리의 비위를 맞춰 주는 법이 없습니다. 오히려 정반대의 길을 추구합니다.

잘못한 것도 없는데 누가 따귀를 때리면, 성경은 이에 맞받아치지 말고 "제게 왜 그러신 건지 잘 모르겠습니다만, 아직도 분이 덜 풀리셨다면 다른 쪽 뺨도 이용해 주세요"라고 말하라고 합니다. 솔직히 이런 얘기 들으면, 억울하지 않습니까? 그것뿐만이 아닙니다. 어떤 못된 녀석이 내 겉옷을 들고 도망치거들랑 냉큼 쫓아가서 "혹시 속옷은 안 필요하십니까?"라고 말하며 속옷까지 주라고 합니다. "아니, 그러면 나는 어떻게 살라는 겁니까? 그런 식으로 이 험한 세상을 어떻게 살라고요?"

이게 바로 기독교 정신입니다. 보육원, 양로원, 아동과 여성의 인권 운동 같은 세상의 모든 선한 일이 어디에서 나왔는지 아십니까? 모두 성경과 기독교에서 나왔습니다. 그러니까 앞으로는 성경이나 기독교를 윤리 도덕 따위와 비교하는 유치한 짓을 하지 마시기 바랍니다. 삼강오륜이 아니라 삼강오륜 할아버지라 해도, 성경말씀을 따라올 수 없습니다. 그 정도로 초대교회가 도덕적으로 완벽했다면, 도대체 그들은 왜 사람들에게 비난을 받았을까요?

그것은 바로 예수님의 십자가 복음 때문이었습니다. 당시 초대교회가 십자가를 빼고서 예배하고 설교했다면, 십자가에서 돌아가신 그리스도와 부활만 빼고 전도했다면, 기독교를 싫어할 사람은 아무도 없었습니다. 당시의 여론은 '예수와 십자가만 빼면 기독교도 괜찮은 종교다'라는 분위기였습니다. 사탄도 이 점을 놓칠 수 없었을 겁니다. 그래서 어떤 사람들은 이렇게 제안하기도 했습니다. "그래요, 다른 건 정말 좋습니다. 교회는 정말 좋은 단체입니다. 도덕 수준도 높고 사회봉사도 많이 하고 정말 훌륭합니다. 다만, 현실성 떨어지는 십자가와 부활 얘기만 안 한다면, 더 영향력 있는 종교로 성장할 수 있을 텐데요."

이 제안을 받아들인 가장 대표적인 예가 바로 유럽의 기독교입니다. 성경에 기록된 원리를 지키면 사회 수준이 높아지고 삶의 질도 향상됩니다. 십자가와 관련된 부분을 제외한 성경의 나머지 말씀을 사회규범이나 행동강령으로 삼으면 정말 살기 좋은 사회를 만들 수 있습니다. 하나님이나 남에게 신경 안 쓰고 자기들끼리 지내고 싶어 하는 사람에게는 더없이 좋은 겁니다. "우리끼리, 우리 식구끼리 잘 살 테니 예수님은 살짝 빠져 주세요"라고 고백하는 와중에 "십자가처럼 부담스럽거나 부활처럼 말도 안 되는 소리는 사절입니다"라고 말하게 된 겁니다.

"그리스도가 우리 가정의 주인이시라고요? 안 그래도 바쁘실 텐데 너무 신경 쓰고 그러지 마세요. 주님은 원래 성전 체질이잖아요. 그러니까 앞으로도 쭉 교회에만 계시다가 주일예배 시간에나 주인 대접받으세요." 유럽의 교회들이 이런 식으로 가는 바람에, 지금 많은 교회가 텅텅 비거나 모스크가 되고 술집이 된 게 아니냐는 말입니다.

한국 교회도 이미 그렇게 흘러가는 경향을 보이고 있습니다. 훈련을 얼마나 잘 받았는지 이런 건 귀신같이 잘 따라합니다. 일주일에 딱 한 번 교회 나오면서, 목사님의 축도 시간에는 자기도 속으로 같이 축도합니다. '하나님은 성전 체질이시니 앞으로도 계속 성전에 계시고, 제발 저를 따라오지 마소서. 다음 주일에도 교회 올 테니 염려 붙들어 매십시오. 꼭 나옵니다. 그리고 제가 알아서 잘 살 테니 다른 일에는 아무 걱정하지 마소서.'

나이트클럽이나 카바레에 가서 신나게 춤추고 있는데, 주님이 그 앞에서 "내가 너를 사랑한다"라고 속삭이시면 곤란하다는 겁니다. 도박장에서 호기롭게 한 판 즐기고 있는데, 주님이 그 옆에서 "내가 널 위해 죽었다"라고 속삭이시면 될 일도 안 된다는 겁니다. 그러니 "주님은 성전 체질이시고 저는 세상 체질이니, 주여 제발 교회에만 계시옵소서. 다음 주일예배에는 기필코 나올 테니까 제발 저 좀 따라다니지 마옵소서. 육두문자 써 가며 화끈하게 부부 싸움하고 있는 데 나타나셔서 '내가 너희를 사랑한다. 내가 너희를 한 몸으로 빚었다'라고 하시면 정말 곤란합니다. 주여! 그러니 제발 제 곁에 오지 마소서"라고 열심히 기도하는 겁니다.

주님이 자기를 따라다니실까 봐 두려워하는 교인들이 많습니다. 자기 맘대로 살고 싶은데 주님이 따라다니면 부담된다는 겁니다. 따라다니지 말아 달라는 게 무슨 뜻입니까? 교회에만 계시라는 건 무슨 뜻입니까? 주인 노릇하지 말라는 겁니다. 주인이 되시려는 생각 자체를 아예 하지 말라는 겁니다. 교회에 나와 줄 테니, 예배 드려 줄 테니, 헌금해 줄 테니, 교회 봉사해 줄 테니 나중에 지옥 안 가는 도장이나 확실하게 찍어 달라는 겁니다. 솔직히 말해서 내 맘대로 사는 지금 이 순간이 바로 천국 아니겠습니까? 천국 가면 뭐 별 다른 것이 있겠습니까?

"저 높은 곳을 향하여 날마다 나아갑니다.…험하고 높은 이 길을 싸우며 나아갑니다"하고 찬양하면서도, 속으로는 '흥! 기도 안 해도 일만 잘 되더라. 저렇게 질질 짜면서 기도하고 금식해서 해결된 경우를 본 적이 없어요.'라고 생각하며 앉아 있는 겁니다. 하지만 이런 분들이 쓴맛을 보게 될 날도 멀지 않았습니다.

높은 데로 올라가는 건 힘이 듭니다. 애써야 되고 노력해야 갈 수 있습니다. 하지만 저절로 가는 건 쉽습니다. 특별히 신경 쓰지 않아도 내 발이 저절로 움직여 앞으로 가려면 어떻게 해야 할까요? 손수레에 짐을 가득 싣고 브레이크 없이 그대로 비탈길을 내려가면 됩니다. "기도 안 해도 잘 사는데요? 신앙생활에 관심 없어도 먹고사는 데 아무 지장 없던데요? 주일 성수 안 해도 출세만 잘 하던데요?"

이상하게 생각하지 마십시오. 그런 건 잘 됩니다. 잘 될 수밖에 없습니다. 왜일까요? 죄악의 짐을 가득 싣고 지옥행 비탈길을 일사천리로 뛰어 내려가고 있는 것이기 때문입니다. 이런 분들에게는 삼가 심심한 조의를 표하는 바입니다. 곧 쓴맛을 보게 될 날이 얼마 남지 않으셨습니다.

'죽는다는 점에서 모든 인생은 똑같다'고 하시는 분이 있습니다만, 모든 죽음이 똑같은 것은 아닙니다. 차원이 다른 죽음이 있습니다. 바로 십자가에서의 죽음에는 부활이 있습니다. 하지만 십자가가 아닌 다른 곳에서 죽는다면 부끄러운 죽음 혹은 개죽음일 뿐입니다. 우리가 죽어야 할 곳은 따로 있습니다. 바로 십자가에서 죽어야 자유케 될 수 있습니다.

십자가는 변화의 열쇠

초대교회는 당시 사회로부터 타협을 요청받았습니다. 십자가에서 죽은 예수를 '그리스도'라고 부르지 않는다면, 다른 것은 모두 인정해 주겠다는 제안이었습니다. 예수님을 그리스도 대신 선지자나 선생님, 아니면 세계 4대 종교 중 하나인 기독교의 창시자로 바꿔 부르면 어떻겠냐는 제안이었습니다.

기독교에 적대적인 태도를 취하는 무슬림도 예수님을 '이사'라고 부르며 그분을 하나님이 보내신 선지자로 인정합니다. 특히 힌두교 신자들은 예수님을 '신'으로 믿는 데 더더욱 어려움이 없습니다. 힌두교는 지나가는 강아지까지 신으로 떠받드는 다신교입니다. 신은 많으면 많을수록 좋다고 생각하기 때문에 이들은 총 3억 3천 개의 신을 모시고 있습니다. 그렇게나 신이 많은데 기독교의 신 하나 더 추가하는 게 뭐 그리 어렵겠습니까?

더 나아가서 종교 지도자들이 회의를 통해 "이제부터는 우리 모두 예수를 신으로 인정한다. 우리 각자 믿는 신을 뭐라고 부르던 간에 호칭만 다를 뿐 모두 같은 신이라고 하자. 뭐라고 부르든 그건 별로 중요한 일이 아니지 않은가? 그러니 제발 십자가 얘기만은 빼다오"라고 결의한다면 어떻게 되겠습니까? 이처럼 사탄은 무엇을 어떻게 노려야 할지 정확히 알고 있습니다.

십자가가 없는 복음은 더 이상 복음일 수 없습니다. 십자가가 없다면 기독교가 존재해야 할 필요도 없습니다. 십자가 생명과 십자가 부활이라는 복음의 핵심을 빼 버리면, 기독교는 이 세상에서 가장 추악한 종교로 전락할 것입니다. 역사적으로 큰 죄악을 저지른 사람들 거의 대부분이 그리스도인, 특히 모태신앙인들이었습니다. 그러나 그들은 십자가를 만나 본 적이 한 번도 없었습니다.

교회사를 살펴봐도 기독교에 해악을 끼친 대부분의 사람들 역시 이런 사람들이었습니다. 진화론을 주장해서 교회를 어지럽힌 찰스 다윈도 원래는 신학도였다고 하지 않습니까? '하나님은 없다'는 인본주의, 성경의 공동체 원리에서 예수님만 쏙 빼 버린 공산주의는 어떻게 시작되었습니까? 십자가 생명을 잃고, 예수 그리스도 없이 썩을 대로 썩어 버린 기독교에 대한 반발로부터 생겨났습니다. 이 모든 기가 막힌 음모의 초점은 십자가에 맞춰져 있습니다. 사탄은 십자가를 제거한 기독교, 십자가를 만나지 못한 그리스도인을 통해 놀라운 영광의 복음을 가리고 숨겨 왔습니다.

하지만 초대교회는 그렇지 않았습니다. 사도행전을 읽어 보십시오. 단순한 메시지를 선포하는데도 청중을 매우 힘 있게 뒤흔드는 능력이 있었습니다. 그들은 인간의 달변에 의지하지도 않았고, 지식이나 정보 나부랭이를 전하지도 않았습니다. 그들은 오직 '십자가의 예수 그리스도'만을 전했습니다.

교회 건물도 없었고 조직도 없었고, 재력가나 권력자도 없었습니다. 천하고 소외받는 계층의 사람들이 전부였습니다. 열두 제자 형님들 역시 고기나 잡아먹던 어부 출신, 몸으로 뛰어서 먹고살던 분들입니다. 이런 사람들이 예수 그리스도를 만나 십자가의 복음을 소유하게 되었습니다. 이 복음은 그것을 받은 사람의 삶을 통째로 뒤집었고, 당대를 주름잡던 로마 제국의 권세와 헬라 철학을 흔들어 세상을 변화시켰습니다. '천하에 퍼진 염병, 세상을 소란케 하는 자들'이라는 말까지 들을 정도로 엄청난 영향력을 갖게 되었습니다. 복음을 처음 접할 때는 아무런 변화도 느껴지지 않았지만, 시간이 흐른 뒤에는 대부분의 것이 변화되어 있었습니다. 가치관이 바뀌고 사람이 달라진 것입니다! 세상이 아니라 하늘에 속한 사람이 되었습니다. 전에는 내려놓지 못해 벌벌 떨었던 세상의 가치를 헌신짝처럼 내버리고, 사람이 아니라 보이지 않는 하나님을 경외하며, 하나님 나라를 위해 세상의 것을 기꺼이 포기하고, 말도 안 되는 하늘의 가치로 세상을 뒤집었습니다. 지금도 복음의 능력이 임할 때마다 깡패가 변해서 목사가 되고, 사기꾼이 변해서 자선 사업가가 되고, 저처럼 망해 버린 술집 아들이 선교사로 변화됩니다. 그렇다면 주님은 십자가를 통해 과연 여러분을 어떤 자리로 이끄실까요? 이 부분을 온전히 깨달아야 합니다.

십자가는 정죄가 아니라 은혜다

하지만 우리는 대부분 십자가를 주로 죄책감을 떨어내는 데에 사용합니다. 너무도 자주 십자가를 하나님 앞에서 찝찝하고 답답한, 떳떳하지 못한 마음을 처리하는 쓰레기 하치장 정도로 생각합니다. 물론 그것도 중요합니다만, 이것만으로는 반쪽짜리 복음에 불과합니다. 십자가로 말미암는 참된 자유는 어떤 것으로부터 건짐 받는 것뿐 아니라, 그 존재답게 살 수 있는 자리로 나아가는 것까지 포함합니다. 구원이란 죄와 사망으로부터 건져 주는 것에 대한 것만이 아니라, 하나님의 자녀로 살도록 이끌고 도와주시는 것이라는 말입니다. 이것이 완전한 복음입니다.

이스라엘의 출애굽 역사는 세 단계로 나눠집니다. 첫 번째는 바로의 권세를 꺾고 애굽에서 건져 낸 것이고, 두 번째는 광야에서 사십 년이라는 시간을 보낸 것, 마지막 세 번째는 가나안 땅을 정복하고 정착한 것입니다. 주님은 이스라엘을 애굽에서 건져 내기만 하시고는 "이제부터는 적극적인 사고방식을 갖고 너희 힘으로 살아 봐라"고 하지 않으셨습니다. 아마 주님이 그러셨다면, 이스라엘 백성은 끝까지 애굽에 머물러 있었을 겁니다. 일이 고되고 자유도 없지만, 그래도 먹고 잘 걱정은 없으니까 훨씬 나은 거죠. 아무런 대책도 없이 끌어내서 "너희가 알아서 살아라"고 말하면 모두 굶어 죽습니다. 감사한 것은 하나님께 반쪽짜리 구원은 있을 수가 없다는 것입니다. 복음은 무엇으로부터 건져 냈다는 것과 무엇으로까지 나아갈 것인가 하는 내용을 모두 포함합니다.

바로의 권세에서 건져 내는 출애굽 사건의 첫 단계에서 이스라엘 백성이 한 일은 아무것도 없습니다. 출애굽 사건은 구원이 철저하게 하나님의 주권적인 능력으로 이루어진다는 것을 보여 줍니다. 우리가 얼마나 엄청나고 끔찍한 운명으로부터 구원받은 것인지, 어디에서 구원받았고 얼마나 어마어마한 복음을 받았는지 상징적으로 보여 주고 있습니다.

인생의 가장 중요한 문제는 삶의 주인이 누구냐는 겁니다. 내 삶에서 실제로 주인 노릇을 하는 게 도대체 뭐냐는 겁니다. 지금까지는 죄가 우리 인생의 주인 노릇을 했습니다. 벗어나려 해도 벗어날 수 없고 자유하고 싶어도 자유할 수 없는 죄의 문제에 고뇌하며 살아오지 않았습니까? 이스라엘 백성이 애굽에서 겪은 채찍질, 가난, 고통, 괴로움, 억압 같은 모든 비극의 뿌리는, 그들을 노예 삼아 억압하고 채찍질하던 바로였습니다. 악한 주인을 만나면 악한 일을 저지르게 되고, 무서운 주인을 만나면 무서운 일을 당하게 마련입니다. 여기에서 바로는 사탄을 상징합니다. 그는 피를 짜내듯 완벽하게 무임금으로 이스라엘을 착취했습니다. 이스라엘을 그냥 쓰고 버리는 일회용품, 소모품 정도로 취급했습니다.

> 도둑이 오는 것은 도둑질하고 죽이고 멸망시키려는 것뿐이요 내가 온 것은 양으로 생명을 얻게 하고 더 풍성히 얻게 하려는 것이라 요 10:10

사탄은 인간성을 도적질하고 하나님이 주신 아름다운 것을 빼앗아 가는 자입니다. 오로지 착취하고 억압하는 것밖에는 모릅니다. 하지만 우리가 혹사당하고 있다는 사실을 깨닫지 못하도록, 한편으로 먹을 것과 입을 것을 조금씩 던져 주는 극악무도한 지혜도 갖고 있습니다. 채찍과 당근을 어떻게 사용해야 할지 정확하게 알고 있는 영리한 자이지만, 그의 목적은 도적질하고 죽이고 멸망시키는 것뿐입니다. 우리는 이 사탄의 손아귀에서 벗어나려야 벗어날 수 없는 절망적인 상태에서 오직 하나님의 주권적인 능력 덕분에 구원받았다 이 말입니다. 하지만 이 구원이 진정으로 내 것이 되려면, 완전한 구원을 담은 복음을 '살아 있고 생생한' 믿음으로 내 안에 받아들여야 합니다.

> 믿음이 없이는 하나님을 기쁘시게 하지 못하나니 하나님께 나아가는 자는 반드시 그가 계신 것과 또한 그가 자기를 찾는 자들에게 상 주시는 이심을 믿어야 할지니라 히 11:6

십자가 없이 뜨겁기만 한 믿음은 무용지물

믿음에 관해 우리가 갖고 있는 또 하나의 문제는, '자기 확신'을 믿음으로 착각하는 경우입니다. '뜨거웠냐 안 뜨거웠냐, 열렬한가 아닌가'로 믿음의 여부를 가늠하는 겁니다.

사기 당할 때도 마음이 움직였기 때문에 넘어간 것이지, 그렇지 않았으면 사기 당하지 않았을 겁니다. 사기도 믿음이 있어야 당하는 거다 이 말입니다. '얼마나 확실하게 믿었는가, 믿을 때 마음이 뜨거웠는가'보다 중요한 건, 내가 믿은 대상과 내용이 '영원히 변하지 않는 진리냐 아니냐' 하는 겁니다. 정말 믿을 만한 대상이냐는 겁니다. 믿을 만한 대상을 믿고, 의지할 만한 걸 의지해야 합니다. 자기 혼자만의 생각으로 무턱대고 믿어 버리면 안 됩니다.

"그 사람을 만나는 순간 마음이 따뜻해졌어. 그의 눈동자가 정말 진실해 보였거든. 다른 사람은 몰라도 그 사람은 정말 믿을 수 있는 사람인 것 같았어. 그래서 전부 다 줘 버렸는데, 사기꾼이라고?"

누가 그 따위로 믿으라고 했습니까? 믿음은 내 느낌, 자기 확신이 아닙니다. 마음을 수련하는 게 아니라 진리를 믿는 겁니다. '믿을 때 내게 어떤 반응이 일어났느냐'가 아니라 '어떤 내용을 믿느냐'가 중요한 겁니다.

신앙도 마찬가지입니다. 신을 믿을 때 '어떤 감동과 감격이 있었느냐'가 아니라 '어떤 신을 믿느냐'가 중요합니다. 아무리 느낌이 좋아도 평생을 넘어 영생에까지 전혀 도움 안 되는 우상 잡신이 아닌, 살아 역사하시며 영원한 진리 되시는 하나님을 믿어야 한다는 겁니다. 변함없는 진리를 믿어야 한다는 말입니다. 정확하게 알기만 하면, 혼란스럽거나 헷갈릴 이유가 전혀 없습니다.

살아 계신 영광의 주님이 영원한 복음으로 우리를 초대하시고 십자가의 복음 앞에 세워 주셨는데, 이제는 어떻게 해야 예수 그리스도의 십자가 복음을 만날 수 있을까요? 어떻게 해야 예수님을 우리의 생명으로 만날 수 있을까요?

출애굽 사건을 통해 이스라엘 백성은 애굽으로 상징되는 사탄과 지옥의 권세로부터 구원받은 동시에 가난과 질병, 고통 같은 눈에 보이는 상황과 환경으로부터도 구원받았습니다.

그러나 복음으로 성취된 가장 놀라운 역사는, 나 자신으로부터 구원받아야 한다는 사실을 깨닫게 하신 겁니다. 이스라엘 백성은 바로의 눈길에서만, 그의 악독한 채찍질에서만, 애굽에서만 벗어나면 어떻게든 될 거라고 생각했습니다. 하지만 애굽 땅을 나와 홍해를 건너 광야에 도착한 그들은, 눈에 보이는 바로보다 자신의 악한 심령 속에 숨어 있던 병든 옛 사람, 병든 옛 자아가 더 무섭고 지긋지긋하다는 사실을 깨닫게 되었습니다.

죽어도 변하지 않고 훈련해도 바뀌지 않는, 아무리 많은 사랑과 은혜를 받아도 감사할 줄 모르는 밑 빠진 독 같은 정욕의 구덩이 같은 나! 주님의 일을 한다고 하면서도 '안목의 정욕, 육신의 정욕, 이생의 자랑'을 따라 여전히 자기 자신을 추구하는 병든 나 말입니다. 원수의 손에서는 건짐을 받았지만, 정작 내면의 대적 때문에 광야에서 주저앉아 죽은 사람이 애굽에서 죽임 당한 사람보다 더 많았습니다. 이 내면의 적을 해결하지 않는 한, 병든 옛 자아를 죽이지 않는 한, 진정한 구원은 성취될 수 없습니다. 그렇다면 어떻게 해야 이 병든 옛 자아의 문제를 해결할 수 있겠습니까? 죄와 사망에서, 저주받은 상황과 환경에서 우리를 구원하신 주님이 옛 자아에서도 우리를 구원하실 것을 믿어야 가능한 일입니다.

이스라엘 백성을 애굽에서 데리고 나오실 때 하나님은 '구원은 철저히 하나님의 능력으로 이루어진다'는 것을 보여 주기 원하셨습니다. 그리고 가나안 땅에 들어갈 때는 '완전하신 하나님의 구원을 믿어야만 약속의 땅을 취할 수 있다'는 것을 보여 주기 원하셨습니다. 하나님의 구원은 두말할 것 없이 완전합니다. 그러나 오직 그것을 믿는 자에게만 완전한 복음이 된다는 것을 기억하시기 바랍니다.

그들과 같이 우리도 복음 전함을 받은 자이나 들은바 그 말씀이 그들에게 유익하지 못한 것은 듣는 자가 믿음과 결부시키지 아니함이라 히 4:2

십자가는 모든 인류를 구원하는 완전한 보혈의 능력이자 사탄의 머리를 깨뜨리는 능력이며, 우리를 자유케 하는 능력의 근거입니다. 그러나 그 말씀을 믿음으로 받아들여 나 자신과 결부시키지 않으면, 아무런 효력이 없습니다.

살아 있는 십자가 믿음을 가지라

그러므로 먼저 해야 할 것은 십자가의 온전한 복음을 듣는 것입니다. 요즘 사람의 입맛에 맞게 상품화된 싸구려 가짜 복음을 받아들이면, 아주 참혹하게 망하게 됩니다. 그러므로 십자가의 복음, 성경이 말하는 복음을 정확하게 듣고 아는 것이 참된 복입니다. 내가 원하는 메시아가 아니라 하나님이 보내신 메시아, 즉 십자가의 그리스도를 만나야 합니다.

　온전한 복음을 듣고 믿었다면, 그 믿은 내용이 나를 이끌고 가게 되어 있습니다.

　누군가와 결혼을 하려면, 먼저 그 사람을 정말로 믿을 수 있어야 하지 않습니까?

　"좋은 사람이에요. 정말 귀한 분이더라고요. 그런데 아직 결혼할 생각까지는 없네요."

　이는 결혼할 수 있을 만큼 믿지는 못하겠다는 말입니다. '믿을 수 있는가'라는 마지막 한 줄이 아직 풀리지 않았다는 겁니다.

"믿습니다, 주님! 믿어요. 아멘입니다!"라고 말하면서도 따라가지는 못하겠다면, 믿는 것이 아니라 믿어 보려고 용쓰느라 이러한 고백을 한 것입니다. 이런 건 믿음이 아닙니다.

미국의 뉴욕에서 캐나다와의 국경 쪽으로 올라가면 그 유명한 나이아가라 폭포가 나옵니다. 간단하게 설명하자면, 한강 정도 되는 너비의 강이 거침없이 흘러가다가 갑자기 밑으로 푹 꺼지는데, 높이가 자그마치 20-30층 정도됩니다. 그게 나이아가라 폭포입니다.

아주 오래전에 찰스 브랜든이라는 미국인 곡예사가 하나 있었는데, 세계 1, 2위를 다툴 만큼 서커스계에서 알아주는 실력자였답니다. 그가 한번은 한강보다 더 넓은 나이아가라 폭포에 줄을 걸어 놓고 외줄 횡단에 도전한 적이 있었습니다. 보기에 엄청나게 아슬아슬했는데, 그럼에도 그는 평지를 걸어가는 것보다 더 잘 걸어다녔습니다. 결국 외줄 횡단에 성공해서 반대편에 도착하니, 기다리던 군중이 환호성을 지르고 난리가 났습니다.

그중 한 사람이 유난히 거품을 물면서 "신의 발이다, 신의 발!"이라고 하면서 엄청난 소리를 질러 댔습니다. "사람이 아니라 신의 경지다"라는 뜻인 겁니다.

이 곡예사가 흥분한 군중을 진정시킨 뒤 이렇게 물었습니다. "여러분, 정말 제 능력으로 나이아가라 폭포를 횡단했다고 생각하십니까?"

사람들이 일제히 그렇다고 대답했습니다. 특히 아까 그 남자는 입에 거품을 물면서 더 큰 소리로 "그렇고 말고요. 당신은 세계 최고입니다!"라고 외쳤습니다.

그러자 곡예사는 미소를 지으며 이렇게 말했습니다. "하지만 저는 아직도 제 실력을 다 보여 드리지 못했습니다. 정말 안타깝습니다. 지금처럼 저 혼자 건너오는 것은 평지를 걷는 것보다 더 쉽습니다. 사실 저는 한 사람을 등에 업고도 건너갈 수 있습니다. 제가 그렇게 할 수 있다고 믿으십니까?"

사람들이 흥분해서 소리치기 시작했습니다. "당신은 분명히 그렇게 할 수 있습니다!"

이번에도 특히 아까 그 남자가 가장 난리를 쳤습니다. 이제 곡예사가 그 남자에게 이렇게 물었습니다.

"선생님, 제가 정말 그렇게 할 수 있다고 믿으십니까?"

"그럼요! 그걸 말이라고 하십니까? 당신은 분명히 할 수 있습니다."

"그렇다면 곁에서 직접 제 실력을 보실 수 있는 특권을 선생님께 드리고 싶습니다. 제 등에 업혀서 함께 폭포를 건너 보시겠습니까?"

그러자 남자의 얼굴이 하얗게 질리더니, 한 걸음 뒤로 물러서며 "무슨 농담을 그렇게 심하게 하는 거요?"라고 말했습니다.

"방금 제 능력을 믿는다고 하지 않으셨습니까?"

"이 사람아! 그렇게 할 수 있다고 믿는 거랑 당신 등에 업혀서 저길 건너는 게 어떻게 같아?"

남자는 결국 이렇게 말하면서 한 성질부리고 도망쳐 버렸답니다. 이 사람의 믿음은 어떤 믿음이었을까요? 입으로만 믿는 주둥이믿음입니다. 주둥이믿음 따위는 있을 수 없습니다. 믿는다고 말은 하면서도 실제로 움직이지는 않는 건, 일반 정신 수련에서도 용납이 안 되는 겁니다. 그래서 성경은 살아 있는 믿음에 대해 이렇게 말합니다.

> 이와 같이 행함이 없는 믿음은 그 자체가 죽은 것이라 약 2:17

주님이 우리에게 주신 놀라운 복음이 영원히 변하지 않는 진리라면, 그것을 믿는 믿음 역시 실재가 되어야 합니다. 그렇지 않으면 복음도 실재가 될 수 없습니다.

살아 있는 믿음은 자기 최면이나 정신 통일을 위한 주문, 예배 시간에 신앙고백을 할 때 사용하는 기도문 따위가 아닙니다. 말 그대로 나를 살리고 살아가게 하는 것입니다.

> 내가 그리스도와 함께 십자가에 못 박혔나니 그런즉 이제는 내가 사는 것이 아니요 오직 내 안에 그리스도께서 사시는 것이라 이제 내가 육체 가운데 사는 것은 나를 사랑하사 나를 위하여 자기 자신을 버리신 하나님의 아들을 믿는 믿음 안에서 사는 것이라 갈 2:20

복음에 대한 살아 있는 믿음은 목회자나 선교사들만의 것이 아닙니다. 신앙을 고백하고 세례나 침례를 받은 모든 그리스도인이 자신의 인생을 향해 선포해야 하는 진리이자 삶의 모습이어야 합니다. 나는 주님과 함께 죽고 내 안에 그리스도가 사신다는 믿음으로 살아가는 것, 이것이 모든 그리스도인의 영적 수준이 되어야 한다 이 말입니다.

그리스도인이 되었음을 공식적으로 고백하는 가장 대표적인 의식은 세례 혹은 침례입니다. 성령이 십자가의 진리를 내 안에 적용시키셔서 믿게 하신 것을 온 교회 앞에서 고백하는 세례 혹은 침례는, 쉽게 말해서 자신이 죽었음을 선포하는 것입니다. "나의 옛 사람은 예수님이 죽으실 때 함께 죽었습니다. 정말입니다! 제게 그런 일이 일어났습니다"라고 고백하는 것입니다.

"예수님을 대적하고 죄에 찌들어 살던 병든 자아는, 주님이 십자가에서 제 이름표를 달고 돌아가실 때 함께 죽었습니다. 예수님의 죽음이 바로 나의 죽음이라는 것을 받아들입니다. 이제 모든 미련의 끈을 놓고 죄와 나 자신에 대해 죽은 자로 살겠습니다"라고 고백하는 것입니다. 물속에 들어가거나 물로 머리를 적시는 것은 우리의 죽음을 상징합니다. 그리고 물속에서 다시 일어설 때는 예수 그리스도의 새로운 생명으로, 주님의 부활에 연합하여 일어나는 것입니다. 또한 하나님의 생명을 가진 자녀가 되었다는 믿음이 실재가 되어 삶의 주체로 작용한다는 의미도 갖고 있습니다.

> 무릇 그리스도 예수와 합하여 세례를 받은 우리는 그의 죽으심과 합하여 세례를 받은 줄을 알지 못하느냐 그러므로 우리가 그의 죽으심과 합하여 세례를 받음으로 그와 함께 장사되었나니 이는 아버지의 영광으로 말미암아 그리스도를 죽은 자 가운데서 살리심과 같이 우리로 또한 새 생명 가운데서 행하게 하려 함이라 롬 6:3-4

이것이 십자가 복음의 본질입니다. 사실 주님은 진리를 철저히 내 것으로 만들지 않고서는 그분을 따를 수 없다고 이미 말씀하셨습니다.

> 또 무리에게 이르시되 아무든지 나를 따라오려거든 자기를 부인하고 날마다 제 십자가를 지고 나를 따를 것이니라 눅 9:23

주님의 성도요, 왕 같은 제사장이요, 하나님의 자녀요, 그리스도의 신부로 살아가는 영적인 삶은 십자가에서부터 시작됩니다. 십자가를 통하지는 않고는, 십자가가 실제로 내 삶의 중심에 세워지지 않고는 주님을 따라갈 수 없습니다. 그렇다면 주님이 우리에게 부인하라고 하신 '자기'는 무엇일까요? 지금까지 주인 되어 살아온 나, 신앙생활에서조차도 시퍼렇게 살아서 주님을 위해 살겠다고 용쓰는 나, 거룩해지기 위해 애쓰는 나, 그렇게 되기 위해 노력하는 나, 내 인생의 주체인 바로 나입니다.

> 그는 허물과 죄로 죽었던 너희를 살리셨도다 그때에 너희는 그 가운데서 행하여 이 세상 풍조를 따르고 공중의 권세 잡은 자를 따랐으니 곧 지금 불순종의 아들들 가운데서 역사하는 영이라 전에는 우리도 다 그 가운데서 우리 육체의 욕심을 따라 지내며 육체와 마음의 원하는 것을 하여 다른 이들과 같이 본질상 진노의 자녀이었더니 엡 2:1-3

주님의 십자가가 삶에서 실재가 되지 않는 가장 큰 이유는, 내 삶의 주인이 철저히 나 자신이기 때문입니다. 하나님을 믿기는 하지만 내게 필요한, 내게 도움을 주는 문제 해결사 정도로 여기는 거지, 내 삶의 주인이나 왕, 진정한 생명으로 모시지는 않습니다. 어떤 직분을 가졌고 어떤 영적 체험을 했든 상관없이 자기 자신이 삶의 주인인 사람에게 주님은 주인이 되실 수 없습니다.

자신의 야망과 목표, 사람들의 칭찬과 인정, 사랑받고 싶은 욕구를 추구하는 것뿐 아니라, '이렇게 열심히 신앙생활하는데, 왜 알아주는 사람이 없을까?', '똑같이 주의 일을 하는데, 왜 나는 성공하지 못할까?' 이런 갈등으로 신앙생활하는 것 역시 자기 자신을 추구하는 것입니다.

홀로 있을 때 당신의 믿음은 어떠한가?

창세기 3장에서 사탄은 하와에게 다가와 하나님의 자리에 올라가라고 속삭입니다.

> 뱀이 여자에게 이르되 너희가 결코 죽지 아니하리라 너희가 그것을 먹는 날에는 너희 눈이 밝아져 하나님과 같이 되어 선악을 알 줄 하나님이 아심이니라 창 3:4-5

거짓말하고 훔치고 싸우고 간음하는 것은 죄의 본질이라기보다는 열매들입니다. 정말 무서운 죄는 내 인생에서 하나님을 밀어내고, 내 주인의 자리에서 하나님을 밀어내고, 내 스스로 왕과 주인이 되어 병든 자아를 추구하며 사는 것입니다. 이것이 바로 모든 죄의 근원입니다. 눈이 밝아져 하나님같이 된다는 것은 하나님이 필요 없다는 말입니다. 내가 주인이 되어 안목의 정욕, 육신의 정욕, 이생의 자랑을 추구하는 죄인 장아찌 같은 삶은 도대체 어디에서 나오는 걸까요?

아무도 보는 사람이 없을 때, 나 혼자만 있을 때, 특별히 할 일도 없고 심심할 때, 여러분의 생각과 마음을 자연스러운 상태로 내버려 두면 어떻게 될까요? 여러분 자신에게 솔직히 대답해 보시길 바랍니다.

그런 상태에 있는 여러분 앞에 두 개의 DVD가 놓여 있다고 생각해 보십시오. 하나는 온 가족이 함께 볼 수 있는 문화영화로, 주인공이 착한 일을 해서 상도 받고 행복하게 산다는 이야기입니다. 누구나 볼 수 있는 등급의 영상물이니 열심히 시청하기 바란다는 권고문까지 붙어 있습니다. 다른 하나는 요상한 내용의 19금 영상물로, 여러 사람이 있는 곳에서 상영해서는 안 되고 가급적 보지 않는 것이 좋겠다는 경고문이 붉은 글씨로 적혀 있습니다.

아무도 보는 사람이 없고 나 혼자만 있을 때, 골치 아픈 생각들을 모두 접어놓은 아주 자연스러운 상태일 때, 어느 쪽 DVD에 손이 가게 될까요? 문화영화입니까, 19금 영상물입니까? 대답해 보세요.

정도의 차이는 있겠습니다만, 우리가 법을 지키는 이유는 그것을 지키는 것이 더 유익하기 때문입니다. 만약 법을 지켜도 아무런 유익이 없고, 지키지 않아도 처벌받지 않는다면 어떻게 될까요? 그래도 전과 다름없이 행동할 수 있을까요? 아닐 겁니다. 법을 지키는 것도 사실은 자신에게 유익하기 때문에 하는 겁니다. 이렇게 인간이란 뼛속부터 철저히 죄인 장아찌인 존재들입니다. 죽을 수밖에 없는 죄와 허물덩어리란 말입니다.

죄로부터, 병든 자아로부터 자유케 되는 길은 오직 하나뿐입니다. 그것은 죄에 대하여 죽는 것입니다. 역설적으로 들리겠지만, 병든 자아의 종노릇에서 벗어나는 유일한 길은 죽는 것밖에 없다는 것이 성경의 진리입니다.

새롭게 거듭나야 한다

문둥병이나 에이즈는 병의 진행 속도보다 발병 여부가 더 중요한 질병입니다. 옛날만 해도 문둥병은 고칠 수 없는 병이었고, 에이즈는 아직까지 나을 소망이 없는 병이기 때문입니다. 죄의 문제도 그렇습니다. 우리는 죄를 열매로 보지만 주님은 죄를 존재로 다루십니다.

> 또 간음하지 말라 하였다는 것을 너희가 들었으나 나는 너희에게 이르노니 음욕을 품고 여자를 보는 자마다 마음에 이미 간음하였느니라 마 5:27-28

간음이라는 행위의 결과도 심각하지만, 간음의 동기인 음욕이 더 큰 문제입니다. 경중을 따지자면 결과보다는 존재가 더 위험하다는 것입니다. 지금은 다행히 피할 수 있었다 해도, 마음속에 음욕을 갖고 있는 한 상황과 조건이 갖춰지면 얼마든지 간음을 저지를 수 있기 때문입니다. 아무리 성자처럼 보여도 한순간에 가장 악하고 음란하게 망가질 수 있는 존재가 바로 우리 자신이다 이 말입니다.

용기가 없어서 살인을 못 한 거지, 그동안 살인하고 싶었던 적이 얼마나 많았습니까? 저는 다 압니다. 며느리를 죽이고 싶었던 게 한두 번입니까? 시어머니 돌아가시길 바랐던 며느리가 없겠습니까? 결혼한 지 1년도 안 되어 연애 때 했던 약속을 깡그리 잊어버린 남편이 그만 숨 쉬기를 얼마나 바랐던가요?

열매보다 중요한 건 그 열매를 맺게 하는 나무입니다. 빨갛게 잘 익은 사과를 풍성하게 수확했습니다. 아예 이파리까지 다 따 버렸습니다. 그렇다면 그 이듬해에는 사과나무에 사과가 열릴까요, 열리지 않을까요? 더 풍성하게 열릴 겁니다. 더 충만하게 말이죠.

부흥회 때 하나님이 은혜를 주셔서 감동받아, 그동안 묵혀 놓았던 죄와 허물을 모두 회개했습니다. 그러니까 일주일 정도는 부흥회 약발이 먹히는 것 같습니다. 하지만 시간이 흘러 본래 성격이 슬금슬금 올라오기 시작하면, 이전의 삶이 자동으로 반복되게 마련입니다. 우리는 존재 자체가 죄장아찌이기 때문에, 뿌리가 아닌 열매를 아무리 건드려 봐야 아무 소용이 없습니다.

대부분 사람이 회개를 통해 죄의 열매를 제거합니다. 그런데 모태신앙인은 죄의 열매를 만들 기회가 그렇게 많지 않습니다. 저처럼 처음부터 '내놓은' 삶을 산 사람은 삶 자체가 죄투성이지만, 모태신앙인은 극성맞은 부모 때문에 애초부터 죄를 지을 수 없는 물리적 환경과 상황 속에서 살게 됩니다. 어디 다른 데를 가야 죄도 짓고 할 텐데, 주

말만 되면 예배다, 성경공부다, 교회 봉사다 해서 종일 교회에 붙들어 매놓지 않습니까? 모태신앙인은 정말 힘들 겁니다.

그러니까 그냥 계산해 봐도 모태신앙인이 저 같은 화류계 출신보다는 죄의 열매를 훨씬 덜 맺었을 거라 이겁니다. 그중에서도 회심하기 전의 사도 바울처럼 열심이 있는 모태신앙인은, 어렸을 때부터 모든 율법을 지키려고 노력합니다. 이 정도면 의인이라고 해줘야 하는 거 아닐까요?

그러나 절대 그럴 수 없습니다. 율법은 지키려고 하면 할수록 그와 정반대되는 정욕이 올라와서 날마다 매 순간 전쟁을 치러야 합니다. 그것도 끊임없이 말입니다. 그래서 다음과 같이 고백하게 되는 겁니다.

> 오호라 나는 곤고한 사람이로다 이 사망의 몸에서 누가 나를 건져 내랴
> 롬 7:24

하나님을 떠나 죄인 장아찌가 되어 버린 비참한 운명, 죄와 사망의 노예로 살아야 하는 비극에서 벗어날 길은 어디에도 없습니다. 돌을 열심히 갈고 닦아도 보석이 되지 않는 것처럼, 아무리 인격을 수련하고 도덕적으로 살려 애쓴다 해도 불가능한 일입니다. 제아무리 적극적인 사고방식과 긍정의 힘을 이용해서 부리가 닳도록 노력한다 해도, 닭은 결코 독수리가 될 수 없습니다. 근육 강화 훈련을 하고 부리를 갈고 발톱을 날카롭게 갈아도, 힘센 수탉은 될 수 있겠지만 독수리는 될 수 없습니다.

그래서 주님은 거듭나야 한다고 말씀하신 겁니다(요 3:3). 거듭나지 않으면, 다시 태어나지 않으면, 존재가 바뀌지 않으면, 생명이 바뀌지 않으면, 절대로 하늘나라에 들어갈 수도 없고 구경조차 할 수 없다고 말씀하십니다.

십자가만이 거듭나게 한다

거듭나려면 십자가 외에는 달리 길이 없습니다. 그래서 복음은 단회적인 사건이 아닙니다. 나는 죽고 예수님이 살았다는 고백은 예수님을 영접한 이후의 모든 삶을 아우르는 것입니다. 십자가는 한때 잠깐 믿는 대상이 아닌 영원히 내 삶의 중심이 되는 것입니다. 십자가는 내가 죽었고 이제는 예수 그리스도의 생명으로 살고 있다는 것을 늘 확인시켜 주고 가르쳐 줍니다. 이것은 살아 있는 믿음이 우리 가운데 '실재'로 작용한 결과입니다.

> 복음에는 하나님의 의가 나타나서 믿음으로 믿음에 이르게 하나니 기록된 바 오직 의인은 믿음으로 말미암아 살리라 함과 같으니라 롬 1:17

지나간 과거의 십자가 사건을 믿는 것이 아니라, 지금도 변함없이 내 안에 그리스도와 십자가로 연합된 예수 생명이 살아 숨 쉬고 있음을 믿는 삶. 이것이 바로 믿음으로 우리 인생 전체를 사는 것입니다. 내가 아니라 예수가 살고, 내가 아니라 주님이 일하시는 이 엄청난 복음으로 우리를 초대하시는 것입니다.

당신은 이제 죽었다

십자가에서 우리의 실체가 밝혀졌습니다. 우리는 개선되거나 변화될 가능성이 전혀 없는, 십자가에 죽어야 마땅한 존재들입니다. 그런데 여러분은 이 진리 앞에 정확하게 마주 서 본 적이 있습니까? 지금까지 철석같이 믿고 사랑하며 아껴오던 자아의 죽음을 철저히 경험한 적이 있습니까? 언제 십자가를 내면의 실재로 받아들였습니까?

    십자가 진리에 대해서 언제 들어 보았는지 묻는 것이 아닙니다. 성령체험을 해봤냐고 묻거나, 직분에 대해 묻는 것도 아닙니다.

    주님이 여러분의 죽은 양심을 수술하셔서, '내게는 소망이 없구나. 어떤 노력으로도 하나님 앞에 의롭게 나아갈 수 없구나. 주님의 십자가에서 영원히 죽는 길밖에 없구나' 하고 가슴 절절히 깨닫게 하신 적이 있는지 묻는 것입니다. 주님만 십자가에서 죽으신 게 아니라 나도 그 십자가에서 함께 죽었다는 것을 마음속의 '실재'로 깨달았는지 묻는 것입니다.

    무릇 그리스도 예수와 합하여 세례를 받은 우리는 그의 죽으심과 합하여 세례를 받은 줄을 알지 못하느냐 그러므로 우리가 그의 죽으심과 합하여 세례를 받음으로 그와 함께 장사되었나니 이는 아버지의 영광으로 말미암아 그리스도를 죽은 자 가운데서 살리심과 같이 우리로 또한 새 생명 가운데서 행하게 하려 함이라 롬 6:3-4

이 십자가의 진리가 여러분 안에 실재가 되어 '내 죄는 죽었구나. 나도 끝장났구나' 깨달은 때가 언제냐는 말입니다.

제 아내가 암에 걸렸을 때, 계속 암이 전이되고 있었습니다. 그런데 제 아내는 끝까지 "내가 암에 걸렸을 리 없어! 우리 같은 집안에 무슨 암이야. 이건 오진이 분명해"라고 하면서 인정하지 않았답니다. 분명히 암에 걸렸는데 자기는 암이 아니라는 겁니다. 그러니 암을 치료하기 위한 어떤 행동도 나올 수가 없었습니다.

결국 암에 걸렸다는 사실을 어떻게 받아들였는가 하면, 엑스레이를 찍었는데 이상 소견이 나와 하게 된 조직검사를 받아보고 나서였습니다. 며칠 뒤에 병원에 갔는데 담당 의사가 검사 결과를 내밀면서 설명해 주더랍니다. "이거 보십시오. 조직검사를 해보니까 암 3기로 진단이 나왔습니다. 살 수 있는 확률은 오십 대 오십입니다. 암은 일단 발견되고 나면 예측할 수 없을 정도로 빨리 퍼지니까, 되는 대로 빨리 수술하셔야 합니다."

그러면서 의사가 다시 묻습니다. "이 정도면 증상이 있었을 텐데, 혹시 이러이러한 적은 없었습니까?"

지금까지 그럴 리 없다며 완강하게 버티던 제 아내도 권위 있는 전문의가 부인할 수 없는 과학적 결과를 내밀면서 진단을 내려 주니까,

결국 그 말을 믿게 될 수밖에 없었습니다. 이러이러한 자각증상이 있었는지 묻는데, 가만히 생각해 보니 전부 들어맞았습니다. 바로 그때 아내의 마음속에 사형선고가 내려졌답니다. '진짜 암에 걸렸구나! 나 이젠 죽었구나!' 이렇게 된 겁니다.

십자가에서 성취된 어마어마한 진리가 우리 안에 실재가 되려면, 성령께서 충분히 입증된 진리를 말씀으로 비춰 주시고 말로 형용할 수 없는 진리의 증거를 드러내 주셔야 합니다. 그럴 때에야 자신이 죄인이라는 것을 깨달은 우리의 양심이 마음을 열어 경악하며 주님 앞에 무너지게 될 것입니다. 바로 그 순간에 온전한 구원의 역사가 베풀어질 것입니다.

사람의 자격과 조건으로는 천국에 들어갈 수 없습니다. 십자가의 죽음을 통과하지 않고서는 부활을 경험할 수 없습니다. 인정하고 싶지 않았지만 암이라는 실재를 받아들여야 하는 것처럼, 자신을 속이지 말고 가난하고 정직한 심령으로 진리의 복음 앞에 서시기를 부탁드립니다. 주님이 여러분으로 하여금 뒤로 물러서지 않고 이 진리의 결론까지 이를 수 있는 충분히 증거들을 드러내 보여 주실 것입니다. 아직도 십자가 사건이 실재가 되지 못한 분이 계시다면, 여러분이 알고 있는 진리로 자기 자신을 비춰 보십시오. 그렇게만 해봐도 마음에 사형선고를 받지 않을 수 없을 겁니다. "난 죽었구나! 끝장났구나! 다 틀렸구나!" 이렇게 완벽하게 절망적일 때, 하나님의 은혜말고는 보이는 게 없을 때, 은혜라는 단어가 정말로 내 안에 의미를 갖게 될 때, 십자가에서 주님이 이루신 복음이 밝히 다가와 실재의 믿음이 되어 줄 것입니다.

복음은 무엇을 해서 얻는 것이 아니라, 이미 이루어졌고 주어진 것입니다. 우리가 해야 할 일은 그럼에도 믿음으로 화합하지 아니하는 완강한 자아를 붙잡아 하나님 앞에 나아오는 것입니다. 주님이 베풀어 두신 복음을 이제 내가 취해야 합니다.

> 내 살을 먹고 내 피를 마시는 자는 영생을 가졌고 마지막 날에 내가 그를 다시 살리리니 요 6:54

생명의 떡을 먹고 이 피를 마시는 자마다, 생명을 얻으리라 하셨던 말씀은 믿음이 실재여야 한다는 것을 말해 주고 있습니다. 십자가의 완전하신 복음이라면 믿을 만하지 않습니까? 분명히 믿을 수 있지 않습니까?

예수님의 십자가 죽음이 실재라면 나는 분명히 죽은 겁니다. 그리고 병든 자아의 종노릇도, 사탄의 종노릇도 이미 끝난 겁니다. 이제 해야 할 일은 모든 것이 주님의 것임을 고백하며 내 안에 살아 계신 주님을 경험하는 것뿐입니다. "저는 당신의 집입니다. 주님이 제 육체의 주인이 되셔서 저의 실재로 살아주십시오. 주님이 제 전부, 제 주인, 제 구주가 되시옵소서."

그때 비로소 이 말의 진정한 의미를 가슴 가득히 맛보며 전심으로 고백하게 될 것입니다.

성령께서 이미 수없이 말씀하신 진리가 우리의 영혼 안에 실재가 되어, 주님의 영광을 보게 하시기 원합니다. 준비가 되었다면 결단의 자리로 나아가시기를 바랍니다. 모든 것을 알면서도 애굽에 대한 미련을 버리지 못하고 행동으로 옮기지 못한다면, 아무것도 실재가 될 수 없습니다.

죽은 상태 그대로 주님 앞에 나아가라

사십 년이 아니라 사백 년을 광야에서 돌아다닌다 해도, 그 마음이 애굽에서 떠나지 않았다면 여전히 애굽에 머물러 있는 것입니다. 병든 자아를 포기하지 않고 세상으로부터 발을 떼지 않는 한, 우리는 하나님 나라에 속할 수 없습니다.

두 주인은 있을 수 없습니다. 둘 중 하나를 선택해야 합니다. 예수 그리스도가 나의 진정한 주인이라면, 세상에 대해서는 죽고 그리스도에 대해서는 살아야 합니다.

> 내가 그리스도와 함께 십자가에 못 박혔나니 그런즉 이제는 내가 사는 것이 아니요 오직 내 안에 그리스도께서 사시는 것이라 이제 내가 육체 가운데 사는 것은 나를 사랑하사 나를 위하여 자기 자신을 버리신 하나님의 아들을 믿는 믿음 안에서 사는 것이라 갈 2:20

이 말씀이 여러분에게 실재가 된 적은 언제입니까? 주님은 이 말씀을 하고 싶으신 겁니다. 기왕에 여러분의 고백이 되신 주님이라면, 기빼하고 감격하십시오. 그리고 이것은 단회적 사건이 아닙니다. 한번 이루어진 이 사건은 계속 실재가 되어, 내 안에 예수님이 살아가시는 생명의 능력으로, 나의 삶을 축복하십니다. 주님이 실재가 되십니다.

이런 고백을 할 수 있다면 더욱 이 사실을 주장하며 감사하고 찬양할 일이지만, 만약 분명치 않고 애매하다면 주님 앞에 돌이켜서 부르짖어야 합니다.

"제게는 주님이 필요합니다. 평생 제 힘으로 제 자신을 부둥켜안고 어르고 달래 왔습니다. 상처를 치유하고 회복시킨다고 날마다 붙들고 앉아서, 이렇게 자아의 종노릇해 왔습니다. 이런 저를 주님의 십자가 죽음에 넘겨드립니다. 주님만이 제 전부가 되어 주소서."

결단의 자리로 이끄시는 성령의 감동을 받으셨다면, 주저 없이 나아가길 바랍니다. 믿음은 결단의 연속입니다.

결단은 하나님이 일하시는 때입니다. 성령께서 기회를 주시고 도전하실 때 물러서지 마십시오. 더는 생각해 볼 것도, 고민할 것도, 연구할 것도 없습니다. 진리가 밝히 보이지 않으십니까? 십자가가 밝히 보이지 않으십니까?

영원한 영광과 생명의 복음으로 초대하시는 주님 앞에 나오시기 바랍니다. 십자가 너머의 무한한 영광으로 복음에 참여하십시오. 십자가가 실재가 되어야 부활도 실재가 되는 것입니다. 주님은 변함없는 사랑으로 우리를 기다려 주셨습니다. 그 완전한 복음 앞에 서십시오. 변명하거나 합리화하거나 십자가 앞에서 자신을 속일 필요가 없습니다. 주님 앞에 정직하게 반응하시기 바랍니다. "저를 살려 주세요. 십자가 앞에 나아가기 원합니다."

이렇게 반응하기 원하고 주님의 부름에 응답하기 원한다면, 지금 이 시간 무릎을 꿇고 정직하게 주님께 나아갑시다. 주님과 함께 십자가의 진리 앞에 서서 정직하게 자신의 태도를 결정하십시오. 그렇게 할 때 주님이 우리 안에 정직한 영을 새롭게 하시고, 우리 영혼의 실체를 보게 하실 것입니다. 그리고 십자가가 우리 삶의 실재가 되는 놀라운 감격과 은혜를 베풀어 주실 것입니다.

십자가의 완전한 복음

지은이   김용의

2010년 12월 15일 1판 1쇄 펴냄
2022년 03월 31일 1판 26쇄 펴냄

펴낸곳   도서출판 예수전도단
출판 등록   1989년 2월 24일(제2-761호)
주소   서울특별시 관악구 신림로7나길 14
전화   02-6933-9981 · **팩스** 02-6933-9989
전자우편   ywam_publishing@ywam.co.kr
홈페이지   www.ywampubl.com

ISBN 978-89-5536-368-5

책값은 뒤표지에 있습니다.
잘못된 책은 바꾸어 드립니다.